한중 수교 30년 과거, 현재 그리고 미래

한중 수교 30년 과거, 현재 그리고 미래

지 은 이 ┃ 이강국
만 든 이 ┃ 최수경
만 든 곳 ┃ 글마당 앤 아이디얼북스
(출판등록 제2022-000073호 2022. 5. 3.)

만 든 날 ┃ 2022년 6월 15일
펴 낸 날 ┃ 2022년 6월 20일
주   소 ┃ 서울시 종로구 인사동 5길 42(6층)

전   화 ┃ 02. 786.4284
팩   스 ┃ 02. 6280. 9003
홈페이지 ┃ www.idealbooks.kr
이 메 일 ┃ gul@.idealbooks.kr

ISBN 979-11-978822-0-3(03340)

책값 18,000원

한중수교30년
과거, 현재
그리고
미래

이강국 지음

나름의 사명감을 가지고 새벽을 밝히면서 쓴 글들

　올해는 한국과 중국 양국이 외교 관계를 맺은 지 30년이 되는 해이다. 한 세대에 해당하는 30년이 흐르는 동안 양국은 지리적 인접성, 경제적 상호 보완성, 문화적 유사성에 기초하여 급속한 관계 발전을 이룩하여 교역 규모 3,000억 달러, 직접투자 1,000억 달러, 인적교류 1,000만 명의 시대를 열었다. 양국관계도 수교 당시 선린우호 협력 관계에서 1998년 협력동반자 관계, 2003년 전면적 협력동반자 관계, 2008년 전략적 협력동반자 관계로 격상됐다. 전략적 협력동반자 관계는 경제, 사회, 문화, 정치·안보 등 전 분야에 걸쳐 협력이 강화된다는 것으로서 양국관계의 질적 전환을 의미한다.

　그러나 양지가 있으면 음지도 있는 것처럼 마늘 분쟁, 고구려사 왜곡, 사드 보복 등 비우호적인 일들도 적지 않게 발생했다. 특히, 사드 배치에 대한 중국의 보복 조치는 '한중 전략적 협력동반자 관계'가 내실화되어 역대 최상의 한중관계가 되었다던 평가를 무색하게 하였다. 아직도 양국관계는 사드 국면에서 완전히 회복되지 못했다는 것이 정확한 평가일 것이다. 그리고 중국

경제가 발전하면서 양국 경제 관계는 보완성보다는 경쟁성이 커지고, 중국 기업들의 경쟁력이 올라가고 게다가 중국 정부가 자국 위주의 정책을 강화하고 있어 중국 시장에서 한국 기업들의 설 자리가 좁아지고 있다.

지금까지는 '차이나 찬스'를 구가하였다면 앞으로는 '차이나 리스크'를 걱정해야 할 상황이 되었다. 한국은 중국의 경제 발전에 따른 최대의 수혜자였다면 중국발 리스크로 인한 타격을 가장 크게 입을 수 있는 나라이다. 그러나 한국은 중국과 계속 공존과 협력의 길을 모색해야 한다. 그리고 한중수교 이후 그동안 우리에게 익숙했던 중국 사회가 다른 사회로 급속히 전환되고 미·중 패권경쟁이 심각해지고 있음을 인식하고 제대로 된 방책을 마련하여 추진해 나가야 한다.

필자는 외교부 본부에서는 주로 중국 업무 담당과에서 근무하고 주중 공관에서 13년 7개월 근무(연수 2년 포함)하는 등 외교관 생활의 대부분을 중국 관계 업무를 해 왔다고 해도 과언이 아니다. 어떻게 보면 지난 30년 동안의 한중관계 증인이라고 할 수 있다. 1998년 11월 김대중 대통령 국빈 방중 때 '한중 동반자

(partnership) 관계' 설정을 위한 페이퍼를 쓰고 협상 전략을 짜기 위해 고심했으며, 2003년 7월 노무현 대통령의 국빈 방중 공동 성명 협의를 위해 새벽 퇴근을 반복하였다. 주상하이총영사관 부총영사로 근무할 때 쑤저우 교민들의 열망인 한국학교 설립에 필요한 부지확보를 위해 동분서주하고 있을 때 쑤저우시(苏州市) 우장취(吳江區) 인사들이 보여준 호의는 잊을 수가 없다. 주시안(西安) 총영사로 근무할 때 매년 봄에 사막 지역인 닝샤회족(寧夏回族)자치구 인촨(銀川)과 깐수성(甘肅省) 란저우(蘭州)에 가서 교민, 유학생, 그리고 현지 학생들과 나무 심기를 하면서 한중 우의를 다졌던 일이 파노라마처럼 스쳐 간다.

역사는 그 시대 사람들이 살았던 결과의 축적이고 과거와 현재의 끊임없는 대화이자 미래의 이정표이다. 한중 양국관계 역사에는 수많은 사람의 열정과 노력이 담겨 있다. 어떤 상황에서도 양국은 교류와 협력의 끈을 놓아서는 안 된다. 잘한 것은 발전시키고 못한 것은 경계로 삼으면서 양국관계를 발전시켜 나가야 한다. 과거에 대해 제대로 이해해야만 미래를 통찰할 수 있는 안목을 가질 수 있다는 생각과 함께, 중국 업무를 담당하는 기관이나 연구자, 그리고 일반 국민에게 미력하나마 도움을 주어야

겠다는 생각을 하면서 책을 써 보았다.

먼저, 한중관계 30년을 평가하였다. 이어서 한중수교 배경과 과정에 대해 살펴보고 시기별로 한중관계를 정치·외교 관계, 북한 및 북핵 문제, 경제·통상관계, 사회·문화 관계로 나누어 설명하였다. 그리고 한중수교 이후 30년 동안의 주요 사안에 대해 분석하였고 한중관계에 영향을 미치는 주요 요소에 관해 설명하였으며 마지막으로 향후 대중국 정책 방향을 제시하였다. 가능한 한중관계를 한 눈에 볼 수 있도록 정리하기 위해 노력하였고, 오랫동안 한중관계 업무에 종사해 온 사람으로서 나름의 사명감을 가지고 새벽을 밝히면서 써 보았다.

이 책이 한중 양국관계 이해와 양국관계 업무를 추진하는 데 지혜의 샘물이 되기를 기대한다.

2022년 봄 효창원 언덕에서

이강국

목 차

#01

한중관계 30년
평가 및 과제

·
·
·

1_ 한중관계 **30**년
평가 및 과제

1. 한중관계 발전 평가

가. 양국관계 발전배경 및 관계 격상

수천 년 동안 이어진 관계 속에서 교류하고 협력해 왔던 한중 양국은 정치적인 이유로 수십 년간 단절의 세월을 겪었고 다시 잇는 것이 결코 쉬운 일은 아니었으나, 양국은 탈냉전 시대가 제공하는 역사적 기회를 활용하여 미래를 위해 과감하게 결단하여 한중수교를 이루었다.

'북방외교'를 추진하고 있던 한국은 중국과의 수교를 통해 한반도 평화통일 환경을 조성하여 남북통일의 초석을 다지기를 희망했다. 그리고 거대시장 중국과의 경제 교류를 확대해 나가는 것은 지속 가능한 경제 발전을 위한 핵심 사안이었다. 개혁·개방 정책을 적극적으로 추진하고 있던 중국은 경제 발전을 위해 한반도 안정이 절대적으로 필요했고 한국의 기술력과 자본이 중국의 경제 발전에 긍정적 역할을 할 것으로 인식했다. 한중수교는 기본적으로 양국 간에 점증하는 경제적 상호의존과 호혜성이 다시는 정치적·이념적 요인으로 제약을 받아서는 안 된다는 인식의 전환에 따른 것이었고, 협력과 공존을 이루고 국익을 극대화하려는 양국의 의지와 희망을 반영한 것이었다.

한중수교 이후 양국관계 발전에는 양국 간 이념과 제도상의 차이가 극복 가능하다는 '구동존이(求同存異)' 원칙이 기초로 작용했다. 그리고 미·중 관계가 개선됨에 따라 한반도 문제가 미·중 관계에 결정적으로 저해되지 않는 구조, 즉 '한반도 문제의 한반도화'로 전이되는 양상을 보임으로써 미·중 관계 및 북한 문제와 같은 제3자적 요소가 한중관계 발전에 큰 제약요소로 작용하지 않은 것도 주효했다. 특히, 탈냉전과 세계화 추세라는 양호한 분위기 속에서 지정학적인 안보요인을 쟁점화하지 않으면서 관계 발전을 이루려는 양국 지도자들의 의지와 추진력이 중요하게 작용하였다.

이러한 양호한 배경하에 한중 양국은 지리적 인접성, 경제적 상호 보완성, 문화적 유사성을 바탕으로 비약적인 관계 발전을 이룩하였다. 특히, 정경분리(政經分離) 원칙에 따라 경제와 인문 분야를 중심으로 빠르게 발전하였다. 세계화와 자유무역 기조 속에 갈등 분출을 최대한 억제하고 경제·사회·문화 분야 중심의 교류와 발전을 추진하면서 짧은 역사에도 불구하고 큰 성과를 거두었다. 한국에서 새로운 정부가 출범하고 이어서 한국 대통령이 중국을 국빈 방문할 때마다 양국관계가 격상되었다. 즉, 한중수교 당시 '선린우호 협력 관계'에서 1998년 11월 김대중 대통령 국빈 방중 때 '21세기를 향한 동반자 관계', 2003년 7월 노무현 대통령 국빈 방중 때 '전면적 협력동반자 관계', 2008년 5월 이명박 대통령 국빈 방중 때 '전략적 협력동반자 관계'로 발전되었다.

양국관계를 동반자 관계로 격상하기로 한 목적은 경제 중심의 교류협력 관계를 다방면으로 확장하려는 데 있었다. 전략적 협력동반자 관계 수립은 양자 차원을 넘어 지역과 세계 차원에서 협력을 지향하는 관계를 의미하며 경제·통상, 사회·문화, 정치·안보 등 전 분야에 걸쳐 협력을 강화하겠다는 양국의 의지가 반영되었다. 박근혜 대통령의 국빈 방중 계기에 양국은 '한중 전략적 협력동반자 관계 내실화' 목표에 합의하였고, 시진핑 주석 국빈 방한 계기에 양국관계를 보다 내실화하기 위한 구체적인 방안에 합의하였다. 양국은 청와대, 정부, 정당, 전문가 등 다층적인 전략적 소통 채널을 구축하여 다양한 소통과 협력 시스템을 구축하였다.

양국은 상호 정상방문을 통한 양자 회담 개최는 물론 APEC, ASEM, ASEAN+3, EAS, G20, 핵안보정상회의 등 다자회의 계기에 정상회담을 빈번히 개최함으로써 큰 틀에서 소통하고 협력했다. 또한, 정부, 의회, 국방 분야 고위인사 간 빈번한 교류와 접촉을 시행하고 다양한 채널을 통해 소통하였다. 외교부 장관 회담이 지속해서 개최되었으며 외교부 차관을 대표로 하는 한중 전략대화가 정례화되고 한국의 국가안보실장과 중국의 외교담당 국무위원 간 소통 시스템을 비롯해 다양한 전략대화 채널이 가동되었다. 군 지도부 상호 교환 방문과 함정 교환 방문 등 군사 교류를 시행하고 해·공군 간 직통전화(핫라인)가 개통된 데 이어 국방부 장관 간 핫라인이 개설되었다.

나. 산업협력 추진 및 경제·통상 관계 발전

한중수교 이후 다자주의 국제무역질서 속에서 양국 경제·통상 관계는 산업구조의 상호 보완성과 상호 협력을 통해 급속하게 확대, 발전되어 양국은 중요한 경제협력 동반자로 발전하였다. 이 과정에서 양국 정상은 상호 방문 계기에 경제협력의 미래 비전을 제시하였다. 전통 제조업의 무역과 투자 협력을 뛰어넘어 새로운 산업협력 영역을 개척하기 위해 중점분야 산업협력 의지를 표명하는 방식으로 추진되었다.

1994년 3월 김영삼 대통령 방중 때, 양국은 자동차부품, HD

TV, 중형 항공기와 전자교환기 등 4개 품목의 공동 개발, 공동 생산 및 공동 판매에 합의하여 산업협력의 출발점 역할을 하였다. 1998년 11월 김대중 대통령 국빈 방중 때에 통신(CDMA), 은행·보험업, 완성차 생산, 고속철도, 원전 등 5대 협력사업 추진에 합의하였다. 2003년 7월 노무현 대통령 국빈 방중 때에는 미래 첨단기술(IT, BT, NT), 전력, 자원, 환경, 유통, 베이징 올림픽 및 중국 서부개발 등을 포함하는 10대 경협사업 추진으로 확대되었다.

2008년 5월 이명박 대통령 국빈 방중 때, 한중 FTA 추진, 환경보호, 에너지, 통신, 금융, 물류 등 중점분야에서의 협력 강화에 합의하였다. 2008년 8월 후진타오 주석 국빈 방한 때에는 정보기술, 생명공학, 신소재 등 첨단 분야에서 협력을 전개하고 과학기술 정보 교류를 확대하며 황사 모니터링, 사막화 방지 등의 분야에서 협력을 강화해 나가기로 합의하였다.

1990년 이후 글로벌 자본은 생산가공 단계의 최적지를 찾아 빠르게 국경을 넘나들었고, 물류 및 통신비용의 하락으로 국가 간 분업구조가 확산하였다. 수교 초기부터 한국은 중간재를 중국에 수출하고, 중국은 이를 활용해 만든 완제품을 미국 등 세계 시장으로 수출하는 국제 분업 내에서 상호 보완적 경제 관계가 형성되었다. 중국은 저렴한 인건비와 풍부한 노동력을 바탕으로 한 노동집약적 공정에서 주목을 받고 한국은 상대적으로 자본

집약적 공정에 비교우위를 보유하는 구조는 양국 간 급속한 경제 관계 발전의 토대로 작용했다.

2001년 중국은 WTO에 가입하면서 저렴한 인건비와 풍부한 노동력을 바탕으로 '세계의 공장'으로 부상하였다. 중국이 WTO 가입을 계기로 시장 개방을 확대하면서 중국 내수시장을 타깃으로 하는 한국 기업들의 투자가 더욱 확대되었다. 동부 연안에서 중서부 지역으로, 노동집약적 업종에서 기술 집약 및 첨단제조업과 서비스업 등으로 확대되었으며, 점차 자동차, 통신, 유통, 금융, 조선 등 분야에서 진출이 활발히 이루어졌다. 양국 간 상호 보완적인 산업 관계 구축으로 교역이 크게 확대되었다. 2003년부터 중국은 미국을 제치고 한국의 최대 수출국이 되었으며, 2004년부터는 한국의 최대 교역대상국, 한국은 중국의 제3위 교역대상국으로 발돋움하였다. 2011년에는 양국 간 무역 규모가 2000억 달러를 초과하였다. 2014년 11월 한중 FTA가 체결되고 2015년 12월 발효됨에 따라 양국은 상품 교역과 투자 중심에서 유통, 환경, 서비스 등을 포함한 전반적인 협력을 추진할 수 있는 기반을 마련했다.

대중국 수출 증가로 한국의 주력 산업이 성장할 수 있었으며, 한국은 중국 대비 비교우위를 가진 핵심 중간재를 공급함으로써 중국의 산업고도화 전략을 성공적으로 달성하게 하는 상호 윈윈하는 구조를 형성했다. 한국은 급속한 중국의 경제 발전을 가장 잘 활용한 나라가 되었다. 경제의존도는 높아졌지만, 중국의 성장 효과가 고스란히 한국으로 전해졌다. 중국이 성장하면 한국도 성장했고 중국 수출이 호조를 보이면 한국도 실적을 내는 상황이 이어졌다. 양국의 경제 발전에 따라 무역과 투자는 전자산업, 반도체, 디스플레이 등 고부가가치 품목 중심으로 빠르게 전환되었다.

다. 문화 교류협력 증진 및 인적교류 급증

양국 간 협력 분위기와 맞물려 중국에서는 '한류(韓流)' 열풍이 일어났으며 한국에서는 중국 열기가 고조되어 '한풍(漢風)'이 일어나 양국 간 우호적 분위기를 조성하는 데 크게 이바지하였다. 한국의 TV 드라마, K-pop 등으로 대표되는 '한류' 열기가 중국인들에게 큰 영향을 주고 양국 국민을 정서적으로 가깝게 하는 데 이바지하였다. 특히, TV 드라마는 중국인들이 퇴근 후 가정에서의 좋은 친구가 되었고 중국 지도자들의 화제에 오르기도 하였다. <사랑이 뭐길래>는 한류를 점화시켰고 <대장금>은 아직까지도 회자되고 있으며 <별에서 온 그대(별그대)>와 <태양의 후예>는 공전의 히트를 기록하였다.

중국에서 한류가 널리 확산한 것은 무엇보다도 문화적 유사성이 크게 작용하였다. 과거 한중간에 유교, 불교 및 도교의 상호 교류와 문화 접촉으로 인해 한중 양국의 문화에는 공통성이 많이 존재한다. 이러한 공통성으로 인해 한류로부터 중국인들은 교육 중시, 장유유서, 인의예지신(仁義禮智信)의 정신, 남녀 간의 예의 등의 전통적 가치관을 재발견하고 친숙감을 느낀다는 것이다. 두 번째는 디지털 매체의 발달 때문이다. 한류는 TV, 라디오, 영화 등 전통적인 매체 외에도 인터넷과 MP3, DVD 등 디지털 뉴미디어 시대에 접어들면서 젊은 층을 중심으로 급속히 확산되었다.

한류로 촉발된 한국에 관한 관심은 한국 상품과 음식, 관광, 의료 등에 대한 전반적인 관심으로 확대되고 중국 관광객(遊客, 요우커)들이 한국을 찾는 원동력으로 작용하였다. 한류 콘텐츠와 이미지는 한국 기업들의 중국 시장 개척에도 큰 힘이 되어 의류, 화장품, 가전제품, 휴대폰, 자동차 등 다양한 품목에 대한 선호도 제고로 작용했다.

한국에서도 중국에 관한 관심이 고조되어 중국을 찾는 사람들이 많아졌다. 중국어 학습 열기가 뜨거워져 한국은 중국어 시험인 한어수평고사(HSK)를 세계에서 가장 많이 응시하는 국가로 떠올랐다. 그리고 중국의 대학에서 공부하는 한국 학생들의 숫자가 크게 증가하고 한국의 고등학교에 제2외국어로 중국어를 채택한 학교들이 급증하였으며 대학교에 중국학 관련 학과 개설도 크게 늘었다.

이러한 전반적인 협력 분위기 속에서 양국 간 인적교류가 비약적으로 증가하여, 2007년에는 한국을 방문한 중국 여행객 수가 106만 명에 이르러 처음으로 100만 명을 돌파하고 한국인의 중국 방문자 수는 500만 명에 육박하였으며 2014년에는 양국 간 방문객 1000만 명을 돌파하였다. 양국 정부는 '우호 교류의 해', '방문의 해', '관광의 해' 행사 등을 적극적으로 개최하여 양국 간 방문 분위기를 한껏 끌어 올렸다.

한중 양국은 관계 발전의 저변을 확대하기 위해 인문교류와 공공외교 협력에 박차를 가하였다. 2013년 6월 박근혜 대통령 국빈 방중 때 인문교류 추진에 합의하였다. 2013년 11월 서울에서 양국 외교부 차관을 수석대표로 하는 '한중 인문교류공동위원회'를 발족하고 제1차 한중 인문교류공동위원회 회의를 개최한 이래 교대로 개최하고 '인문 유대 세부사업'을 착실히 시행하였다. 또한, '한중 공공외교 포럼', 한중 1.5트랙 대화체제 및 '한중 청년지도자 포럼'을 출범시켜 양국 국민 간 상호 이해와 인식을 높이었다. 자매결연 및 우호 도시 교류 등을 통한 지방정부 간 교류도 활발히 진행되어 한중 양국관계 발전의 토대를 굳건히 하는 데 이바지하였다.

양국은 중국 내 한국 독립 역사 사적지 보호에도 긴밀히 협력하였다. 2014년 1월 하얼빈역 안중근 의사 기념관 개관식이 개최되고 2014년 5월 시안 두취쩐에 광복군 제2 지대 표지석 기념공원이 건립된 데 이어 2015년 광복 70주년을 맞아 상해 임시정부 청사 재개관식이 거행되었다. 한편, 한국은 2014년에 인도주의적 차원에서 6·25전쟁에 참전한 중국군 유해 송환사업을 제안하고 이후 지속해서 실시하였다.

라. 한중간 갈등 사안의 원만한 해결

한중 양국은 경제, 문화, 정치, 안보 등 거의 모든 영역에서 급속도로 관계 발전을 이뤘지만, 탈북자 문제, 마늘 분쟁, 고구려사 왜곡, 중국어선 불법어로문제 등 양국관계에 부담이 되는 일도 적지 않게 발생하였다. 양국은 이러한 문제들이 양국관계 발전에 장애가 되지 않도록 대화와 협상을 통해 원만하고 신속히 해결하였다.

북·중 관계가 소원한 시기인 1997년 2월 주중한국대사관 총영사관에 진입하여 공식 망명 의사를 표명한 황장엽 사건을 원만히 해결하였다. 재중 한국 공관 진입 탈북자 문제와 2000년대 초에 많이 발생한 제3국 공관 진입 탈북자 문제도 한중간 긴밀한 협의를 통해 원만한 해결을 도모했다. 중국은 탈북자들을 불법 입국자로 간주하고 국내법과 국제법 그리고 인도주의 원칙에 따라 처리한다는 원칙에 따라 국제기구나 제3국이 관여할 문제가 아니라는 견해를 보였으나, 한국 정부는 '조용한 해결' 방침에 따라 외교적 노력을 통해 해결을 추진했다.

우루과이라운드(UR) 이후 시장 개방에 따라 주요 작물인 마늘 수입이 급증하였으며 특히 낮은 관세가 부과된 냉동 마늘과 초산조제 마늘의 수입이 급증하여 한국 내 농가판매가격과 도매시장가격은 급락하였다. 한국 정부가 수입이 급증한 중국산 냉동 마늘과 초산제조 마늘에 315%의 관세 부과라는 긴급수입제한(safe guard 조치)을 발동하자, 중국 정부가 당시 한국의 중요한 수출품목인 폴리에틸렌과 휴대전화의 수입중단(통관 불허)이라는 보복 조치를 하여 수교 이후 최대의 통상 분쟁이 발생하였으나 협상을 통해 원만히 타결됐다.

　　중국의 동북공정으로 인한 고구려사 왜곡으로 한국에서 분노가 일어났다. 한중 양국은 외교부 차관 간 협의를 통해 2004년 8월 <한중 구두양해사항>에 합의하였으며 한국은 중국의 고구려사 왜곡에 대해 시정을 요구할 수 있는 근거를 마련하였다. 양국 간 합의에도 불구하고, '동북공정'의 결과물이 발간되어 '동북공정'의 논리가 확산하고 있음이 드러나자 정상회담에서 노무현 대통령이 중국의 후진타오 국가주석과 원자바오 총리에게 문제를 지적하며 시정을 요구에 대해 중국 측이 한중 구두양해사항을 존중하고 이행하겠다고 표명함으로써 갈등이 수습되었다.

　　치어까지 싹쓸이하는 중국어선들의 마구잡이식 조업으로 한국 어장이 황폐해지고 쇠파이프와 도끼를 휘두르는 등 중국어선의 집단화·흉포화로 인해 인명 살상 사태가 발생하였다. 중국

어선 불법어로문제는 한중 정상회담 의제에 오르기도 하였으며 원만한 해결과 어업 질서의 공동 수호 및 어족자원의 지속 가능한 개발을 위해 양국 수산 당국이 기존 협조체제를 강화하고 소통과 협력을 증진하기로 하였다. 한국 정부는 이 문제 해결을 위해 한중 어업문제 협력회의, 중국 어민을 대상을 한 한중 공동간담회, 중국 지방정부 어업 관련 공무원 방한 초청사업 등 다양한 노력을 기울였다.

마. 한반도 평화와 북핵 문제 해결을 위한 협력

한중 양국이 한반도의 안정과 평화에 대한 상호 이해를 공유한 것도 양국관계 발전의 중요한 동인으로 작용했다. 한중수교 초기에는 중국이 북한과의 관계를 고려하여 한국과는 경제와 문화 관계에 치중하는 태도를 보였지만 차츰 한국이 가지는 전략적 가치를 높게 평가하고 북한 핵 문제와 같은 공동 관심사에 대해 협력을 확대하였다. 한국은 북한 핵 문제 해결과 한반도 평화 증진 및 남북한 통일문제에 있어서 중국의 건설적인 역할을 확보하기 위해 노력하였다.

중국은 경제 발전을 위한 양호한 주변 정세의 안정 확보를 기대하면서 포용정책(햇볕정책), 평화번영정책 등 한국 정부의 대북정책 지지를 표명하였다. 또한, 북한의 도발을 자제시키고 북핵문제 해결을 위한 중재 외교의 하나로 6자회담을 주선하였다. 한편, 중국은 북한의 핵과 장거리 미사일 발사 실험에 대한 유엔 안보리 결의에 동참하면서도 북한의 붕괴를 초래하지 않을까 우려하여 강한 제재에는 유보적인 입장을 보였다.

2011년 12월 김정일 위원장이 사망하고 김정은이 지도자가 되면서 북한이 핵과 미사일 실험과 개발을 가속화하자 중국은 더욱 강화된 유엔 안보리 대북제재에 동참하고 한국과 적극적인 협조 자세를 보였다. 2013년 2월 북한의 3차 핵실험 후 한국은 중국과 북핵 불용에 대한 공감대를 더욱 확고히 하였다. 2015년 9월 박근혜 대통령의 중국 전승절 기념행사 참석 계기 정상회담에서 한반도 평화와 안정에 관한 대외메시지를 공동 발신했다. 중국은 북한 핵 문제를 핵심 이익에 영향을 줄 수 있는 중대 이익 사안으로 인식하고 2016과 2017년 북한의 핵과 미사일 실험에 대해 전례 없는 고강도의 대북한 유엔제재에 찬성하고 제재를 위한 적극적인 조치를 하였다.

2. 한중관계 도전과 과제

가. 전략적 협력동반자 관계의 한계 노정

한중수교 이후 양국관계는 계속 상승곡선을 그려왔고 '낙관론'이 지배하고 있었으나, 사드 문제로 인해 '최상의 관계'라던 한중관계는 수교 이후 최악의 상황에 직면하였다. 2016년 1월 북한의 4차 핵실험 감행 후 자위적 차원에서 행한 한국 정부의 사드 배치 결정에 대해 중국이 롯데 계열사의 사업장에 대해 강도 높은 세무조사와 소방·위생·안전점검에 착수하고 소위 한한령(限韓令) 등 보복 조처를 하자 한중관계는 급격히 악화하고 국민 간 감정 대립 양상으로 비화함으로써 양국 간 전략적 협력동반자 관계의 한계성을 극명하게 드러냈다.

한중관계는 정치, 경제, 문화, 인적교류 등 전반에 걸쳐 심대한 타격을 입게 되었으며, 한국 기업들의 중국 내 활동이 제한을 받고 중국에서 널리 인기를 구가하던 한류도 차단되어 급속히 냉각되었다. 정치안보 이슈가 경제·문화 리스크를 초래함으로써 이념과 제도상의 차이는 극복 가능하다는 '구동존이' 원칙에 따라 발전되어 온 양국관계가 진정으로 전략적 협력동반자 관계로 발전했는지 의구심이 제기되는 순간이었다.

2017년 12월 문재인 대통령의 국빈 방중을 통해 양국 협력을 경제, 인적교류뿐 아니라 정치, 외교, 안보, 정당 간 협력 등 분야로 확대해 나가기로 합의하는 등 한중관계 발전 및 교류협력 정상화를 위해 긴밀하게 소통하기로 하지만, 양국관계는 아직 회복되지 않은 상황이다. 양국 간 합의에도 불구하고 완전한 관계회복의 돌파구를 찾지 못하고 있는 것은 사드 문제가 과거와는 전혀 다른 전략 환경에서 돌출된 문제이고, 전혀 다른 전략 환경을 반영하고 있기 때문이다.

중국의 신속하고 가파른 부상과 미·중 패권경쟁의 고조라는 외부 환경의 구조적 변화가 진행되면서 지정학적 특수성이 작용하여 한중관계에 큰 부담이 되고 있다. 한편으로 시진핑 체제의 경직화와 장기화도 한중관계 회복과 발전에 또 다른 부정적 요인으로 작용하고 있다. 한중관계는 국제체제와 환경에 취약해졌고 양국 간에는 기존의 경제협력 방식을 대체할 수 있는 새로운 협력의 동력이 준비되지 못하고 있다.

나. 북한 문제 및 미·중 관계 등 제3자 이슈 영향 증대

북한의 핵·미사일 고도화로 인해 한반도 안보환경이 악화되면서 그동안 비교적 효과적으로 관리되었던 북한이슈가 한중관계에 부정적 영향을 미치는 추세이다. 중국은 2018년 4월 27일 문재인 대통령과 김정은 북한 국무위원장의 판문점 선언을 통해 한반도 평화체제 구축 과정에서 연내 종전선언을 명시하면서 "남북미 3자 또는 남북미중 4자회담" 문구를 달아 '중국 배제' 가능성이 불거진 데 대해 반발했다.

한반도의 항구적이고 공고한 평화체제 구축을 위한 논의에 엄연한 정전협정 체결 당사자로서 중국이 빠질 수 없다는 논리다. 내면에는 당시 남북 및 북미 정상회담 개최를 계기로 한반도를 포함한 동북아시아의 정치·안보 지형의 급변이 예상되는 가운데 중국 배제가 차후 영향력 행사 '제한'으로 이어질 수 있음을 우려하였기 때문이다.

　김정은 위원장이 전격적으로 남북 및 북미 정상회담에 나선 가운데 2018년 3월 시작으로 5차례 중국을 방문하고, 2019년 북·중 수교 70주년을 맞아 시진핑 주석이 중국 최고 지도자 신분으로는 14년 만에 북한을 방문함으로써 북·중 관계가 급속도로 회복되었다. 시진핑 주석이 사회주의적 방향을 강조하면서 북한과의 이념적 동질성을 중시하고, 미·중 패권경쟁이 심화하면서 북한의 전략적 가치를 다시 평가하는 방향으로 전환하고 있다.

　중국은 북한을 전략적 부담이 아니라 전략적 자산으로 간주하고, 한반도 문제 해결을 위해서는 이해당사자 각 측의 합리적인 우려를 균형적으로 해결해야 한다고 주장하면서 북한을 두둔하고 있다. 북한은 미·중 갈등에서 노골적인 '중국 편들기'에 나서고 있고 주요 계기 때마다 시진핑 주석과 김정은 위원장 간 친서와 축전을 교환하며 밀착 행보를 과시하고 있다.

　한편, 시진핑 주석이 '도광양회' 정책을 포기하고 공세적 외교전략을 추구하자 트럼프 대통령은 2017년 11월 '인도-태평양 구상(Indo-Pacific Initiative)'을 제시하고 관세 폭탄 부과, 화웨이 제재를 통한 기술 굴기 차단 조치를 했다. 바이든 행정부는 동맹과 연대해 군사, 첨단기술, 글로벌 공급망, 인권, 이데올로기까지 포괄하여 더 광범위하게 대중국 포위망을 치고 있다. 이에 중국은 14억 명의 인구에 기반한 내수시장과 세계 2위로 성장한 경제 규모를 바탕으로 실력을 기르면 시간이 지날수록 미국보다 유리한 위치를 점할 수 있다고 판단하고 미국에 맞서 지구전을 펼치겠다는 방침이다.

미·중 양국은 정치, 안보 및 경제뿐만 아니라 신장웨이우얼자치구 인권문제, 홍콩 문제, 남중국해 문제 등 수많은 문제에서 충돌하고 있다. 언제 끝날지 모르는 미·중 패권경쟁에 본격적으로 접어들었다 해도 과언이 아니다. 이제 한중관계는 미·중 패권경쟁이라는 국제적 역학관계에 민감한 관계로 변화하면서 어려움이 가중되고 있다. 더구나, 중국은 경제를 무기로 미국의 동맹국인 한국을 자기편으로 견인하거나 최소한 중립적인 위치에 묶어두려고 하고 있어 한국은 미·중 사이에서 샌드위치 신세가 되고 있다는 말까지 나오고 있다. 미·중 간 전략적 경쟁과 같은 제약요인들이 구조적이고 장기적인 성격으로 고착되는 추세를 보여 한국에게는 난이도 높은 도전을 일으키고 있다.

다. 중국 리스크 부각 및 중국의 경쟁력 향상

장쩌민, 후진타오 시기에 중국은 외국인 기업들이 중국 시장을 개척해 가면서 발전할 수 있는 정책을 전개하였으나 시진핑 시기에는 자국민 우선과 자국 기업 경쟁력 강화에 초점을 두고 있다. 토지, 세제 등에 관한 각종 우대혜택을 축소함은 물론, 노동·환경·토지 규제를 강화하고 있다.

　외국인 기업들에 각종 유무형의 차별대우 행태를 보이고 홍콩사태 이후에 반외국 제재법 등을 통해 중국에 적대적인 국가나 기업을 규제할 수 있는 제도적 장치도 강화했다. 아울러 미·중 패권경쟁 상황에서 미국 정부가 중국의 경제력을 제어하고 기술 굴기를 차단하기 위해 "중국 내 생산, 미국에 대한 수출 구조"라는 공급체인(supply chain)과의 디커플링(decoupling)을 추진하고 있어 미국 시장을 겨냥하여 중국에 투자하고 있는 외국인 기업들에는 또 다른 도전 요소가 되고 있다.

　사드 문제를 계기로 차이나 리스크를 심각하게 인식하게 된 한국 기업들은 일련의 만만찮은 상황에 직면하여 그동안 한중 무역과 투자 협력의 버팀목 역할을 담당해 왔던 대기업들을 중심으로 구조조정을 하고 중국 사업의 부분적 매각을 통한 탈중국화를 추진하고 있다. 특히 이러한 현상은 한국의 핵심 산업인 동시에 중국 기업의 경쟁력이 대폭 강화된 산업인 가전사업, 자동차, 휴대폰, 철강 등에서 주로 이루어지고 있다. 사회 전체가 부유해지는 것을 모토로 하는 '공동부유'같은 정책도 중국에서 투자 활동을 어렵게 하는 요인으로 작용하고 있어 탈중국 움직임이 더 가속화될 것으로 예상된다.

　한편, 2008년 글로벌 금융위기 이후 중국은 경제가 발전하고 고도화됨은 물론 정책 기조가 수출·투자에서 내수·소비 중심으로 변함에 따라 조립·생산기지로서의 기능은 줄어들었다. 그리고 자체 기술을 기반으로 한 제조 강국으로 변화하고 있다. 특히, 「중국제조 2025」를 통해 자국 기업에 대한 대규모 보조금 지급과 공격적인 투자를 통해 첨단제조업을 육성하면서 독자기술 개발과 중간재 자립을 가속화하고 있다. 「중국제조 2025」이 궤도에 오르게 되면 반도체, 전기차 배터리 등 한국의 주력 산업이 충격을 받게 될 것으로 우려되고 이미 LCD 산업이 영향을 받고 있다. 독일 씽크탱크 매릭스 보고서는 「중국제조 2025」의 피해 국가 1순위로 한국을 꼽았다.

세계 2위의 경제 대국으로 부상한 중국은 한국에는 '거대시장'이면서 동시에 '무서운 경쟁자'로 등장하고 있다. 이제 중국 시장에서뿐만 아니라 글로벌 시장에서 경쟁이 격화되고 있다. 특히 디스플레이, 무선통신 등에서 수출 경합도가 높아 경쟁이 치열하다. 정보통신, 조선 분야에서 한국을 무섭게 따라오고 있고 우주 탐사기술, 드론, 전기차, 슈퍼컴퓨터 등 분야에서는 한국보다 앞서 있기도 하다. 그리고 미국의 대중국 첨단기술 견제는 한편으로 중국의 자강 의지를 자극하여 기술 자립과 핵심 산업 부품 및 소재 자급률 제고를 가속화시키는 계기가 되고 있는데, 이로 인해 중간재 수입이 줄어들게 되면 대중국 중간재 수출 비중이 큰 한국 경제에 타격이 될 수 있다.

라. 규제 강화로 인해 한류 개척에 난관

한국 드라마가 인기를 끌면서 퇴근 후 중국 가정에서 좋은 친구가 되었고, 중국 국민이 드라마는 물론 한국 음악, 한국 영화를 선호하게 되면서 한류는 한중 양국을 더욱 가깝게 하는 매개체 역할을 하였다. 그러나 중국은 '중국몽'이라는 목표를 내세워 자국의 문화 역량을 강조하며, 과거 동아시아를 호령했던 역사적 경험을 문화상품으로 재현하여 소프트파워를 강화하려고 한다. 중국은 한류 확산이 자국 문화 육성에 걸림돌이 되고, 특히 '중화민족의 위대한 부흥'에 부합하지 않는 측면과 함께 산업화와 민주주의를 동시에 달성한 '한국 모델'에 대한 동경으로 이어질 수 있다고 우려하여 경계하고 있다.

이에 따라, 드라마의 방영 시간과 방영 편수를 제한하며 인터넷 방영 조건도 추가하고, 영화나 드라마의 수입량을 제한할 뿐만 아니라 오락 위주로 제작되는 예능 프로그램이나 리얼리티 프로그램에 관해서도 내용과 출연진 등에 대해 각종 규제를 강화해 왔다. 2016년 6월 국가신문출판광전총국은 <R/TV 방송프로그램 자체창작 강력추진에 관한 통지>를 하달하여 각급 위성채널은 저녁 프라임(황금) 시간대에 해외 신규수입 프로그램을 2개 작품 이상 방송할 수 없도록 하였다.

특히, 한국 정부의 사드 배치 결정 후 중국 정부의 한한령(限韓令)으로 한중 양국 간 문화 교류는 삽시간에 중단되다시피 하여 영화, 드라마, 예능 프로그램, 게임 등 콘텐츠의 중국 진출 길이 막혔다. 한국 연예인의 공연 금지, 한국 연예인이 출연한 드라마나 영화 방영 중단, 한국 연예인이 모델인 한국 콘텐츠의 도입 전면 금지는 물론 한국 연예기획사에 대한 투자 금지, 한국 드라마및 예능 협력 프로젝트 체결 금지 등 광범위한 조치를 했다. 이로써 중국에서의 한류 열풍은 큰 타격을 받는데, 아무리 국민이 좋아하거나 열광해도 사회주의 국가인 중국에서는 한류가 당과 국가의 정책에 따라 신기루가 될 수 있음을 인식하게 되었다.

한류 시장은 아직도 여전히 막혀 있으며, 한국 게임의 중국 진출도 제한되어 있어 게임 시장에서 한중간 역조 현상이 심각한 상황이다. 설상가상으로 중국 정부가 '공동부유 정책'의 목적으로 연예계에 철퇴를 가하고 게임을 규제하고 있어 그렇지 않아도 사드 보복으로 인해 한류와 게임 수출이 막혀 있는 상태에서 중국 시장 개척이 더 어려운 상황이다.

마. 중국사회의 국수주의적 경향 및 한국 내 반중 감정 고조

사드 문제 발생 이후 양국 국민 간 감정이 악화하고 있다. 중국 관영매체들이 한국 내 성주 사드 배치 반대 시위를 대대적으로 보도하고 전문가 방담 형식으로 사드 문제를 비판하였다. 매일 다량의 과장되고 왜곡된 보도로 인해 한국에 대한 호감도가 급격히 떨어지고 일부 중화주의자들은 혐한 감정을 노골적으로 드러냈다. 강성 관영매체인 환구시보는 국수주의적인 논조로 여론을 호도하고 있다.

2020년 10월 방탄소년단(BTS)의 밴플리트 상 수상 소감을 둘러싼 논란은 반한감정을 부추기는 대표적 사례라 할 수 있다. BTS가 미국 코리아소사이어티 연례행사에서 한국전쟁 70주년을 기념해서 한 미 관계 발전에 이바지한 공로로 밴플리트 상을 받으면서 "양국이 함께 겪었던 고난의 역사와 많은 남성과 여성의 희생을 영원히 기억해야 한다"라는 소감을 밝혔다. 환구시보는 BTS의 수상 소감이 중국 네티즌을 분노하게 했다는 제하의 기사를 실어 여론을 자극했다.

중국은 한국인 한(恨) 문화의 상징인 아리랑마저 유네스코 세계문화 유산에 등재하려 했고 한국의 독보적 전통음식인 김치와 전통 복식인 한복도 중국 문화로 소환됐다. 이에 소프트파워에 민감한 한국의 2030 세대가 중국의 '문화 침탈'을 참을 수 없다고 격앙하고 있다. 그리고 중국인들의 대국 의식, 새로운 중화질서, 공세적 대외정책 등에 대한 경계감이 커지면서 반중 감정이 증폭되고 있다. 홍콩 문제, 신장 인권문제 등이 주목받고 특히 코로나19 발병에 따른 중국 책임론이 제기되면서 반중 감정이 전 세계적으로 커지고 있는 상황에서 한국에서도 코로나19 초기의 부실대응 논란을 계기로 반중 정서가 증폭되고 있다.

2022년 2월 베이징 동계올림픽 개막식 한복 문제와 편파판정 문제 등이 발생하자 언론이 대대적으로 보도하면서 한국인들의 중국에 대한 우호적 인식은 더 떨어졌다. 한중관계는 광범위한 사회문화적 교류에도 불구하고 마음이 멀어지면서 사안별로 갈등이 발생할 가능성이 커지고 있다. 특히 민족적 자부심과 애국주의로 무장한 한국과 중국의 청년 세대 간에 사안이 발생할 때마다 인터넷 공간에서 격돌이 벌어지고 있어 우려를 자아내고 있다.

#02

한중수교 배경 및
수교 과정

·
·
·

2_ 한중수교 배경 및 수교 과정

1. 한중수교 배경

가. 고르바초프의 개혁정책 및 탈냉전 시대 도래

체제와 이념이 다를 뿐만 아니라 수십 년간 단절된 한중 양국 관계를 다시 잇는 것은 결코 쉬운 일이 아니었다. 여러 가지 요인이 작용하여 한중수교가 이루어졌는데, 크게 네 가지 요인을 꼽을 수 있다. 그중에서 첫째 요인은 냉전 질서의 해체로 대변되는 국제정치 환경의 급속한 변화로서, 특히 소련의 고르바초프 개혁정책이다. 1985년 체르넨코 서기장 사후 권좌에 오른 고르바초프는 정치체제 및 경제체제의 문제점을 심각하게 인식하고 '신사고'를 통해 사회주의를 혁신하고자 '페레스트로이카(개혁)'

와 '글라스노스트(개방)'로 일컬어지는 개혁·개방 정책을 추진하였다.

고르바초프는 1988년 말 유엔총회 연설에서 일방적인 국방비 삭감과 50만 명의 군 병력 감축을 선언하여 세계의 군비경쟁에 결정적 브레이크를 걸었고, 소련의 동구권 개입을 정당화했던 브레즈네프 독트린을 폐기하였으며 아프가니스탄 주둔 병력을 철수시켰다. 이러한 일련의 정책은 동구권의 민주화 개혁 등 세계질서에도 큰 변혁을 가져오게 하였다. 루마니아 독재자 차우세스쿠의 몰락 등 동구의 민주화 변혁을 가능케 했고, 베를린 장벽이 제거되어 독일통일로 이어지면서 탈냉전 시대 도래를 이끌었다.

나. 노태우 정부의 북방정책 및 한소수교

두 번째 요인은 노태우 정부가 탈냉전이라는 국제정세의 변화를 배경으로 동구권 국가, 소련, 중국과 적극적으로 관계 정상화를 추진한 북방정책, 즉 북방외교(Nordpolitik)이다. 노태우 대통령은 1988년 2월 25일 취임사에서 "우리와 교류가 없던 저 대륙 국가에도 국제협력의 통로를 넓게 하여 북방외교를 활발히 전개할 것입니다. 이념과 체제가 다른 이들 국가와의 관계개선은 동아시아의 안정과 평화, 공동의 번영에 이바지하게 될 것입니다. 북방에의 이 외교적 통로는 또한 통일로 가는 길을 열어 줄 것입니다."라고 선언하면서 북방외교를 본격적으로 추진됐다.

이어서 노태우 대통령은 1988년 7월 7일에 〈민족자존과 통일 번영을 위한 특별선언(7.7선언)〉을 발표하였다. 이 선언에서 소련 과 중국 등 공산 국가들과도 수교할 뜻을 비쳤으며 특히 남과 북 은 함께 번영해야 할 민족 공동체임을 천명하였다. 이 선언은 그 해 10월 18일 유엔총회에서 「한반도 화해와 통일을 여는 길」이 란 연설을 통해 구체화하였다. 〈7·7선언〉은 노태우 정부의 통 일·외교 정책의 기본방향을 제시한 것으로 북한을 경쟁상대로 인식하는 대신에 적극적인 대북협력 의지를 표명했으며 각종 대 북 제의에서 수반되었던 전제조건을 달지 않았다는 점에서 나름 대로 획기적인 조치로 평가되었다. 실제로 〈7·7선언〉은 북한의 대화방침과 맞물려 이후 남북 고위급회담 및 남북 국회 회담 등 남북대화의 촉매제가 되고 사회주의권과의 경제 교류와 수교 등 북방정책을 추진하는 시발점이 되었다.

노태우 정부는 국제정세의 조류와 88올림픽의 성공적 개최 분위기를 활용하여 북방외교를 적극적으로 추진하여 1989년 초 부터 헝가리를 시작으로 동구권 국가들과의 외교 관계를 급속도 로 진행하였다. 경제의 회복이라는 큰 과제를 안고 있었던 고르 바초프 정부는 한편으로는 필요한 경제적 도움을 한국으로부터 구하고 다른 한편으로는 부담이 되는 북한과의 경제협력 방식을 상업적 원칙에 따라 전환을 추진하고 있었다. 소련은 한국과의 관계개선이 무엇보다도 경제개혁에 도움이 되고 한반도에서 영향력 확보에 필요하다고 보았다. 한국은 소련과의 관계개선을 통해 소련이 행사할 수 있는 수단과 압력으로 북한의 전쟁 기도를 억누를 수 있는 장치를 확보하고자 했고 아울러 통일문제에 있어서 주도권을 확보하려고 했다.

한·소수교 과정의 타임머신을 틀어보면 얼마나 긴박하게 진행되었는지 알 수 있다. 80년 모스크바올림픽과 84년 LA올림픽이 동서 진영대결로 인해 상대방 진영 대표단이 참가하지 않음으로써 반쪽대회로 열렸으나, 88서울올림픽은 소련 등 동구권 대표단도 참가함으로써 명실상부하게 동서화합의 올림픽 잔치가 되었다. 소련의 88서울올림픽 참가를 계기로 한소 양국은 적극적으로 협의하여 1989년 4월 소련 상공회의소 서울사무소가, 7월에는 대한무역공사(KOTRA) 모스크바사무소가 각각 개설되었다. 이어서 한국 측의 강력한 요청과 한소간 긴밀한 협의를 통해 그해 11월 17일에는 정식 대사관 개설 전 단계로 양국 수도에 '영사처(Consular Department)'가 개설되었다.

고르바초프 대통령의 방미 계기를 활용하여 한소 양국은 1990년 6월 4일 샌프란시스코에서 정상회담을 개최하였다. 이때 고르바초프 대통령이 "과일은 익어야 제 맛"이라며 수교에는 시간이 필요하다는 뜻을 에둘러 설명했지만, 노태우 대통령이

"내가 익었다고 할 때는 맛있을 것"이라며 지금이 수교의 적기라고 설득하였다. 북한은 한소 정상회담 직전인 5월 31일 북한 외무성 대변인이 북한 중앙통신 기자와의 인터뷰 형식으로 한소 정상회담에 반대하는 입장을 냈고 이후에는 주소련 북한 대사대리가 소련 외무성을 항의 방문하는 등 거세게 반발하였다.

최호중 외무부 장관이 1990년 9월 30일 미국 뉴욕 유엔본부에서 열린 한소 외무장관 회담에서 "떳떳한 일을 할 때는 주저하거나 늦출 필요가 없다"며 "우리가 처음 회담을 갖는 날 바로 수교하게 되면 더욱 뜻깊은 것이 될 수 있다"고 파격 제안을 하였다. 이에 대해, 셰바르드나제 외상은 같은 날 유엔에서 열린 '아동을 위한 세계정상회담'을 언급하며 "오늘은 특히 세계 정상들이 모여 우리 후손들의 미래를 논의하는 역사적인 날이다"라고 하면서 수교에 동의하였다. 한소 외무장관 회담 직전에 셰바르드나제 외상은 북한을 방문하였으나, 김일성을 만나지 못하고 김영남 외무상이 접견토록 하여 화가 많이 난 상태였다고 한다. 아마 이것도 셰바르드나제 외상의 결단에 영향을 주었을 것이다.

한소 외무장관 회담 당시 소련은 공동발표문 초안에 수교일을 '1991년 1월 1일'로 적어뒀고, 한국 정부는 '0년 0월 0일'로 공란으로 남긴 채 협상을 진행하고 있었다. 현장에서 '1990년 9월 30일'로 한소수교를 전격 합의하면서 즉석에서 한국은 날짜를 기입했고, 소련도 기존 날짜를 고쳐 적으며 역사적인 한소수교가 이루어졌다. 드디어 한국이 북한 정권 수립의 산파이자 동맹국인 소련과 수교하는 데 성공한 것이다.

한국 정부가 북방정책을 통해 한소수교를 가속화했던 것이 어떻게 보면 신의 한 수였다고 볼 수 있다. 당초대로 이루어지지 않았다면 한소수교는 상당 기간 지체되었을 것이다. 1990년 9월 30일 한소수교가 이루어진 후 1년도 안 된 시점인 1991년 8월 19일 소련에서 쿠데타 사건이 발생하여 3일 만에 실패로 끝났지만, 소련 상황이 급변하였기 때문이다. 보수파 쿠데타 발생 이후 고르바초프는 식물 대통령이 되고 12월 25일 사임하였으며 12월 31일 소련이 해체되고 붕괴되었다.

노태우 대통령이 강력하고 적극적인 의지를 갖고 북방정책을 독려하고 외무부가 치밀한 전략을 짜서 관련 부서와 협력하면서 실기하지 않고 한소수교를 성사시킨 공로는 아무리 평가해도 지나치지 않을 것이다. 한소수교는 이듬해 남북한 유엔 동시 가입에 큰 영향을 미쳤고, 중국으로 하여금 북한에 대한 부담을 덜고 한국과의 수교협상에 더 적극적으로 임하게 하는 동인으로 작용하였다. 즉, 한소수교는 중국에게 한국과의 수교를 추진하는 데 유리한 여건을 마련해 주었다.

한편, 한국 정부가 탈냉전 시대의 분위기 속에서 북방외교를 적극적으로 추진하는 데에는 한국 스스로 능동적인 노력과 더불어 미국, 일본 등 우방 국가들의 이해와 지원에 힘입은 바 크다. 당시 새 친구를 사귀다 옛 친구를 잃어버릴 수 있다는 우려도 제기되었으나, 한국 정부는 이들 국가에 대해서 전통우방과 공산권과의 국교 수립국은 별개라는 점을 충분히 설명하고 우방국들은 한국의 북방정책이 한반도의 긴장 완화와 주변 정세 안정에 이바지한다는 점을 인식하고 협조를 아끼지 않았다. 특히, 미국은 한소수교에 커다란 전기가 된 고르바초프 대통령의 방미 때 이루어진 샌프란시스코 한소 정상회담의 개최를 적극적으로 지원했다. 우방국들과 긴밀한 유대와 협력을 강화하는 것은 변함없는 한국 외교의 기축으로 작용했다.

다. 남북회담 추진 등 한반도 정세 완화

세 번째 요인은 한반도 정세 완화로서, 남북한은 1990년 9월 4일부터 5차례에 걸쳐 남북 고위급회담을 개최하고 1991년 12월 13일 역사적인 〈남북 사이의 화해와 불가침 및 교류·협력에 관한 합의서(남북기본합의서)〉에 서명하였다. 이 합의서는 통일에 대비하는 획기적인 이정표가 마련되었다는 평가를 받았으며, 특히 남한을 배제하고 미국과 평화협정을 주장하던 북한이 〈남북기본합의서〉 제5조에서 정전 상태의 평화 상태 전환 문제에 있어서 남북 당사자 해결에 합의하고 평화 상태가 이룩될 때까지 현 군사 정전협정을 준수하기로 합의한 것은 의미 있는 남북관계 진전으로 평가되었다. 1992년 2월 19일 제6차 남북 고위급회담에서는 〈정치·군사 및 교류, 협력의 분과 위원회 구성·운영에 관한 합의서〉와 〈한반도 비핵화 공동선언〉을 발표하였다. 남북한 화해 협력은 중국이 한중수교를 결정하는 데 긍정적 요소로 작용하였다.

그런데, IAEA의 사찰이 실시됨에 따라 핵 문제가 점차 남북한 관계의 중심의제로 자리를 잡아가고 남한여론에 강성기류가 형성되었다. 한국이 일시 중단을 선언했던 1993년도 '팀스피리트' 한미 합동군사훈련을 재개하겠다고 발표하자 북한은 이를 핑계로 제9차 남북 고위급회담의 개최를 취소한다고 발표하였다. IAEA는 핵사찰 과정에서 북한이 플루토늄 추출 활동을 사실대로 신고하지 않은 것으로 판단하고 특별사찰을 요구하였다. 북한은 특별사찰을 거부하고 1993년 3월 12일 핵확산금지조약(NPT) 탈퇴를 선언함으로써 핵 위기(1차 북핵 위기)가 조성되었다. 한중수교 전에 이러한 상황이 발생하였다면 한중수교는 원만히 진행되지 못했을 것이다.

라. 중국의 개혁개방 정책 및 덩샤오핑의 결단

네 번째 요인은 1976년 마오쩌둥 사후 혼란기를 극복하고 경제 발전을 가장 중요한 우선순위에 둔 중국의 새로운 정치세력의 집권과 1978년 말 제11기 3중 전회에서 개혁개방 방침을 이끈 개혁개방의 '총설계사' 덩샤오핑의 결단이다. 첸치천(钱其琛)

전 외교부장의 회고록 '외교십기(外交十記)'에 덩샤오핑은 1985년 4월 "중한관계 발전은 우리에게 필요한 것으로서, 첫째 경제적으로 좋고 둘째는 한국과 타이완과의 관계를 단절시켜서 좋다"고 말했고 그 후에도 여러 차례 언급하였다는 내용이 쓰여 있다. 경제협력 대상국으로서의 한국을 중시한 덩샤오핑의 강력한 의지가 있었기에 군 등에 광범위하게 포진해 있던 친북한파의 반대에도 불구하고 한국과의 관계 정상화 추진이 가능했다.

당시 중국의 정책적 우선순위에서 경제 발전은 정치나 안보보다 우선하는 문제가 되었다. 중국은 한국을 새로 등장하는 경제체제로 인식하였고 그만큼 한국과 교역 및 투자를 확대하는 것이 중요하다고 판단하였다. 여기에는 외자 유치를 통한 지속 가능한 개혁개방 정책을 추진하려는 실용적 의도가 작용했다. 특히, 중국은 한국의 급성장이 '발전적 권위주의'에 의한 한국식 발전모델 덕분이라고 판단하였다. 중국으로서는 초기의 경제적 도약을 위해서는 남한이 북한보다 훨씬 매력적인 모델이자 유용한 파트너가 될 것으로 판단한 것이다.

국제관계의 커다란 맥락에서 볼 때, 냉전의 종식과 미·중 간의 화해는 중국이 한국을 적진의 구성원으로만 간주할 필요가 없다고 인식하게 하였다. 중국은 소위 북한과는 공식적 관계를, 남한과는 비공식적 비정부 간 관계를 유지한다는 방침이었으나 1989년 몰타회담(미국과 소련의 정상 냉전 종식 선언), 1990년 한소수교 및 걸프 전쟁, 베이징 아시안게임을 거치면서 한반도 정책이 변화하기 시작했다. 특히, 덩샤오핑이 1992년 초 '남순강화'를 통해 개혁개방을 독려하면서 사회주의에 대한 발상의 대전환을 주문했다.

당시 중국이 한국에 대한 정책을 전환한 또 다른 배경에는 주변 국가들과의 관계개선을 통해 1989년 천안문 사건 이후 형성된 서구의 대중국 포위망을 돌파하려는 전략적 목표가 작용하고 있었다. 미국, 일본 등 서방의 대중국 경제 제재로 인해 발전 전략에 난관이 봉착하자 경제협력 대상국으로 한국이 급부상했다. 미국이 주도하는 경제 제재 조치가 발동되고 있는 상황에서 중국 경제가 미국과 일본에 과도하게 의존하고 있는 것은 바람직하지 않은 측면도 있었기 때문에 중국은 정치적으로 권위주의 체제를 유지하면서 경제 발전을 이룬 한국과 경제 관계를 발전시키는 데 매력을 느끼게 되었다. 나아가, 중국은 당시 미국과 최혜국대우(MFN) 지위 부여를 둘러싸고도 갈등을 빚고 있었으며 이런 측면에서도 미국에 대한 견제카드로써 한국은 충분히 활용할 만한 가치가 있는 것으로 간주했다.

또한, 리덩후이 대만 총통이 '일중일대(一中一臺)'를 주장하고 경제력을 적극 활용, 외교적 고립을 탈피하려는 달러외교를 추진하자 이러한 대만의 공세 저지 필요성이 있었다. 당시 한국은 동아시아에서 대만의 유일한 수교국이었으므로 한중수교로 인한 한·대만 관계의 단절은 대만의 '탄성 외교 정책'에 심대한 타격을 가할 수 있는 매우 효과적인 정책이 될 수 있었다. 그리고 1986년 창당 이후 민진당 세력이 급속하게 확대되고 대만 독립 움직임이 상당한 지지를 얻기 시작했다는 점도 중국 정부가 대만 독립을 저지하기 위한 적극적인 대책을 마련하도록 한 것으로 보인다. 이러한 여러 가지 연유로 중국은 한국과의 수교 방침을 결정하였다.

2. 한중수교 이전 양국 간 접촉과 협력

가. 중국 민항기 납치사건

한중 양국 간 다양한 접촉과 협력은 중국 지도층의 대한국 인식에 긍정적으로 작용하고 양국 수교 분위기 조성에 크게 이바지하였다. 1983년 중국 민항기 사건, 1985년 중국 어뢰정 사건, 그리고 1988년 서울 올림픽 등을 계기로 다양한 접촉결과가 축적된 것이 중요하게 작용했다. 그 첫 번째 계기가 된 것이 바로 중국 민항기 납치사건이다.

1983년 5월 5일 어린이날 공휴일에 중국 선양(瀋陽)을 떠나 상하이(上海)로 향하던 중국 민항기가 공중 납치되어 춘천 공항에 불시착하였다. 중국은 ICAO(국제민간항공기구) 등을 통해서 "이 문제를 해결하기 위해서 셴투(沈圖) 민항국장을 단장으로 하는 대표단을 보내겠다. 빨리 받아 달라"는 메시지를 급하게 보냈다.

이틀 후 셴투 민항국장이 조약전문가 등 33명의 대규모 대표단을 이끌고 서울에 도착하였다. 신라호텔 영빈관에서 공로명 외무부 제1차관보를 단장으로 하는 한국 정부대표단과 5월 10일까지 최초의 한중 정부 간 협상을 개최하였다. 한국 대표단으로 외무부 동북아2과, 조약과 국제법규과, 국제기구과 등 여러 과의 직원들이 참여하였고, 교통부, 법무부 등 관계부처도 참여하였다.

한국은 국제법이라는 규범을 기본으로 하여 협상을 진행하였다. 3일간의 마라톤협상 끝에 항공기 기체와 승무원, 승객은 중국으로 보내기로 하였다. 항공기 납치사건은 공중에서의 해적행위에 해당하므로 무장 납치범죄자들에 대해서는 한국이 관할권을 행사하여 재판하였다. 납치범들은 항공기운항안전법 등 위반 혐의로 기소돼 징역 4~6년 형을 선고받고 복역하다가 형 집행 정지로 풀려나 대만으로 추방됐다.

쌍방의 국호, 국기 사용 문제로 협상이 어려웠다. 중국은 북한을 의식하여 국호 공식 사용을 회피하려 했으나, 한국은 이 사건을 계기로 어떤 식으로든 연결고리를 만들어 '대중 외교'의 돌파구를 마련해 보려는 전략적 의도가 있었다. 한국 교섭단은 "남의 안방에 들어와서 주인에게 인사도 안 하는 법이 어디 있느냐?"

고 설득하였다. 결국, 합의문서 국명 호칭은 '한국과 양측(Korea, Both sides)'을 사용하였으며, 서명 대표는 '대한민국 외무부 제1차관보, 중화인민공화국 민항총국장'으로 명기함으로써 양측 대표단장의 공식직함을 사용하는 합의 문서를 작성하였다.

승객들은 협상 진행 기간 워커힐 호텔에 머물도록 하고 남산타워, 자연농원, 늘봄공원 등을 둘러보면서 한국 사회를 직접 관찰하게 하였다. 중국 민항기 사건은 한중 당국 간 첫 공식 접촉기회를 제공하였다는 점에서 양국관계가 국교 수립으로 가는 서막이 되었다. 중국 민항기 사건은 한국과 중국 간의 미수교 관계를 풀어가는 획기적인 전기가 되었다. 이 사건을 계기로 한중간에 유사한 사건이 일어나면 상호주의에 따라 우호적으로 처리하기로 하고, 홍콩 주재 신화사 지사와 한국총영사관을 연락 채널로 삼기로 하였다.

나. 중국 어뢰정 선상 반란 표류사건

이어서, 한국은 중국 어뢰정 선상 반란 표류사건을 원만히 처리였다. 1985년 3월 22일 중국 어뢰정은 서해 대흑산도 근해에서 한국 어선에 구조 요청을 보냈다. 해상훈련 도중 발생한 선상반란 사건으로 승조원 6명이 사망한 뒤 연료가 떨어져 공해상에서 표류하던 상태였다. 한국 해군 및 해경과 어선이 어뢰정을 전북 군산항으로 예인하던 중에 어뢰정을 추격하던 중국 군함 3척이 한국 영해 12해리를 침범하였다. 한국은 주권을 방어하기 위해 군함은 물론 전투기까지 출동하였다.

당시 한국은 중국과 외교 관계가 없었기 때문에 미국과 일본을 통해 즉각 퇴각 요구 메시지를 전달하였고 중국 함대가 퇴각함으로써 일촉즉발의 위기가 해소되었다. 중국 측 요청으로 신화사 홍콩 지사와 주홍콩 한국총영사관 간의 협의 채널이 가동되어 사건처리를 협의하였다. 한국 측은 "우리 영해를 침범한 것은 주권 침해다. 따라서 그것을 명확하게 사과하지 않으면 안 된다"라고 강하게 요구하여 '중국 외교부의 위임'을 명시하여 유감 표명, 관련자 문책, 잘못 시인(apology) 등 3가지 내용을 담은 신화사 홍콩 지사 명의의 공한을 받았다.

선상 반란 범인들이 대만으로 망명을 요구했지만, 한국은 망명을 요청하는 중국인은 대만으로 보내던 관례를 깨고 여타 승조원 및 어뢰정과 함께 중국에 돌려보냈다. 인도적인 측면에서는 문제가 있었으나 표류 어뢰정에 대한 중국 관할권을 인정하여 처리하였는데, "군함은 기국(旗國)에 권리가 있다"라는 국제 해양법을 적용한 결과였다.

이 사건을 수습하는 과정에서 한국은 중국 해군과 대치하는 상황까지 갔으나 위기를 넘기고 관계 정상화의 계기를 마련했다. 이 사건 발생 한 달 후인 1985년 4월 덩샤오핑은 "한국과 대만의 관계를 단절시킬 수 있다. 한중관계 발전이 중국에 필요한 것"이라고 말했다고 한다. 중국은 1986년 서울 아시안게임과 1988년 서울 올림픽에 대규모 선수단을 파견하여 한중간의 접촉과 교류 확대에 좋은 기회가 되었다.

다. 정부와 민간 차원에서의 접촉 추진 적극화

노태우 대통령은 대통령 선거 운동 때부터 중국과의 관계개선에 대해 강한 의욕을 보였다. 박철언 안기부장 특보가 1987년 7월 아시아·태평양 변호사회 고문 자격으로 베이징을 방문하고, 그 후 청와대 정책보좌관 자격 등으로 은밀히 중국을 다시 방문, 노 대통령의 한중 관계개선 의지를 중국 고위층에 전달하면서 막후교섭을 위한 분위기를 조성해 나갔다.

그밖에도 중국과의 관계개선에 역할을 하고자 한 사람들이 많았다. 노태우 대통령의 처남으로 국제문화전략연구소 이사장을 맡고 있던 김복동 장군이 김우중 대우그룹 회장을 단장으로 한 관민 합동 경제조사단에 동행하여 1988년 6월 중국을 방문하였다. 1990년 8월에는 한국 국제민간경제협의회(IPECK) 이한빈 회장 등 경제사절단이 방중하였다. 한편, 이규성 한국 재무부 장관은 1989년 5월 베이징에서 개최된 ADB총회 참석차 한국 각료로서는 최초로 중국을 방문하였다.

한국은 88올림픽 개최 경험을 전수하여 중국의 1990년 베이징 아시안게임의 성공적 개최를 지원하였다. 기업들은 행사용 차량으로 수백 대의 자동차를 기증하는 등 중국 시장의 가능성을 보고 진출 기반을 확보하기 위해 경쟁적으로 중국 측과 접촉을 시도하였다. 먼저 선경 그룹이 중국 국제우호연락회 측과의 접촉 채널을 열게 되었으며 중국 정부는 1990년 9월 한국 기업으로서는 최초로 (주)선경의 베이징사무소 개설을 허가하였다. 덩샤오핑의 차남 덩지팡(鄧質方) 중국중신기술공사 부사장이 1990년 5월 삼성그룹 초청으로 한국을 방문한 바 있으며, 1991년 11월 포항 제철 측 초청으로 두 번째 한국을 방문하기도 했다.

라. 민간 대표부 설립 및 민간협정 체결

1989년 6월 인천·부산과 상하이·톈진·다롄 간 한중 양국 간 해운 정기 직항로가 개통되었다. 1989년 8월 중국 정부는 대한항공의 임시특별전세기 상하이 취항을 허가(월 2회 부정기) 하였으며, 1990년 2월 2일 한국에서의 중국행 우편 직송이 개시(종전 일본경유)되었다. 1990년 9월 15일 한중 간 정기 여객선 골드브리지호가 인천-웨이하이 간 노선에 최초로 취항하였다.

한중 간 교역과 인적교류가 늘어남에 따라 공적 대표기구 설치의 필요성이 커졌다. 먼저, 한국은 1990년 베이징 아시아경기대회 참가 업무를 원활히 수행하기 위해 베이징에 상주 연락대표부를 설치하는 방안을 중국 측과 협의하여 베이징 아시아경기

대회 개막 6개월 전에 설치되었다. 이로써 한국 대표팀의 베이징 아시아경기대회 참가를 위한 사전준비 작업이 더욱 확고한 토대 위에서 전개될 수 있었고 한중수교를 이루기 위한 현지 활동도 가능하게 되었다.

베이징 아시아경기대회 분위기 속에서 1990년 10월 20일 베이징에서 이선기 대한무역진흥공사(KOTRA) 사장과 정홍예 중국 국제상회(CCOIC) 회장간에 《무역대표부 상호 개설에 관한 합의서》에 서명하였다. 1991년 1월 30일 한국의 주베이징무역대표부가 개설되고 노재원 대표가 부임하였으며, 4월 9일 중국의 주서울대표부가 개설되었다. 형식은 민간 사무소였으나 실질적으로는 사증 발급 등 일부 영사 기능을 수행할 뿐만 아니라 직원들의 직급이나 특권면제, 기능 등에 관하여 별도의 협정을 체결하여 준 외교공관으로서의 특권도 행사할 수 있는 등 활동에 필요한 여건을 마련하였다.

1989년 12월 한국수협중앙회와 중국 동황해어업협회 간에 《어선 해상사고 처리에 관한 합의서》가 체결된 이후 1991년 6월에 연장(2년)에 합의하였다. 한중 양측간 민간협정 체결도 추진되어 1991년 12월 《무역협정》에 서명하고, 1992년 2월 《투자 증진과 상호 보호에 관한 협정》이 발효되었다. 항공협정 체결을 위한 항공회담도 개최되었으나 관제권 이양지점이 핫이슈로 작용하여 진전이 없었다.

3. 한중수교 교섭 과정

가. 한국의 중국·대만·홍콩 APEC 가입 기여

1988년 서울 올림픽의 성공적 개최에 자신감을 가진 한국 정부는 중국과의 수교 외교에 박차를 가하였다. 한중 양국에서 지역 및 국제회의가 연달아 개최되고 한국의 유엔 가입이 이루어지는 과정에서 한국은 외무장관 회담 개최 등 접촉 기회를 적극적으로 만들어 중국 측에 수교를 제의하였다. 먼저, 중국·대만·홍콩이 APEC에 가입하는 과정에서 한국은 중국과 적극적으로 접촉할 수 있었고, 또한 중국 측이 한국 정부의 노력을 평가함으로써 한중수교에 긍정적으로 작용했다.

중국으로서는 '하나의 중국' 정책 때문에 결코 대만, 홍콩과 동등하게 자리를 같이할 수 없다고 생각했고, 홍콩은 큰 문제가 없었으나 대만은 중국의 입장을 인정할 수 없었기 때문에 중국·대만·홍콩이 APEC에 동시에 가입하는 것은 매우 어려운 문제였다. 그래서 APEC 고위관리 회의(SOM, Senior Official's Meeting) 의장국인 한국의 이시영 대사가 이 임무를 맡게 되자 이 대사와 친한 외교관들이 'Mission Impossible'이라고 위로했다고 한다.

외무부에서 정특반장을 맡고 있던 이시영 대사는 중국, 대만, 홍콩을 수없이 방문하는 셔틀 외교를 하면서 거중 조정을 통해 3개의 중국 문제 해결 방안을 마련하였다. 1991년 8월 26일

경주에서 개최된 APEC SOM 8차 회의에서 중국·대만·홍콩의 APEC 가입 교섭이 성공적으로 완료되었음을 보고함으로써 중국, 중화민국(Chinese Taipei 명칭), 홍콩(Hong Kong, China 명칭)의 APEC 가입이 이루어졌다. 중국은 당시 정치적으로는 1989년의 천안문 사건으로 온 세계로부터 비난을 받고 있었던 상황이라 APEC 가입은 고립에서 탈출할 수 있는 계기가 되었고, 대만은 APEC 가입으로 1971년 유엔에서 축출된 이후 20년 만에 국제무대에 정식으로 복귀하는 중요한 기회를 잡게 되었다.

이어서, 한국에서 개최되는 제3차 APEC 각료회의에 참석하기 위해 첸치천 외교부장과 리란칭 대외경제무역부장이 이끄는 대규모 중국 정부대표단이 방한하였다. 결과적으로 중국의 APEC 가입은 한중수교를 앞당기는 계기가 되었다. APEC 가입에 대해 중국, 대만, 홍콩 모두 이시영 대사를 초청하여 고마움을 표시하였다. 이 대사가 중국 방문 계기에 1992년 2월 27일 첸치첸 외교부장을 예방한 자리에서 첸 부장은 "당신이 중국을 APEC에 가입시킨 것이 중화인민공화국과 대한민국 간의 관계를 정상화하는 시기를 앞당기게 될 것이다"라고 언급했고, 자신이 쓴 「외교십기」에서 "이시영 차관보가 대만과 홍콩까지 함께 가입시키려고 무척 고생했다"라고 썼다.

나. 남북한 유엔 동시 가입 및 한중 외무장관 회담 개최

1991년 4월 1일부터 10일간 서울에서 열린 유엔 아시아·태평양 지역 경제사회위원회(ESCAP) 제47차 총회에 중국 외교부 류화추(劉華秋) 부부장이 참석하였다. 이상옥 외무부 장관은 4월 2일 호텔 내의 총회 의장실에서 류화추 부부장과 면담하여 남북한 유엔 동시 가입과 한중관계 발전에 대한 한국 정부 입장을 설명하였다. 이에 대하여 류화추 부부장은 양국관계를 점진적으로 발전시켜 나가게 되기를 희망한다고 말하고 1992년도 ESCAP 총회를 베이징에서 개최하는 데 대한 지지를 요청하였다.

북한이 남북한 단일 의석 유엔가입을 주장하면서 한국의 남북한 유엔 동시 가입 추진을 줄기차게 반대하고 있는 상황에서 한국 정부는 남북한 유엔 동시 가입을 성사시키기 위해 유엔 회원국들과 적극적으로 교섭하였으며, 특히 북한의 우방이자 유엔 안전보장이사회 상임이사국으로 유엔 가입에 거부권을 행사할 수 있는 중국에 많은 공을 들였다. 물론 북한도 중국 측과 고위급 교류 계기 등에 남북한 유엔 동시 가입 반대 입장을 표명하였다.

다른 상임이사국인 소련은 1990년 9월 30일 한국과 수교한 이후 동시 가입 지지로 돌아섰지만, 중국은 "남북 간 합의에 따라 이뤄져야 한다"라는 입장을 한동안 고수했기 때문이다. 이에 한국 정부는 소련을 통해 중국 설득을 추진하여 1991년 1월 제1차 한·소련 정책협의회 참석차 방한한 로가초프 소련 외무차관에게 협조를 요청하였다. 로가초프 차관은 귀국길 중국에 들러 한국은 1991년 중 유엔 가입을 희망하고 있다고 하면서 소련으로서는 중국이 이에 반대하지 않기를 희망한다는 입장을 전달했다.

리펑(李鵬) 총리가 1991년 5월 3~6일 북한을 방문하여 한국이 재차 유엔 가입을 신청하면 중국으로서는 반대하기 어렵고 한국이 가입한 후에는 북한이 유엔에 가입하는 데 어려움에 직면할 것이라고 말했다. 리펑 총리가 북한 방문을 마치고 귀국한 후 5월 9일 중국 외교부 대변인 정례브리핑에서 리펑 총리의 방북 중 유엔 가입 문제에 관한 협의가 있었느냐는 질문에 대하여 "그렇다. 중국 측은 남북한이 대화와 협의를 통해 쌍방이 받아들일 수 있는 해결책을 찾게 되기를 희망하였으며, 북한 측은 이 문제에 관한 남한 측과의 협의를 계속할 용의가 있음을 밝혔다"라고 답변하였다.

마침내 남북한 유엔 동시 가입안에 대해 중국이 거부권을 행사하지 않은 가운데 안전보장이사회가 1991년 8월 8일 남북한의 유엔 가입을 총회에 권고하는 결의안을 사전 합의한 대로 표결 없이 채택하고 총회는 9월 17일 남북한의 유엔 가입을 투표 없이 만장일치로 승인하였다. 이것은 중국이 '2개의 한국'을 공개적으로 인정한 것으로 한중수교를 더욱 앞당긴 사건으로 평가된다. 남북한 동시 유엔가입이 이루어진 직후인 10월 2일 유엔 본부 안보리 소회의실에서 한중 외무장관 1차 회담이 개최되었다. 엄밀히 말하면 수교 전이었기 때문에 외교의 수장으로서가 아니라 이상옥 외무장관은 APEC 각료회의 의장 자격으로 그리고 첸치천 외교부장은 중국 대표단의 수석대표 자격으로 만남이 이루어졌다.

이상옥 외무부 장관은 남북한의 유엔 가입을 위해 중국이 건설적인 역할을 해준 데 사의를 표시하였으며 첸치천 외교부장은 한국의 유엔 가입에 축하의 뜻을 표하였다. 이상옥 장관이 남북한이 유엔 가입을 계기로 화해와 협력의 관계를 발전시켜 나가게 되기를 희망하고 있다고 하자, 첸치천 외교부장은 남북한의 유엔 가입이 한반도의 평화와 안정, 그리고 남북대화 진전에도 도움이 될 것으로 생각한다면서 중국은 남북한 관계에 진전이 있기를 희망한다고 말했다. 아울러, 첸치천 외교부장은 한국이 제3차 APEC 각료회의 의장국으로서 중국, 타이완, 홍콩 등 3자의 APEC 가입 문제를 잘 처리해 준 데 사의를 표하였다.

이상옥 장관은 한국과 중국 간에 경제, 통상, 문화 등 여러 분야에서 실질적인 관계가 발전되고 있으며 무역대표부 기능도 활성화되고 있음을 언급하고 양국 간의 국교 수립이 실질적인 협력 관계 증진뿐 아니라 한반도와 동북아지역의 평화와 안정을 위해서도 필요하다는 것과 한중수교는 두 나라의 상호이익에 부합될 뿐 아니라 북한의 대일본 및 대미국 관계 정상화와 개선에도 도움이 될 것이라고 강조하였다.

첸치천 외교부장은 한국 무역대표부와 중국 외교부 간의 접촉이 시작된 점을 언급하고, "한중관계 발전이 한반도의 평화와 안정의 유지와 관련되어 있으므로 남북한 관계의 진전이 있기를 바란다."라면서 1991년 11월 서울에서 개최되는 APEC 각료회의와 다음 해 4월 베이징에서 개최되는 ESCAP 총회 때 다시 만나자고 했으며 이상옥 장관도 다시 만날 것을 기대한다고 응답하였다. 한국 외무장관이 한중수교를 사실상 제의하였고 중국 외교부장이 다시 만나자고 응답함으로써 양국 간 수교에 한 발 더 다가서게 되었다.

다. APEC 각료회의 계기 노태우 대통령의 중국 외교부장 접견

유엔에서 최초의 한중 외무장관 회담이 개최된 지 두 달 만에 중국 외교부장이 1991년 11월 12~14일 서울에서 개최되는 아시아태평양경제협력체(APEC) 제3차 각료회의에 참석하기 위해 처음으로 한국을 방문하였다. 11월 12일 저녁 청와대 영빈관에서 노태우 대통령 내외분 주최 만찬회 중간에 노 대통령은 중국의 첸치천 외교부장과 리란칭 대외경제무역부장을 접견하였다.

이 자리에서 노태우 대통령은 "한중관계의 정상화가 일·북한, 미·북한 관계의 정상화를 촉진할 것이며 이는 북한의 경제적 어려움을 극복하는 데 도움이 될 것"이라고 말하고, "모든 일은 단계가 있는 것이니 서두르지 않고 나아가는 것이 좋겠지만 양국

간 관계가 더 이상 단절된 상태를 지속하는 것은 우리 선조들이 조성해 놓은 선린 우호 관계를 우리 대에 와서 단절시킨 역사의 죄인이 되는 것이니 한중 양국은 관계 수복을 위해 노력해야 할 것"이라고 강조하였다. 첸치천 외교부장은 말씀을 귀국하는 대로 상부에 보고하겠다고 말했다.

이상옥 외무부 장관은 11월 14일 조찬을 겸한 한중 외무장관 회담에서 경제 교류가 증대됨에 따라 기왕의 중국국제상회와 대한무역진흥공사 간의 합의에 근거한 무역대표부로서는 양국관계 발전에 부적합하므로 우선 민간 무역대표부를 정부 간 대표부로 격상하는 것을 검토하자고 제의하였다. 첸치천 부장은 장차 그와 같은 방향으로 발전할 것이나 현재로서는 민간 무역대표부가 비교적 적합하다고 보며 현재 민간 형식의 대표부에 정부 파견 인사가 근무하고 있으므로 양국 외교부 직원들과 만나 일해 나가면 될 것이라는 신중한 반응을 보였다.

라. 베이징 ESCAP 총회 계기 중국 측의 수교 교섭 제의

1992년 4월 베이징에서 개최된 제48차 유엔 아시아·태평양 지역 경제사회위원회(ESCAP) 총회에 전임 의장 자격으로 참석한 이상옥 외무부 장관은 4월 13일 오전 첸치천 외교부장과 한중 외무장관 회담을 개최하였다. 첸치천 부장은 단독회담에서 '상부의 위임'에 의하여 비밀리에 수교 교섭을 개시할 것을 제의한다고 말했다.

이상옥 장관은 4월 13일 오후에 리펑 총리를 예방하였는데, 리 총리는 한중관계가 발전하고 있는 것을 만족스럽게 생각한다고 말하면서, "물이 흐르면 도랑이 생긴다(水到渠成)"라는 말과 같이 양국 간의 실질적인 협력 관계가 계속 확대되어 나가면 좋은 성과를 거둘 수 있다고 말했다. 또한, 리펑 총리는 한중 양국이 이웃 나라인 만큼 지도자 간의 접촉과 상호 방문이 필요하다고 생각하며 "우리는 가까이 있으면서도 상호 이해가 불충분" 하다면서 "이웃 나라로서 왕래가 자주 있어야 한다"라고 말했다.

마. 중국군의 한국전쟁 참전 관련 중국 측 입장 표명문제

한중수교 교섭이 본격화되어 예비회담이 5월 13일부터 6월 21일까지 3차례 열렸다. 1차와 2차는 베이징 조어대 국빈관에서, 3차는 서울 워커힐 호텔에서 개최되었다. 쟁점들에 관해 수차례 격론을 거쳐 '하나의 중국 원칙'에 합의하고 주한 중화민국 재산에 대해서는 국제법과 관례에 따르기로 합의하였다. 한국 측은 중국의 한국전쟁 참전 문제를 거론하여 중국의 참전으로 한국 국민이 입은 큰 피해와 희생을 고려하여 양국관계를 정상화하는 역사적 전환점에서 다시는 그러한 불행한 일이 없도록 한다는 뜻에서 중국 측의 입장표명이 있어야 할 것이라고 주장하였다.

중국은 "중국 국경 지대가 위협을 받았을 때 의용군을 파견한 것으로 이 역사문제는 오래전에 지나간 일이며 양국관계 정상화를 논의하는 데 있어 과거의 역사문제를 제기하는 것은 불필요한 논쟁만 야기될 것이다. 한국전쟁 문제는 양국관계 정상화와는 직접적인 관계가 없는 문제이다"라고 주장하였다. 한국 측은 수교 공동성명 문안에 "과거의 비정상적인 관계와 일시적으로 불행했던 일들을 극복하고"라는 일반적 구절을 포함시킬 것을 주장했다. 그러나 중국 측은 과거 문제에 관한 언급에 반대하면서 민감한 역사문제를 논의하게 되면 논쟁을 유발하여 문안 합의가 어렵게 될 것이라는 태도를 고수하였다.

한국 측 수석대표는 중국 측 수석대표와 별도로 만나 협의를 계속했다. 반드시 한번은 짚고 넘어가지 않으면 안 된다는 점을 설명하면서 공동성명 등 문서에 이에 관한 언급을 포함하는 것이 어려울 경우 한국 측이 일방적으로 질문이 있을 경우 답변하는 방식 등으로 언급하고자 하며, 그럴 경우 예비회담에서 논의된 내용을 토대로 "중국 측도 다시는 있어서는 안 될 불행하고 유감스러운 일이라고 했다"라고 발표하겠다고 설명하고 이해를 구했다. 그러나 중국 측 수석대표는 우리도 나름대로 사정이 있음을 이해해 주길 바란다고 하였다. 이처럼 중국의 한국전쟁 참전에 대한 사과 문제는 양측의 입장 차이로 단일 문서화는 하지 못하고, 양측이 서로의 입장을 개진하여 각자 예비회담 기록에 남겨 두게 되었다.

바. 중국의 북한에 대한 한중수교 통보

중국과 북한 간에는 최고 지도자들의 상호 방문이 빈번하여 한중수교 이야기가 나오고 있던 무렵만 하더라도 김일성 주석은 1989년 11월 중국을 공식 방문한 데 이어 1990년 9월에도 선양을 비공식 방문하였으며 1991년 10월 중국을 다시 방문하였다. 김일성은 중국 지도자들과의 회담 중에 북·중 간의 형제적 우의를 강조하고 미국과 일본이 북한과 미수교한 상태임을 들어 남한과 공식관계를 수립하는 일이 없도록 요청하였으며, 이에 대하여 중국 측은 남한과의 관계 수립은 시기와 방법을 심사숙고하여 정할 것이라는 입장을 설명한 것으로 알려졌다.

양상쿤(楊尙昆) 국가주석은 김일성의 80회 생일 축하를 위해 1992년 4월 13~17일 북한을 방문하였다. 홍콩의 친 중국계 신문인 신만보의 4월 19일 자 기사는 양상쿤 주석이 김일성에게 한중수교가 가까운 장래에 이루어질 것을 통보했으며, 양상쿤 주석이 김일성 생일에 맞추어 평양을 방문한 것도 장차 한중수교로 북한이 받을 충격을 완화하고 위무하기 위한 것이라고 보도하였다.

중국은 한중수교를 앞 둔 시점인 1992년 7월 15일 첸치천 외교부장을 북한에 파견하였다. 첸 부장은 김일성 주석을 면담하여 중국이 남한과 국교를 수립하면 북한이 미국, 일본과 외교 정상화를 하는 데 도움이 될 것이라고 역설하면서 수교를 통보하였다. 동시에 중국은 북한으로부터 '하나의 중국' 정책을 고수하겠다는 약속을 받아냄으로써 중국의 남한과의 수교가 '하나의 중국' 정책에 배치되지 않도록 하였다. 첸치천 부장은 남한과의 관계 정상화는 덩샤오핑 최고 지도자의 결정에 따른 것이라고 밝힘으로써 북한 측이 반발할 여지를 주지 않았다고 한다.

사. 「한중수교 공동성명」 서명·발표 및 대사관 개설

양국 외무차관을 수석대표로 하는 본회담이 1992년 7월 29일 조어대 국빈관 12호각 회의실에서 개최되었으며, 한국 측에서는 노창희 외무차관이, 중국 측에서는 쉬둔신(徐敦信) 외교부 부부장이 수석대표로 참석하였다. 본회담에서는 양측수석 대표로부터 양국 간 외교 관계 수립에 대한 기본입장의 재천명이 있었으며, 공동성명 문안은 예비회담에서 합의한 대로 확인되어 수석 대표 간에 가서명되었다.

1992년 8월 24일(월) 오전 9시(한국 시간 오전 10시) 이상옥 외무부 장관과 첸치천 외교부장이 조어대 국빈관 18호각 방비원에서 대사급 외교 관계 수립과 선린우호 협력 관계를 발전시켜 나가기로 하는 내용의 아래와 같은 「대한민국과 중화인민공화국 간의 외교 관계 수립에 관한 공동성명」에 서명하였고, 양국 수도에서 동시에 발표되었다.

1. 대한민국 정부와 중화인민공화국 정부는 양국 국민의 이익과 염원에 부응하여 1992년 8월 24일 자로 상호 승인하고 대사급 외교 관계를 수립하기로 결정하였다.

2. 대한민국 정부와 중화인민공화국 정부는 유엔헌장의 원칙들과 주권 및 영토보존의 상호존중, 상호 불가침, 상호 내정 불간섭, 평등과 호혜, 그리고 평화공존의 원칙에 따라 항구적인 선린우호 협력 관계를 발전시켜 나갈 것에 합의한다.

3. 대한민국 정부는 중화인민공화국 정부를 중국의 유일 합법 정부로 승인하며, 오직 하나의 중국만이 있고 대만은 중국의 일부분이라는 중국의 입장을 존중한다.

4. 대한민국 정부와 중화인민공화국 정부는 양국 간의 수교가 한반도 정세의 완화와 안정, 그리고 아시아의 평화와 안정에 이바지할 것으로 확신한다.

5. 중화인민공화국 정부는 한반도가 조기에 평화적으로 통일되는 것이 한민족의 염원임을 존중하고, 한반도가 한민족에 의해 평화적으로 통일되는 것을 지지한다.

6. 대한민국 정부와 중화인민공화국 정부는 1961년의 외교관계에 관한 비엔나협약에 따라 각자의 수도에 상대방의 대

사관 개설과 공무수행에 필요한 모든 지원을 제공하고 빠른 시일 내에 대사를 상호 교환하기로 합의한다.

한중 양국은 외교 관계 수립 후 1992년 8월 27일자로 베이징과 서울에 각각 대사관을 개설하였다. 한국 정부는 주베이징 무역대표부의 노재원 대표를 주중국 대사대리로 임명하였고, 중국 정부의 동의와 국내 절차를 거쳐 노재원 대사대리를 초대 중화인민공화국 주재 대사로 임명하여 노 대사가 9월 15 양상쿤 중국 국가주석에게 신임장을 제정하였다.

#03

한중 양국관계
발전 과정

●
●
●

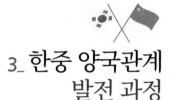

3_ 한중 양국관계 발전 과정

1. 선린우호 협력 관계 시기 한중관계

가. 이 시기(1992년 8월~1998년 2월)의 주요 국제관계

소련의 해체로 인해 미국이 유일 초강대국으로 부상하면서 '새로운 국제질서(New World Order)'가 도래하였다. 중국은 1992년 초 덩샤오핑의 남순강화 이후 개혁개방 정책이 탄력을 받아 10월 제14차 중국 공산당 대회에서 '중국 특색의 사회주의 건설' 이론을 채택하였다. 1993년 2월 세계화 구호를 내건 김영삼 정부가 출범하였고, 3월 제8기 전인대에서 장쩌민 총서기가 국가주석으로 선출되어 명실상부한 장쩌민 체제가 구축되었다.

1993년 3월 북한이 영변 핵시설에 대한 국제원자력기구(IAEA)의 특별사찰을 거부하고 핵확산금지조약(NPT) 탈퇴를 선언하면서 핵 위기(1차 북핵 위기)가 조성되었다. 이러한 가운데 카터 전 대통령이 방북하여 남북정상회담 개최에 합의하였으나, 1994년 7월 8일 김일성 사망으로 무산되었다. 북미 간 협상은 계속되어 그해 10월 <북미 제네바 기본합의서(Agreed Framework)>에 서명하였다. 1997년 동아시아 금융위기가 발생하였고, 한국은 소위 IMF 위기에 직면하여 외환 관리의 실패로 금리가 치솟고 자산가치가 급락하면서 경제 상황이 악화하였다.

나. 정치·외교 관계

1990년 베이징 아시안게임 개막식에 전 대회 개최국 준비위원장 자격으로 참석하려 하는 등 한중수교 이전부터 중국 방문 의지를 보였던 노태우 대통령은 수교 후 한 달 후인 1992년 9월 27~30일 중국을 국빈 방문하였다. 중국 정부는 한국 대통령의 방문을 축하하기 위해 천안문 광장에 대형 태극기를 게양하고, 천안문 앞 가로등을 비롯한 도로 양변에 태극기와 오성홍기를 나란히 게양하였다. 9월 28일 오전 10시 중국 정부의 공식 환영식이 인민대회당 동편 광장에서 양상쿤 국가주석 등 중국 정부 요인들이 참석한 가운데 거행되었으며, 중국인민해방군 육·해·공군 의장대 사열 후에 의장대의 분열식이 있었다.

노태우 대통령은 양상쿤 국가주석과 사상 첫 한중 정상회담을 하고 한중수교가 지난 40여 년간의 불행했던 과거를 청산하고 선린우호 협력 관계를 회복하는 것으로서 양국의 공동번영뿐 아니라 이 지역의 평화와 안정을 공고히 하는데 이바지하게 될 기념비적인 일이 될 것이라고 말하였다. 양상쿤 주석은 한중 양국이 문화와 전통 등 많은 면에서 상호 유사하고 공통점이 많으며 앞으로 정치, 경제·통상 등 제반 분야에서 관계를 강화함으로써 이 지역의 평화와 번영에 이바지하는 협력 관계를 구축해 나가자고 말하였다.

　　양측은 이어 동북아 정세와 한반도 정세에 관해 의견을 교환하였으며 노태우 대통령은 특히 북한의 핵 개발 움직임이 남북한 관계의 진전을 가로막는 최대의 장애 요인이라고 지적하고, 북한의 핵 개발 문제가 한반도는 물론 아시아·태평양 지역 전체의 평화와 안정에도 중대한 위협이 되고 있음을 설명하면서 북한의 핵 문제 해결에 있어 중국 정부의 협조를 요청하였다. 이에 대해 양상쿤 주석은 중국은 일관되게 남북 쌍방 어느 쪽을 불문하고 핵무기를 보유하는 데 반대한다고 말하고, 북한이 국제관계 개선을 위해 국제원자력기구(IAEA)의 사찰을 받아들였으며 이제 남북한 상호 사찰이 남아 있는데, 이 문제는 남북 쌍방이 계속 협의하면 잘 해결될 수 있을 것이라고 말하였다.

　　노태우 대통령은 장쩌민 총서기, 리펑 총리 등을 면담, 양국관계와 한반도 문제 등에 대해 인식을 공유하였다. 9월 29일 오후 인민대회당 면담에서 장쩌민 총서기는 "백 번 듣는 것보다 한 번 보는 것이 더 낫다"라는 속담으로 노 대통령의 중국 방문을 환영하였다. 그리고 "중한 양국 간에 외교 관계가 수립되었으므로 경제를 비롯한 모든 분야에서 협력 관계가 더욱 촉진될 것으로 확신하며, 중국은 많은 면에서 한국으로부터 배워야 할 것으로 생각한다"라고 말하였다. 노 대통령은 한중 양국의 협력 관계 발전은 두 나라의 번영뿐만 아니라 동북아 및 전체 아시아 지역의 평화와 안정, 그리고 공동번영을 위해 중요하다고 강조하였다.

양국은 한중 간 선린우호 협력 관계 발전이 양국 국민의 이익은 물론 아시아와 세계 평화발전에 중요한 의의를 가진다는 내용 등을 담은 <한중 공동 언론발표문>을 발표하였다. 한국은 남북대화, 북한 비핵화와 통일 실현에 대한 입장을 언급하고 협조를 요청하였으며, 중국은 한반도에서 남북대화 진전을 높이 평가하고 한반도 비핵화 공동선언의 목표가 조속히 실현되기를 희망한다는 입장을 확인하였다.

한편, 1992년 12월 한국 측이 한중 의원친선협회(1995년 1월 한중 의원외교협의회로 개칭)를 결성하고, 1993년 6월 중국 측이 중한 의원 소조(의원친선협회)를 결성하여 양국 의회 간 교류·협력 시스템을 구축하였다. 1993년 5월에 첸치천 외교부장이 수교 이후 처음으로 한국을 방문하였고, 10월에는 한승주 외무부 장관이 중국을 공식 방문하여 북핵 문제 등을 주제로 논의하였다. 양국은 대사관 내에 무관부를 교환 설치하기로 하는 데도 합의하여, 한국은 1993년 12월 중국 주재 대사관에 무관부를 설치했으며 1994년 3월에는 중국이 한국 주재 대사관에 무관을 파견해 초보적 수준이지만 군사 교류를 개시하였다.

김영삼 대통령은 1993년 11월 시애틀 아태경제협력체(APEC) 정상회의 계기에 장쩌민 주석과 정상회담을 개최함으로써 한중 정상 간 상견례를 가졌다. 북한의 핵확산금지조약(NPT) 탈퇴 선언으로 1차 북핵 위기가 고조되는 상황에서 김영삼 대통령은 1994년 3월 26~30일 중국을 국빈 방문하여 장쩌민 주석과 회담을 하고 북한 핵 문제 해결을 위해 북한을 설득해 줄 것을 요청하였으며 장 주석은 건설적 역할을 하겠다고 말했다.

리펑 총리가 중국 총리로서는 최초로 1994년 10월 31일에서 11월 4일까지 방한하였다. 이는 한중수교 이후 한국을 방문한 중국의 최고위 인사 방문으로 양국 정부 최고위 지도자 간 신뢰를 제고하고 양국관계를 한 차원 더 높이는 전기를 마련하였다. 리펑 총리는 한중관계 발전을 위해 "양국 간 사회제도와 이데올로기의 차이가 관계 발전에 장애가 돼서는 안 되며 중국은 한반도의 안정과 평화가 장기간 유지되기를 희망한다. 한중 간 경제 영역에서 협력의 여지가 매우 크며 중국은 한국 기업의 중국에 대한 투자를 적극적으로 환영한다. 양국 간 협의를 강화하고 이해를 증진함으로써 문제를 해결한다. 양국이 경제 교류를 강화해 공동 발전을 도모한다"라는 등 4개 원칙을 제안하였다. 중국이 한국과의 관계를 경제, 문화 영역에 국한하지 않고 정치 부문까지 발전시키려는 방침임을 의미하였다.

1995년에는 치아오스(喬石) 전인대 상무위원장 방한(4월 17~22일), 이홍구 총리 공식 방중(5월 9~15일), 장쩌민 국가주석 국빈 방한(11월 13~17일) 등 양국 고위인사들의 활발한 상호 방문이 전개되었으며, 특히 중국 최고 지도부의 한국 방문이 열풍을 이루었다. 장쩌민 주석의 방한은 중국 최고 지도자로서는 최초의 방문이었으며 한중수교 이후 경제협력을 축으로 발전해 온 양국관계가 정치, 문화 등 제 분야로 확대되어 다방면의 우호 협력 관계로 발전하는 계기가 되었다. 그리고 양국은 한반도 문제, 유엔 및 APEC 등 국제무대에서 협력하기로 하는 등 우호 협력 관계를 심화시키는 기틀을 마련하였다.

김일성 '주체사상'을 이론적으로 체계화한 황장엽 북한노동당 국제담당비서가 1997년 2월 12일 동료인 김덕홍과 함께 택시를 타고 주중한국대사관 총영사관에 도착하여 신변 보호와 한국행을 요청했다. 황장엽 망명 사건은 분단 이후 반세기 동안 남북한 간의 갈등 역사 속에서 매우 획기적이고 복잡한 성격을 띤 사건이었으며, 황장엽은 한국으로 망명을 신청한 사람 중에 역대 최고위급 인사였다. 국내외의 비상한 관심을 불러일으켰던 이 사건도 한중간 우호 협력 관계를 바탕으로 원만히 해결하였다. 중국 정부는 비교적 단기간 내에 필리핀을 거쳐 한국에 망명하도록 허용하였다.

다. 북한 및 북핵 문제

중국은 한반도 문제에 있어서 남북한 내부 문제에 대해 관여하지 않고 통일 실현과정에서 급진적인 방법이 아니라 남북한 당사자들이 인내심을 갖고 계속 노력해 줄 것을 희망하는 수준에서 입장을 밝히는 등 조심스럽고 신중한 자세를 견지하였다. 즉, 중국은 북한과 혈맹적 관계를 중시하고 남한과는 경제협력을 추구하는 '북정남경(北政南經)'이라는 정경분리의 한반도 정책을 펴고 있었다. 그러나 시간이 지나면서 실리외교로 전환되기 시작하였는데, 이것은 기존의 한반도 관련 정치·안보 쟁점에서의 북한에 대한 일방적 지지 태도에서 국익을 우선하는 관계로의 전환을 의미하였으며, 한중수교로 나타났다.

이러한 중국의 정책 변화는 결과적으로 식량난, 에너지난, 경제난 등에 봉착한 북한의 외교적 고립을 심화시키고 북한 지도부의 대중국 불신감을 키웠다. 한중수교로 인해 북한의 중국에 대한 반감은 매우 컸고 정례적인 고위급 교류가 상당 기간 거의 단절되다시피 하였다. 이로 인해 북·중 관계는 냉각기에 빠져들어 전반적으로 소원하였다. 여기에는 냉전 종식에 따른 군사적 동맹의식의 이완 및 중국의 개혁개방에 따른 이념적 결속력 약화, 중국의 덩샤오핑, 류화칭, 북한의 김일성, 최광 등 양측 혁명세력의 사망과 퇴진에 따른 지도층 간 유대감 약화 등도 중요하게 작용했다. 북한의 중국에 대한 불신감은 심각하여 정전체제 무력화를 기도하면서 군사정전위원회 중국군 대표단 철수를 요청하기도 하였다.

　한중수교 전후로 하여 북한 핵 문제가 불거졌다. 북한은 1992년 국제원자력기구(IAEA)와 《핵 안전 조치협정》을 체결하였으나, 미신고 시설에 대한 특별사찰을 거부하고 한미 군사훈련을 핑계로 1993년 3월 12일 핵확산금지조약(NPT)에서 탈퇴를 선언하면서 1차 북핵 위기가 발생하였다. 미국과 북한은 고위급 회담을 개최하였으나 북한이 《핵 안전 조치협정》을 위반하고 5MW 흑연감속로에서 연료봉을 인출하면서 갈등이 격화되었다. IAEA 사찰단이 영변을 방문하였으나 플루토늄 재처리 시설의 핵심구역에 대한 정밀 사찰이 불허되었다.

　1994년 3월 15일 IAEA는 북한의 핵물질이 핵무기로 전용되지 않았음을 검증할 수 없다는 발표와 함께 사찰단 철수를 명령했다. IAEA 위원회는 특별회의 표결을 통해 이 문제를 유엔 안보리에 상정하기로 결정했다. 미군은 팀스피리트 훈련 재개를 위해 한국과 협의에 들어갔고 미 행정부는 북미 협상 계획을 취소하고 유엔을 통한 제재조치를 검토하기 시작됐다. 북한은 "제재는 선전포고와 다름없다"라고 선언했다.

이때 문제의 불바다 발언이 나와 한반도 긴장 상황을 더욱 고조시켰다. 1994년 3월 19일 판문점에서 열린 남북 특사교환 실무회담에서 거친 말들이 오간 끝에 박영수 북측대표가 송영대 남측대표에게 "서울은 여기서 멀지 않소. 전쟁이 발발하면 서울은 불바다가 될 것이오. 송 선생도 살아남기 어려울 것이오"라는 이 한마디를 던진 후 회담장을 박차고 나갔다.

미 국방부는 한반도와 주변 지역에 대한 미군 병력 증강을 가속화했다. 클린턴 행정부가 영변 핵시설 폭격을 검토하는 등 전쟁 위기가 고조되었다. 이때 카터 전 대통령이 등장하였다. 캠프 데이비드 중동평화 회담을 주선해 성공시킨 적이 있는 카터 전 대통령은 80년 대선에서 레이건에 패배한 후 조지아주 애틀랜타에 본부를 둔 카터 센터를 발판으로 세계 곳곳의 갈등을 평화적 방법으로 해소시키는 해결사를 자처해 왔다. 이미 중동과 에티오피아, 수단, 소말리아, 구 유고 등지에서 평화 중재자의 역할을 수행했다.

카터 전 대통령은 91년, 92년, 93년 김일성으로부터 방북 초청을 받았지만, 미 국무부는 그의 방북이 한반도 문제를 해결하는 것이 아니라 오히려 더 복잡하게 만들 것이라는 이유를 들어 만류했다. 또한, 재임 중에 주한미군 철수를 추진했던 카터의 정치적 성향을 의식하고 있던 남한 정부 역시 카터가 또다시 한반도 문제에 개입하는 것을 꺼렸다.

카터 전 대통령은 급히 달려온 로버트 갈루치(Robert Gallucci) 국무부 차관보로부터 미국이 북한과 접촉할 계획이 없다는 사실을 알고는 매우 놀라 즉시 클린턴에게 전화를 걸어 목전에 닥친 위험을 고려해 당장 자신이 평양으로 갈 것임을 밝혔다. 카터 전 대통령의 등장으로 미국 행정부는 난처한 처지에 놓이게 되었다. 북한 핵 문제가 제재국면으로 바뀌고 국제사회가 단합된 전선을 구축하는 상황에서 전열을 흩트리는 측면이 있었기 때문이다.

그러나 강력한 대북제재를 당장 시행하기 어렵고 게다가 북한의 섣부른 반응을 촉발할 위험성이 있는 상황에서 카터 전 대통령의 방북을 통해 분명한 메시지를 전달하는 것이 의미가 있을 수 있었다. 특히, 클린턴 대통령은 북한에게 체면을 살리면서 물러설 수 있도록 퇴로를 만들어주는 데 관심이 있었다. 고심 끝에 "개인 자격의 방문이며 정부 차원의 메시지는 없다"라는 것을 분명히 하면서 방북을 승인했다. 카터 전 대통령이 김일성과 북미 고위급회담 재개, 남북정상회담 개최에 합의하며 위기 국면을 넘겼다. 김영삼 대통령은 최초의 남북정상회담 개최에 큰 기대를 걸었으나 김일성의 급작스러운 사망으로 남북정상회담은 무산되었다.

김일성 주석 사망 때 조문 문제를 두고 남한에서는 격렬한 갈등이 빚어졌다. 당시 민주당 이부영 의원이 국회에서 "북에 조문 사절을 보내야 하는 것 아니냐"고 질의하자, 보수언론을 중심으로 "6·25 전범에게 무슨 조문이냐"는 반론이 제기되어 이른바 '조문 파동'이 일어났다. 김영삼 정부는 조문을 불허했을 뿐 아니라 조의도 표하지 않았다. 더 나아가 전군에 특별경계령을 내리는 등 군사태세를 강화했다. 반면 당시 빌 클린턴 행정부는 제네바 협상이 계속되기를 기대하는 뜻에서 "제3차 북미 고위급회담을 재개시킨 고인의 지도력을 높이 평가한다"라고 조의를 표했다. 조문 파동은 북한이 김영삼 정부에 등을 돌리게 된 결정적 계기 중 하나가 됐다.

조문 파동으로 인해 남북관계는 파탄이 났지만, 북미회담은 계속 이어져 1994년 10월 21일 미국의 갈루치 국무부 차관보와 북한의 강석주 외무성 제1부상 간에 <북미 제네바 기본합의서>가 조인됨으로써 새로운 국면이 전개되었다. 합의서 내용은 10개 조항으로 이루어져 있는데, 북한이 핵을 동결하는 대신 미국 측은 경수형 원자로 발전소 2기를 건설하는 동시에 경제원조로 연간 50만 톤의 중유를 지원하고, 정치·경제적 관계의 완전한 정상화를 추진한다는 내용을 골자로 하고 있다.

북한은 북미 제네바 합의를 승리로 여기며 자축했다. 강석주는 이 합의문을 "역사적으로 큰 의미를 지닌 매우 중요한 기념비적 문서"라고 평가했다. 북한 대표단은 평양 공항에서 대대적인 환영을 받았다. 노동신문은 그 합의문을 '최대의 외교적 승리'라고 격찬하면서 "우리는 누군가의 동정이나 충고에 의지하지 않고 독립적인 발판에서 미국과 독립적으로 회담했다"라고 자랑스럽게 보도했다.

한국 정부는 합의문을 공식적으로 인정하고 실행에 협조하겠다고 약속했지만, 여론과 주요 엘리트 집단의 시각은 부정적이었다. 한국 정부와 상의하지 않은 데 대한 불만과 미국 측 협상단이 좀 더 강경한 자세로 밀고 나가지 않아서 보다 나은 결과를 얻는 데 실패했다는 것 등이 비판의 주된 이유였다. 더욱이, 제네바 합의는 붕괴 직전에 놓인 북한에게 구명줄을 던져줌으로써 통일을 지연시킬 뿐이라는 의견이 지배적이었다.

제네바 합의에 대한 미국 국민의 반응은 냉담했다. 불량 국가라는 낙인이 찍힌 북한과 광범위한 합의에 응했다는 것을 받아들이는 데 무리가 있었다. 뉴욕타임스는 "클린턴, 북한 원조 계획을 승인하다.", 워싱턴 포스트는 "미국, 북한과의 조약에 양보하다. 합의문에 따라 주요 플루토늄 제조 시설 수년 더 남겨 둘 듯"이라는 제하의 기사를 보도했다.

기본합의문이 서명된 지 17일 후 실시된 1994년 11월 중간선거에서 공화당이 수십 년 만에 처음으로 상·하 양원을 장악하는 이변이 발생하여 클린턴 행정부의 민주당은 소수당으로 바뀌었다. 제네바 합의에 따라 한반도에너지개발기구(KEDO)가 탄생하고 한국형 경수로 2기 건설에 합의하였으며, 미국은 1995년 1월 20일 대북 경제 제재를 부분적으로 해제하였다. 북한의 식량난이 가중되고 경제가 악화함에 따라 미국은 유엔의 요청을 받아들이는 형식으로 세계식량기구(WFP) 등을 통해 대북지원을 실시하였다.

중국은 제네바 합의 등으로 인한 한반도 정세변화에 따른 영향력 약화를 우려하여 북한과의 관계 회복을 시도하였다. 1996년 5월 홍수 피해 지원을 요청하기 위해 방중한 홍성남 부총리에게 식량과 구호물자 등 경제 지원과 함께《중조 경제기술교류 협정》을 체결하였다. 1996년 7월《중조 우호협력 및 상호원조 조약》35주년에는 뤄간(羅幹) 국무위원 겸 비서장을 단장으로 하는 친선대표단을 평양에 파견하였다. 그러나 황장엽 사건 및 대만 핵폐기물 북한 반입시도 등으로 냉각된 중·북 관계가 지속되었다.

북핵 문제 관련 중국은 한반도 비핵화 원칙을 강조하면서도 북한의 입장을 고려하여 소극적인 입장을 취했다. 이것은 한중 수교 과정에서 북·중 간 상호 신뢰 관계가 허물어졌기 때문에 섣불리 북한에 영향력을 행사하려 했다가 자칫 역효과를 가져올 리스크를 우려했기 때문이었다. 1996년 4월 16일 제주도에서 개최된 한미 정상회담에서 한반도의 항구적인 평화체제 구축을 위해 남북한, 미국 및 중국으로 구성된 '4자회담'을 공동 제의하였다. 북한은 중국 대표의 참여 배제를 요구하며 중국을 견제하는 태도를 보였다.

중국은 거의 1년 동안 동 회담 참여를 유보해 오다가 1997년 8월 뉴욕개최 4자회담 예비회담에 참여하고 12월 9일 제1차 본회담에 참석하여 건설적 역할을 하겠다는 입장을 표명하였다. 제네바에서 1999년 8월까지 6차에 걸쳐 본회담이 개최되었지만 특이할 만한 해법이나 성과를 끌어내지 못했다. 북한은 미군 철수, 한미 대규모 전쟁연습 중지, 전쟁 무기의 한반도 내 반입 금지를 제기하였다. 그리고 북미 간 평화협정 체결을 주장하면서 미국과의 관계개선에 주안점으로 두고 식량 지원이나 제재 완화를 끌어내려는 행보를 보였다.

라. 경제·통상 관계

한중수교 즈음하여 양국 정부는 오랜 기간 단절되어 있던 경제 교류를 정상화할 제도적 기반을 신속하게 구축하였다. 그리고 분야별로 다양한 협력 및 협의 채널을 만들어 민간의 경제협력을 지원하고 주요 산업협력을 견인하였다.

1992년 9월 노태우 대통령의 국빈 방중 계기에 양국 간 무역과 투자 확대를 위한 기본적인 시스템을 마련하였다. 민간협정을 정부 간 협정으로 전환하여 《한중 정부 간 무역협정》과 《한중 정부 간 투자 증진과 상호 보호에 관한 협정》을 체결하였다. 또한, 《한중 정부 간 과학 및 기술협력에 관한 협정》과 《한중 정부 간 경제·무역 및 기술협력공동위원회 설립협정》도 체결하였다. 1993년 5월 첸치천 외교부장 방한 계기에 《한중 정부 간 해상운송에 관한 협정》을 체결하였다. 1993년 7월 《한중 정부 간 우편 및 전기통신 분야 협력에 관한 협정》 체결에 이어, 10월에는 《한중 정부 간 환경협력에 관한 협정》을 체결하였다.

1994년 3월 김영삼 대통령 방중 때, 양국은 자동차부품, HDTV, 중형 항공기 및 전자교환기 등 4개 품목의 공동 개발, 공동 생산 및 공동 판매에 합의하였다. 양국은 《한중 정부 간 소득세의 이중과세 회피 및 탈세방지를 위한 협정》을 체결하고, 한국 체신부 장관과 중국 우전부장은 한국통신사업체의 중국통신망 건설 참여, 차세대교환기(ATM) 공동 개발 등을 골자로 하는 《한중 통신협력양해각서》에 서명하였다. 양국 정상회담 합의에 따른 후속 조치로 《한중 정부 간 산업협력위원회 설치 협정》을 체결하였는데, 황병태 주중대사와 왕쫑위(王忠禹) 중국국가경제무역위원회 주임이 1994년 6월 6일 베이징 인민대회당에서 서명했다. 이로써 양국 간 경제협력이 무역 및 투자 분야는 물론 산업협력 분야에까지 더욱 확대될 수 있는 제도적 틀을 갖추게 됐다.

1994년 10월 리펑 총리 방한 계기에 양국은 수교 전부터 논의되어 온 항공협정인《한중 정부 간 민간항공 운수에 관한 잠정협정》을 체결하고,《한중 정부 간 원자력의 평화적 이용에 관한 협력을 위한 협정》에도 서명하였다. 양국 간 항공협정 체결에 가장 큰 걸림돌이 돼왔던 관제이양점은 한국 측 주장이 받아들여져서 서울-베이징, 선양, 칭다오, 톈진, 다롄 간 항공노선은 당시의 비행정보구역 경계선인 동경 124도로 결정됐고 서울-상하이 노선은 제주도 남쪽에 설정된 코라도 항로를 이용하기로 했다.

양국 간 무역이 급속하게 증대하여 1994년에는 116억 달러에 달했다. 1997년도 양국 교역액은 237억 달러로 한중 양국은 상호 3대 교역대상국으로 부상하였다. 양국 간 무역은 높은 상호 보완성과 품목 집중화 현상을 보였다. 한국의 대중 수출품목은 대부분 완제품이나 반제품으로 기계설비, 전자 소비품, 통신설비 및 제품, 석유화학제품, 고급 방직원료 등이었다. 중국의 대한국 수출품목은 광산물, 금속, 식물성 제품 등 자원집약 상품, 방직원료 및 염가 노동력을 기반으로 한 상품이었다.

한국은 중국의 주요 교역 파트너인 동시에 불가결한 투자와 기술의 원천국이 되었다. 한국 기업들은 중국의 저렴하고 풍부한 노동력과 방대한 시장을 발전의 기회로 십분 활용하면서 빠른 속도로 투자를 늘렸다. 많은 중소 규모의 제조업체들이 대중국 투자에 참여했고, 주로 노동집약적 수출 가공 산업에, 지역적으로는 환 발해만 지역에, 업종별로는 제조업에 투자가 집중되었다. 대중국 투자가 급증함에 따라 금융업 진출이 필요하게 되었으며, 이를 뒷받침하기 위해 1993년 9월 9일 한중 양국은 협력 양해각서를 체결해 중국 인민은행과 한국 재정경제부가 매년 금융협력 회의를 개최하기로 하였다.

한국 전용공단이 중국 각지에 설립되어 한국 기업들을 유치하였다. 김영삼 대통령은 1994년 3월 방중 시 마지막 일정으로 톈진경제기술개발지구를 시찰하면서 한국 전용공단을 방문하였다. 김영삼 대통령 방중 이후 현대, 삼성, LG와 대우 등 한국 대기업들의 대규모 투자가 본격적으로 시작되었다. 특히, 삼성전자는 상하이에서 80km 지점에 위치하고 중국과 싱가포르 양국 정부가 합작하여 건설한 쑤저우공업원구(China-Singapore Suzhou Industrial Park)에 가전, LCD 등을 투자하였다.

대중국 투자는 당시 한국의 산업구조 전환과 맞물리면서 증가하였다. 1993년 2억9100만 달러였으나, 1996년에는 10억 4500만 달러까지 늘어 중국은 미국에 이어 한국의 제2의 투자대상국으로 부상하였다. 그런데, 1997년 동아시아 금융위기가 발생하고 그 여파가 한국에도 덮쳐 소위 IMF 위기에 휩싸였다. 채무상환 위기에 직면한 한국 기업들은 중국에 있는 자산을 매각하였으며 대중국 투자가 위축되었다.

마. 사회·문화 관계

한중수교 후 양국 간 문화 분야 교류의 근간이 되는 각종 협정, 협정서 등이 체결되었다. 1994년 3월 김영삼 대통령 국빈 방중 기간인 3월 28일《한중 정부 간 문화 협정》이 체결되었다. 이 협정은 문화예술, 언론, 학술, 교육, 영화, 텔레비전, 출판, 체육 및 청소년 분야 등 많은 분야의 협력을 포괄하고 있다. 1994년 12월 베이징에서 제1차 한중 문화공동위원회가 개최되고, 《1995~1996년 기간의 한중 정부 간 문화 교류 계획서》에 서명하였다. 1995년 6월《한중 체육협력 협정》이 체결되었다.

1993년 <질투>, <여명의 눈동자>가 방영되면서 한국 TV 드라마 중국 진출의 효시를 이루었다. <사랑이 뭐길래>가 중국중앙방송(CCTV)에서 방영되자 선풍적인 인기를 끌었으며, 시청자들의 열화 같은 요청에 따라 저녁 황금 시간대에 재방영되어 높은 시청률을 기록하면서 한류(韓流)의 기원을 이루었다. 한국 TV 드라마는 등장하는 스타들의 친근한 외모와 서양의 선정적, 폭력적, 반윤리적인 면보다 상대적으로 가정적이고 윤리적인 점 등이 수용성을 높였다.

1997년 베이징 라디오방송국에서 최초로 한국 가요를 소개하는 '서울 음악당'이란 프로그램을 개설하여 큰 호응을 얻었다. 드라마에 이어 대중음악이 가세하면서 '한류'가 중국에 빠른 속도로 전파되었다. 한국문화의 흐름 내지 바람을 뜻하는 '한류(韓

流)'라는 말은 중국 매체가 1990년대 중반 한국 TV 드라마 인기에 관해 보도하면서 처음 등장했으나, 1999년 가을, 한국 문화부에서 대중음악을 홍보하기 위해 배포한 음반 <韓流-Song from Korea>에서 공식적으로 사용되기 시작했다.

한중 양국은 경제·통상 증진 및 현지 자국인 보호를 위한 제도적 장치를 마련하기 위해 1993년 상하이와 부산에 각각 총영사관을 설립하였고, 한국은 1994년 9월 산둥성 칭다오에 총영사관을 설립하였다. 1995년 3월 한국 관광공사 베이징사무소가 개설되고, 5월 베이징에서 《한중 양국 간 관광 진흥협의회 규정에 관한 합의서》가 체결되었다. 1995년 7월 베이징에서 제1차 한중 관광 진흥협의회가 개최되었다. 1997년도 양국 간 인적교류는 68만 명(중국 측 기준 99.5만 명)에 달해 수교 당시 9만 명보다 7배 이상 증가하였다.

2. 협력동반자 관계 시기 한중관계

가. 이 시기(1998년 2월~2003년 2월)의 주요 국제관계

아시아 금융위기로 초래된 외환위기(IMF 위기) 극복이라는 절체절명의 과제에 직면한 상황에서 1998년 2월 김대중 정부가 출범하여 '금 모으기 운동' 등을 통해 국민의 협력을 끌어내면서 IMF 위기를 극복하였다.

북한은 1998년 9월 헌법을 개정하여 국방위원장 체제를 공식 출범시켰으며 김정일은 유훈 통치를 끝내고 대외 행보를 시작하였다. 1999년 6월 15일 연평도 서쪽 해역에서 1차 제2연평해전이 발생하여 북한 해군 어뢰정 1척이 침몰하고 경비정 1척이 대파당했으며 경비정 4척이 파손된 채 퇴각하였다. 햇볕정책을 추진한 김대중 대통령은 2000년 6월 13~15일 북한을 방문하여 최초로 남북정상회담을 개최하고 <6.15 남북공동선언>을 채택하였다.

　　1998년 3월 장쩌민 2기 체제가 출범하였고, 1999년 3월 헌법을 개정하여 전문에 '덩샤오핑 이론'을 반영하고 "개체경제와 사영 경제 등 비(非)공유 경제가 사회주의 시장경제의 중요한 구성 부분"이라는 내용을 삽입했다. 2000년 <3개 대표론>(선진 생산력, 선진문화 발전, 광대한 인민의 근본 이익을 대표해야 한다는 이론)을 제시하였으며, 2001년 12월 세계무역기구(WTO)에 가입하였다.

　　2001년 1월 취임한 조지 W. 부시 대통령은 권력의 핵심에 네오콘을 기용하고 강경외교를 전개하였다. 9월 11일 미증유의 9.11테러가 발생하였으며, 미국은 10월 오사마 빈 라덴을 두둔한 혐의로 아프간을 침공하였다. 2002년 1월 부시 대통령은 연두교서를 통해 이란, 이라크와 함께 북한을 겨냥하여 악의 축(axis of evil) 발언을 하였다. 그해 10월 켈리 미 국무부 동아태 담당 차관보가 방북하여 고농축우라늄(HEU) 농축 계획에 대해 추궁하자 북한 외무성 강석주 제1부상이 HEU 농축 계획의 존재를 시인하는 말을 함으로써 제2차 북핵 위기가 발생하였다.

한일 월드컵 축구대회가 한참 열리고 있던 2002년 6월 29일 북한 경비정의 기습공격으로 2차 제2연평해전이 발생하였다. 무참히 패배한 1차 제2연평해전의 복수를 노리고 기회만을 엿봤던 계획적인 도발이었다. 서해 연평도 14마일 해상에서 북방한계선을 침범한 북한 경비정의 기습폭격으로 한국 해군 고속정 1척이 격침되고 장병 6명이 사망했다.

나. 정치·외교 관계

1998년 4월 후진타오 당시 국가부주석은 취임 후 최초 해외 방문지로 한국을 선택했다. 김대중 대통령은 1998년 11월 11~15일 중국을 국빈 방문하여 장쩌민 주석과 회담을 하고 양국 관계를 기존의 '선린우호 협력 관계'에서 '21세기를 향한 협력동반자 관계'로 격상하기로 합의하고 새로운 세기를 앞두고 한중관계 발전 방향의 틀을 설정하였다.

당시 중국은 경제 발전과 국제적 지위 향상에 대한 자신감을 바탕으로 영향력 제고와 다극화 전략의 일환으로 다양한 형태의 동반자 외교를 전개하고 있었다. 동반자 외교는 경제적 세계화의 추세에 대한 인식을 반영하면서 국제관계를 이분법적인 우군과 적군 개념으로 이해하기보다는 공동의 이익과 협력의 영역으로 해석하는 것을 전제하였다. 동반자 외교의 정책적인 표현은 강대국 및 주변국과 협력의 영역 확대, 갈등보다는 협상에 의한 평화적 문제 해결, 국제무대 편입을 통한 경제 발전과 국력 제고, 평화적 방식에 의한 강대국 부상 전략 등으로 나타났다.

그런데, 북한을 의식한 중국은 처음에는 한국과의 동반자 관계 설정에 소극적인 태도를 보였으나, 한국 측이 적극적인 설득을 전개하여 한중 동반자 관계를 맺게 되었다. 중국 정부가 한국과 동반자 관계에 동의한 배경에는 한국을 단순한 경제·통상 파트너가 아닌 외교와 안보에서 협력할 상대로 활용해야 하는 인식의 전환이 이루어졌기 때문이었다. 그리고 한중관계 발전의 주된 제약요인으로 거론되었던 '북한 요인'으로부터 상당히 자유로워지거나 현실적으로 한중관계의 발전에 중요성을 두고 있음을 의미하였다.

또한, 중국 정부의 김대중 대통령 개인에 대한 높은 평가가 긍정적인 역할을 한 측면도 있었다. 장쩌민 주석은 "뜻이 있는 사람은 반드시 이룬다(有志者 事竟成)"라고 말하면서 김 대통령의 당선을 축하하고, "큰 난국 속에서도 죽지 않으면 나중에 복이 온다(大難不死 必有後福)"라는 말을 인용하여 여러 위험을 무릅쓴 후 복을 받았다고 하며 경의를 표하였다. 장쩌민 주석은 김대중 대통령과 회담 도중에 시를 읊고 만찬을 할 때는 노래도 불렀다.

일본 방문 때에 전용기가 한국 상공을 지날 때 다음과 같은 기상 메시지를 보내 왔다.

러시아 방문을 마치고 일본 방문차 한국 영공을 통과 중입니다. 김대중 대통령과 우호적인 한국 국민에게 인사를 보냅니다. 귀국의 번영을 기원하며 한중 양국 간 21세기를 향한 협력동반자 관계의 발전을 희망합니다.

장쩌민 주석을 비롯한 중국의 지도자들은 김대중 정부의 '햇볕정책(Sunshine Policy)'의 대북 포용정책 기조가 한반도에서의 평화와 안정을 도모할 수 있고 남북관계를 개선할 수 있는 올바른 정책이라면서 적극적인 지지 의사를 표명하였다. 햇볕정책에 대한 중국의 지지 태도는 기본적으로 한반도의 평화와 안정을 추구하는 중국의 기본입장과 한국 정부의 대북 포용정책이 일맥상통한다는 판단에서 나온 것이다.

김대중 대통령이 장쩌민 주석과의 회담에서 햇볕정책 구상을 설명하고 협력을 요청한 데 대해, 장쩌민 주석은 한국의 대북한 포용정책에 이해와 동감을 표시하고 지지 견해를 밝히며 북한은 자존심이 강하기 때문에 인내심을 갖고 자제하면서 자극하거나 자존심을 건드리지 않고 너그러운 환경을 조성하는 것이 중요하다고 언급하였다.

중국은 햇볕정책 추진으로 인해 이루어진 2000년 6.15 남북 정상회담 개최에 대해 높이 평가하였는데, 햇볕정책에 대한 지지 태도가 구체적으로 표명되었다고 볼 수 있다. 중국 외교부 대변인은 "이번 남북정상회담의 성공을 기뻐하고 축하한다"라며, "남북정상회담의 성과는 역사적 의의를 지니는 중대한 사건으로서 한반도의 평화와 안정유지에 귀중한 공헌을 할 것으로 확신한다"라는 성명을 발표했다.

2000년 10월 방한한 주룽지 총리는 남북관계 진전을 평가하면서 남북한 평화체제 구축 과정이 순조롭게 진행되기를 희망하였다. 11월 브루나이 APEC 정상회의 계기에 개최된 한중 정상회담에서 장쩌민 주석은 "남북관계 진전을 위한 김대중 대통령의 안목과 결단에 경의를 표하며, 중국 정부의 기본입장은 한반도의 안정과 평화를 지지하는 것"이라고 언급했다.

군사 분야에서의 교류도 추진되었다. 김대중 대통령이 중국 국빈 방문 때 장쩌민 주석에게 군사 교류 확대를 제의한 데 대해, 장쩌민 주석은 한중 간 군사 교류를 점진적, 단계적으로 추진해야 한다면서도 긍정적으로 검토하겠다는 반응을 보여 군사 안보 분야 협력에서 진전을 이루는 계기가 되었다. 1999년 조성태 국방부 장관 방중에 이어 2000년 츠하오톈 국방부장의 방한이 시행되어 양국 국방부 장관의 상호 방문이 최초로 이루어졌다. 2000년에 조영길 합참의장도 중국을 방문하였으며, 2001년에는 길형보 육군참모총장 방중과 류순야오 중국 공군사령관의 방한이 이루어지고 김동신 국방부 장관이 중국을 방문하였다. 2002년에는 푸취안유 중국군 총참모장이 한국을 방문하였다.

군사 교류는 해군 함정 상호 방문으로 발전되었다. 1998년 11월 한국 해군 순항 훈련부대 소속 군수지원함 대청함과 구축함 서울함이 최초로 중국 영토인 홍콩 기항이 이루어졌다. 이어서 2000년 10월 주룽지 총리 방한 때 군함 상호 방문에 대한 합의가 이뤄져 2001년 10월 한국 군함이 상하이에 기항하고 2002년 5월 중국 군함이 인천항을 기항하였다. 한편, 북한과 가까이 있는 동북 3성 지역에 한국 영사관을 설치하는 것을 반대해왔던 중국이 1999년 선양 영사사무소 개설에 동의하고, 2003년 총영사관으로 승격하는 데에도 동의했다.

한중 양국은 1993년 12월부터 실무회담을 시작해 19회에 걸친 마라톤회담 끝에 2000년 8월 《한중 정부 간 어업협정》이 체결되고 2001년 6월 정식 발효되었다. 이 협정의 체결로 한중 양국은 배타적 경제수역을 선포한 상황에서 일방적으로 관할권을 행사할 경우 예상되는 충돌을 방지하고 해양생물자원을 합리적으로 보존하고 이용할 수 있게 되었다. 1994년 국제연합 해양법 협약이 발효된 뒤 1996년 한·중·일 3국이 이를 비준함으로써 새로운 어업 질서 구축의 필요성이 대두되었다. 그러나 양국 사이에 놓여 있는 황해(黃海:서해)는 양국 수역의 거리가 최대 280해리에 불과해 200해리까지 인정하는 유엔 해양법 협약상의 배타적 경제수역(EEZ) 획정에 많은 어려움이 있다.

따라서 한중 어업협정에서는 잠정조치수역 설정, 과도수역 설정, 구조·긴급 피난 때 상호협조, 어업공동위원회 설치 등을 주요 내용으로 채택하였다. 잠정조치수역이란, 한중 양국이 공동으로 해양생물자원 보존을 위해 어선수 제한 등 양적 관리를 시행하는 수역으로, 양국 수역권의 가장 바깥쪽에 해당하며, 과도수역은 협정 발효일인 2001년 6월 30일부터 양국이 공동으로 조업을 하되 4년 후인 2005년 6월 30일부터는 양국의 배타적 경제수역으로 편입되는 수역이다.

이러한 전반적인 한중 양국관계 발전추세 속에서 재외동포법 제정 문제가 파장을 일으켰다. 1998년 8월 한국 법무부가 《재외동포의 출입국과 법적 지위에 관한 특례법안(재외동포특례법안)》을 입법 예고하자 중국 측이 강력히 반발하였다. 중국 정부는 중국 내 조선족에게 재외국민 등록증을 발급한다는 방침에 대해 외교경로를 통해 강력한 반대 의사를 표명하였다. 이에 한국 정부는 중국과의 외교적 마찰을 우려하여 1999년 9월 재외동포법(법안 명칭을 재외동포 특례법에서 재외동포법으로 수정) 적용 대상에서 정부 수립 이전 이주 동포, 즉 대부분의 중국 동포와 구소련 거주 동포들을 제외하는 방향으로 수정하였다.

그런데, 2001년 11월 29일 헌법재판소는 《재외동포의 출입국과 법적 지위에 관한 법률 (재외동포법)》에 대해 헌법불합치 결정을 내렸다. "암울한 역사적 상황으로 조국을 떠나야 했던 이들을 돕지는 못할지언정 법적으로 차별하는 것은 부당하다"라고 판시했다. 재외동포의 범위를 대한민국 정부 수립 시점인 1948년 이후 해외로 이주한 사람으로 한정한 규정이 미주지역 등의 동포에 비해 재중동포와 옛 소련 동포의 국내 취업 및 출입국 기회를 차단하기 때문이었으며, 결국 후에 대한민국 정부 수립 이전에 국외로 이주한 동포를 재외동포의 범위에 포함하도록 규정을 변경하였다.

달라이 라마 방한 문제가 계속 한중간 외교 현안으로 작용했다. 한국 불교계가 주도해 달라이 라마의 방한을 추진했으나, 중국 정부는 달라이 라마가 단순히 종교 활동을 위해 한국을 방문하려는 것이 아니라 티베트 독립을 도모하기 위해 방문하는 것이라고 주장하면서 반대를 표명해 왔다. 2000년 4월 27~29일 중국을 방문한 이정빈 외교통상부 장관은 4월 27일 탕자쉬안(唐家璇) 외교부장과 회담 때 달라이 라마의 방한 문제를 정식 거론했다. 달라이 라마의 입국 거부 조치에 대해 한국 불교계의 항의가 계속되고 있는 만큼 한국 정부로서도 어쩔 수 없이 그의 입국을 허용할 수밖에 없는 상황이 생길 수 있다고 말하면서 완곡한 표현으로 이해를 구했다. 그러나 중국 측은 달라이 라마 문제는 종교문제가 아닌 정치적 문제이기 때문에 한국 정부가 이전의 입국불허 방침을 계속 지켜달라고 하였다.

결국, 한국 정부는 불교 단체의 강력한 요청에도 불구하고 비자를 내주지 않은 방식으로 달라이 라마의 방한을 불허하였다. 중국과 경제·통상 관계를 확대하고 북한 핵 문제 해결 과정에서 중국의 협조가 필요한 점 등을 고려한 것으로 보이나 대부분의 나라가 중국 정부의 반대에도 불구하고 달라이라마 방문을 허용하고 있음을 고려할 때 달라이라마 방한 문제는 한국 외교의 한계를 보이는 사례이다.

북한의 경제난이 심각해지면서 다수의 탈북자가 중국에 유입되자 중국 정부가 탈북자들을 강력하게 단속하면서 한국으로의 송환 요구가 빈발하여 탈북자 문제가 한중 외교 관계의 주요 현안으로 떠올랐다. 중국은 불법 입국자를 북한에 송환한다는 원칙에 따라 탈북자들을 불법적으로 국경을 넘어 중국 영내에 들어온 불법 입국자로 간주하고 탈북자들을 체포하여 강제로 북한에 송환하였다. 북·중 양국은 <중국 공안부와 북한 국가보위부 간 변경 지역에서 국가 안전과 사회질서 유지를 위한 상호 협력의 정서>를 체결하고 있다.

탈북자에 대한 난민의 지위를 인정하지 않고 북송 처리하는 중국의 태도는 한국을 비롯한 국제사회 공분을 일으키었다. 특히, 1999년 11월 중국에서 러시아로 국경을 넘어 한국행을 시도하다가 러시아 국경수비대에 의해 체포된 탈북자 7명이 UNHCR(유엔 난민 고등 판무관)의 난민 지위 부여와 한국의 강력한 요청 및 국제사회의 지대한 관심에도 불구하고 12월 30일 러시아가 이들을 중국으로 돌려보냈고, 2000년 1월 12일 중국은 북한으로 다시 강제 송환한 초유의 사건이 발생하였다.

2000년부터는 중국 내 탈북자들이 중국 주재 외국 공관과 국제기구에 진입해 난민 지위를 인정해주도록 요구하는 사례가 많이 늘어났다. 2000년 5월 8일 주선양 일본총영사관에 진입한 탈북자 2명을 중국 인민 무장경찰이 강제로 끌어낸 사건이 발생하여 중일 간 외교 마찰을 빚기도 하였다. 6월 26일에는 7명의 탈북자가 UNHCR 베이징사무소에 진입하였다.

급기야 2002년 8월 26일에는 탈북자 7명이 직접 중국 외교부에 들어가 난민 지위 인정을 요구하는 신청서를 제출하려다가 체포돼 국제적인 파문이 일었다. 이 사건은 중국 정부가 난민신청을 받아 자체적으로 심사를 거쳐 난민 여부를 판정해 달라는 의지가 담겨 있었다. 더 이상 중국에는 탈북난민이 없다는 주장을 반복하기보다는 국제적 관례에 따라 난민지위신청서를 접수해 공식적으로 처리해 달라는 요구였다.

중국은 외국 공관이 탈북자들의 제3국행 통로가 돼서는 안 된다는 입장과 함께 탈북자들을 국내법과 국제법 그리고 인도주의 원칙에 따라 처리한다는 원칙을 주장하였다. 한국 정부는 '조용한 문제 해결'이라는 자세로 원만한 해결을 도모하였으며 외무장관 회담을 비롯한 다양한 채널을 통해 탈북자들을 인도주의적 관점에서 관대하게 처리해 달라고 요청했다. 중국 정부는 북한의 입장을 중요하게 고려하면서도 한국과도 협의를 진행하여 상황에 따라 한국행을 희망하는 탈북자들을 한국으로 송환하였다. 특히, 외국 공관에 진입한 탈북자들에 대해 일정 기간 공안 조사를 거친 후 제3국을 거쳐 한국에 입국할 수 있도록 조치했다.

그러나, 탈북자 문제는 민감한 문제로 아무리 한중간 협력이 잘 이루어진다고 하더라도 언제라도 갈등으로 비화할 수 있는 소지가 있다. 중국 공안 당국은 2002년 6월 13일 주중 한국대사관 영사부(총영사관)의 정문 경비초소에 붙들어둔 탈북자를 강제 연행하는 과정에서 한국 외교관들에게 폭력까지 행사하는 비상식적 행동을 저질렀다. 중국 측은 한국 TV 방송사들의 현장화면 위성송출도 방해했다.

다. 북한 및 북핵 문제

1998년 8월 31일 북한이 인공위성이라고 주장하는 장거리 로켓(대포동 1호)을 발사해 한반도 긴장이 고조되고, 북미 관계가 악화하는 등 북한 핵 문제와 미사일 문제가 여전히 중요한 안보 현안으로 작용하였다. 김대중 대통령은 1999년 9월 뉴질랜드 오클

랜드 APEC 정상회의 계기에 개최된 한중 정상회담에서 장쩌민 주석에게 북한의 미사일 발사를 저지하기 위한 협력을 요청했으며 중국 측의 반응은 긍정적이었지만, 북한과 전통적 협력 관계라는 사실상의 동맹 관계를 고려해 개입을 자제하거나 북한을 배려하는 태도를 보였다.

북·중 관계는 1998년 9월 김정일의 권력승계 마무리 이후 김영남 최고인민회의 상임위원장 방중, 탕자쉬안 외교부장 방북, 백남순 외무상 방중 등을 통해 양국 간 고위인사 교류가 복원되었다. 김정일 위원장은 2000년 5월 방중 때 남북정상회담 계획을 설명하였으며, 2001년 1월 중국을 재차 방문하여 상하이 발전상을 둘러본 후 상하이의 변화를 '천지개벽'으로 높이 평가했다. 그 후 북한은 2001년 10월 경제관리 개선지침을 내렸고, 후속 조치로 2002년 7월 '7.1 경제관리개선조치'를 발표하여 시장경제의 부분적 도입과 대외경제개방에 나섰다. 중국을 겨냥하여 신의주 행정특별구를, 한국에 대해 금강산과 개성을 경제특구로 지정하는 과감한 개방조치를 취했다.

그런데, 김정일 위원장이 베이징을 방문해 주룽지 총리를 만난 자리에서 조언을 구하자 주 총리는 "북한은 중국의 경험을 참고하는 것이 좋겠다"라고 신의주 특구에 반대했다고 한다. 주룽지 총리는 선전 특구는 홍콩을 기반으로 성공했고, 주하이 특구는 마카오를 배경으로, 샤먼 특구는 대만과의 지리적 특성을 바탕으로 성공했는데, 신의주를 보면 항구, 접근성 등을 고려할 때 목표로 할 만한 것이 없다며, 차라리 개성에 특구를 만들어 서울과 인천의 기업인들이 투자하도록 하는 게 낫지 않겠느냐고 말했다고 한다.

주롱지 총리는 북한이 신의주에 도박장을 설치하여 자국인들을 대대적으로 유치한다면 강 건너 인접 도시인 단둥 발전에 악영향을 미칠 수 있다고 보고 견제한 것이다. 중국은 북한의 계획을 매몰차게 반대하는 조치로 신의주 특별행정구 초대 행정장관으로 내정된 양빈(楊斌)을 비리와 사기 혐의로 전격 체포하여 가뒀다. 양빈이 낙마하면서 신의주 행정특별구라는 북한의 야심찬 구상은 무산되었다. 한편, 장쩌민 주석이 2001년 9월 3~5일 북한을 방문하면서 "전통계승, 미래지향, 선린우호, 협력 강화"라는 대북협력 '16자 방침'을 제시하였다. 이것은 이후 중국의 대북한 정책의 기본방침으로 기능하였다.

미국의 제임스 켈리 국무부 차관보가 2002년 10월 3~5일간 북한을 방문하였다. 이때《북미 제네바 기본합의서》등을 위반하고 핵 개발에 필요한 고농축우라늄(Highly Enriched Uranium : HEU) 농축 계획이 있음을 추궁하면서 2차 북핵 위기가 촉발되었다.

켈리 차관보가 관련 정보를 입수했다는 점을 전하자, 북한 외무성 강석주 제1부상은 "우리는 핵을 가질 권한이 있다. 그보다 더한 것도 갖게 되어 있다"라고 답했다고 한다. '갖게 되어 있다'라는 말은 '곧 가지게 된다'라거나 '할 권능이 있다'라고 해석된다. 강석주의 이 발언은 북한이 우라늄 농축 계획의 존재를 시인하는 방식으로 핵무기 개발을 시인한 것으로 간주하였다.

이에 따라, 제네바 합의는 파기 수준에 들어가고 한반도에서 다시 긴장이 고조되었다. 부시 행정부는 북미 제네바 합의는 믿을 수 없는 상대인 북한에 이용당하는 것이며 북한에 제공하기로 한 경수로에서도 얼마든지 무기급 플루토늄 추출이 가능하다고 인식했다. 2002년 11월 KEDO 집행이사회가 북한의 제네바 합의 위반을 이유로 중유 공급을 중단하기로 결정했고, 경수로 건설도 진척을 보지 못했다. 이에 반발하여 북한은 전력생산에 필요한 핵 시설 가동을 선언하고 2002년 12월 27일 IAEA 사찰관을 추방하였으며 2003년 1월 10일 NPT 탈퇴를 선언하였다.

라. 경제·통상 관계

1998년 11월 김대중 대통령의 국빈 방중 때 한중 양국은 완성차, 금융, CDMA, 원전, 고속철도 등 5대 협력사업 추진에 합의하였다. 그리고 초고속 정보통신망 및 전자상거래 등 국가 정보화 부문에서의 협력을 강화하고 첨단통신기술 연구개발 분야에서의 협력을 지속해서 추진해 나가기로 하였다.

또한, '한중산업협력위원회'의 협력사업을 지속적이고 적극적으로 추진하여 양국 간 산업협력 관계를 새로운 단계로 발전시켜 나가기로 합의하였다. 한중산업협력위원회는 1994년 6월 설립한 이래, 그간 자동차부품, HDTV(고화질 TV), ATM(차세대교환기; Asynchronous Transfer Mode), 민간항공기 등 4개 분야를 중심으로 협력을 추진하여 오다가 김대중 대통령 국빈 방중 계기에 제4차 회의를 개최하여 협력 분야를 전 산업 분야로 확대해 21세기를 향한 한중 양국 간 산업협력 발전기틀을 마련해 나가기로 하였다.

주룽지 총리는 2000년 10월 ASEM 정상회의 참석 계기 방한 시 양국 간 각급 영역의 전면적인 협력 추진, 양국 간 경제협력의 적극적 확대, 지역 경제협력 과정에서 협력 확대 및 협력 과정에서 나타나는 문제의 즉각적이고 합리적 처리 등 네 가지 협력방안을 제의하였으며, 양국은 '21세기 협력동반자 관계'를 전면적으로 발전시켜 나기기로 합의하였다. 또한, 양국은 2001년부터 5년간 총 500만 달러 규모의 중국 서부지역 조림사업을 추진하기로 합의하였다. 2001년 4월에 체결된 《한중 투자 협력위원회 설치를 위한 약정》에 따라 한중 투자 협력위원회가 설치되었으며, 2002년 5월 서울에서 제1차 회의가 개최되어 상호 투자 협력 확대, 기업 애로사항 해결 및 서부대개발 사업 참여를 촉진할 수 있는 기반을 마련했다.

한중 양국 간 무역은 급속한 증가 추세를 보여 2001년에 한국
의 대중 수출액이 최초로 대일 수출액을 상회하여 중국은 한국
의 제2 수출시장으로 부상하였다. 2001년 12월 중국의 세계무역
기구(WTO) 가입은 한중 양국 간 경제·통상협력 확대를 위한 새
로운 모멘텀으로 작용했다. 중국이 WTO에 가입하여 최혜국대
우를 받게 되면서 저렴한 인건비와 풍부한 노동력을 바탕으로
'세계의 공장'으로 부상하였다. 이에 따라 중국의 수출이 증대되
고 증대된 수출은 새로운 투자를 만들어 내는 확대 재생산 메커
니즘이 작동하여 중국을 최종 조립지로 하는 글로벌 가치사슬
(Global Value Chain)이 확대되었다.

　　아시아 금융위기의 영향으로 한국의 대중국 투자가 감소하였
지만, 이후 한국 경제가 호전됨에 따라 다시 급증하였다. 2001
년 투자액이 21억 달러가 되고 한중수교 10주년이 된 2002년에
는 27억 달러에 달하여 누적 투자 계약액 274억 달러(실제 투자액
151억 달러)가 됨으로써 중국은 미국을 제치고 한국의 제1위 투자
대상국(연간 투자신고 기준)으로 부상하였다. 한국의 대중국 투자는
초기에는 제조업 중심으로 이루어졌으며 전체 투자 건수의 80%
이상이 제조업이었다. 한국 기업들은 생산비를 절감하기 위해
노동집약적 조립가공 설비를 중국으로 이전하였다. 주로 중국
동북부 지역과 환발해만 일대에 집중돼 있던 한국의 대중국 투
자는 상하이, 저장성과 광둥성 등 중국 남부 지역으로 진출이 점
차 확대되었다. 아울러, 보험, 금융, 정보기술(IT) 산업 분야 진출

도 가속화되었다.

2000년대 들어 양국은 그동안의 협력 성과를 바탕으로 한층 더 안정적인 경제협력 구조를 만들기 위해 환경, 노무 등 다양한 협력을 전개하였다. 2003년 1월 한국 산업자원부는 중국 상무부와 《기술 교류협력 양해각서》를 체결하여 과학기술 협력 제도화를 추진하였다. 중국 국가환경보호총국과 한국 환경부는 환경보호 협력을 강화하기 위해 2003년 7월 8일 《환경협력 양해각서》를 체결하였다. 중국 환경보호산업협회와 한국 환경산업협회는 협력 비망록을 작성하고 황사 문제와 대기오염 방지 협력을 추진해 나가기로 합의하였다.

양국 간 경제협력의 기반이 제도화되고 무역과 투자가 급증하였으나 경제 교류의 양적 확대에 따라 마찰이 발생하여 안정적인 미래 경제협력 구조를 구축해야 하는 과제도 등장하였으며 '중국산 마늘 수입문제'는 대표적인 사례로 꼽힌다. 중국산 마늘 수입이 1996년 2900톤에서 1999년에는 2만 2000톤으로 급증해 마늘 값이 폭락하자 한국 정부는 중국산 냉동 마늘과 초산제조 마늘에 315%의 관세 부과라는 긴급수입제한(Safe Guard) 조치를 발동하였다. 이에 대해 중국은 한국산 폴리에틸렌과 휴대전화의 수입중단(통관 불허)이라는 보복 조치를 했고, 양국은 수교 이후 최대의 무역 분쟁에 직면하였다.

한국 정부는 협상단을 베이징에 파견, 협상을 추진하여 2000년 7월 31일 '마늘협상안'에 양국이 서명함으로써 타결되었다. 한국은 중국에서 수입되는 냉동 마늘과 초산조제 마늘을 매년 2만 톤씩 수입하는 관세율쿼터(TPQ)를 실시하고, 신선·냉장, 건조 마늘 등은 최소시장접근(MMA) 물량 연간 1.2만 톤 정도를 관세율 50%로 중국에서 도입하기로 했다. 세이프가드 기간은 애초보다 6개월 줄여 2002년 말에 종료하기로 하였으며, 중국은 한국산 휴대용 무선전화기와 폴리에틸렌에 대한 수입금지 조치를 해제하기로 했다.

2000년 8월 중국산 냉동 꽃게 등에서 납조각이 검출된 '납 꽃게 분쟁'이 발생하여 한국 사회 공분을 일으키었으며 야당과 시민단체 등이 중국산 식품의 수입중단을 요구하는 사태로 비화하였다. 결국, 2001년 4월 4일 분쟁 해결을 위한 한중 간 협의를 진행하여 《한중 수출입수산물 위생관리에 관한 약정》을 체결하였다. 이 약정에는 중국산 수산물의 금속 탐지기 검사와 인체 위해 항목에 대한 검사의 의무화, 수입과정에서의 이중검사체계 구축, 문제 발생 때 클레임 가능, 문제 해결 때까지 자동수입중단 등의 내용이 포함되었다.

마. 사회·문화 관계

1998년 11월 김대중 대통령 국빈 방중 계기에 《한중 형사사

법공조 조약》,《한중 정부 간의 사증 절차 간소화 및 복수입국 사증 발급에 관한 협정》,《한중 정부 간의 청소년 교류에 관한 양해각서》에 서명하였다. 2000년 8월에 《한중 정부 간의 범죄인 인도조약》이 체결되었다. 이로써 양국 간 국민교류가 안정된 바탕 위에서 지속해서 증진될 수 있는 기반을 마련했다.

한중 양국 간 교육과 문화협력도 활발히 진행되어 호혜 협력 심화에 이바지하였다. 1998년 4월 《중국 국가교육위원회와 한국 교육부 간의 1998~2000년 교육교류와 협력 합의》를 체결하여 대표단 교류, 유학생 교류, 학술교류, 외국어교육 등 사항에 관한 규정을 만들어 양국의 교육교류 및 협력의 기틀을 마련하였다. 양국 정부는 1998년 6월 《한중 문화재 교류합의서》에 서명하였으며, 1998년 11월 12일 《한중 청소년 교류에 관한 양해각서》에도 서명하여 청소년 교류협력을 본격화했다.

1998년 12월 베이징에서 제3차 한중 문화공동위원회를 개최하여 문화예술, 교육과 학술, 신문 출판 인쇄, 체육과 청소년, 영상 미디어, 언어 문자협력 증진 방안을 논의함으로써 문화 교류가 심화, 발전되는 계기로 작용했다. 한국 정부가 요청한 양국 고대사 및 중세사 공동연구, 중국 내 한국의 항일 독립투쟁 관련 유적의 보존, 보호 관리에 중국이 협력하기로 약속했다.

1998년 5월 중국 정부가 태국, 말레이시아, 싱가포르, 일본,

오스트레일리아, 뉴질랜드와 함께 한국을 자유 관광지역으로 지정했고, 1998년 6월 2일 한중 관광 당국 간 합의 서명을 통해 '중국인 단체 한국여행'을 승인했다. 2002년 10월 중국 국가여유국이 중국 국민의 제주 여행 때 무사증 출국을 허용한다는 방침을 지방정부에 하달함으로써 한중간 인적교류 증가는 더욱 확대되었다. 2001년 8월에는 한국과 중국 남부 지역 간의 교류 확대에 부응하기 위해 광저우에 한국총영사관이 개설되었다.

한중협력 분위기와 맞물려 TV 드라마, 대중가요 등 한류(韓流) 열풍이 일어나 중국을 휩쓸었다. <별은 내 가슴에> 드라마가 인기를 끌면서 주연으로 출연한 안재욱은 많은 젊은 중국 팬들을 확보하게 되었다. 그밖에 인기 있는 탤런트와 출연작품은 차인표 <불꽃>, 장동건 <이브의 모든 것>, <의가형제>, 한재석 <해바라기>, 김희선 <프로포즈> 등으로서 이루 헤아릴 수 없이 많았다. 한국 드라마는 아름다운 화면으로 '신데렐라' 스토리를 구현해 내며 시청자들의 환상을 자극하기도 했다.

대중음악도 중국에서 계속 인기를 끌었는데, 주요 가수와 히트곡은 클론 <궁따리 샤바라>, 베이비복스 <머리하는 날>, <남자에게>, S.E.S <Love>, <감싸 안으며>, 이정현 <와>, <바꿔>, H.O.T <캔디>, N.R.G <티파니에서 아침을> 등이다. 특히, 2000년 2월 H.O.T가 베이징 공연을 성공리에 마친 후 중국의 한 신문이 "한류가 중국을 강타했다"는 헤드라인 기사를 뽑았다. 이

콘서트 성공은 한류 열기를 현실화시킨 계기가 되었다. 중국중앙TV(CCTV)와 한국방송공사(KBS)는 한중우호의 밤, 중국문화대전과 한국 문화의 달, 한중가요대회 등 행사를 개최하였다.

한류는 중국인들이 한국을 이해하는 가장 중요한 통로가 되었고 중국인의 한국에 대한 인식에 깊은 영향을 미쳤다. 냉전 시대 반세기 동안 중국과 단절되었던 한국은 한류를 통해 중국에서 화려하게 등장하였으며 중국인들에게 엄청난 문화충격을 주었다. 중국에서 한국 대중문화가 널리 확산되는 것은 무엇보다도 문화적 유사성이 크게 작용하였다. 과거 한중간에 유교, 불교 및 도교의 상호 교류와 문화 접촉으로 인해 한중 양국의 문화에는 공통성이 많이 존재한다. 이러한 공통성으로 인해 한류로부터 중국인들은 교육 중시, 장유유서, 인의예지신(仁義禮智信)의 정신, 남녀 간의 예의 등의 전통적 가치관을 재발견하고 친숙감을 느낀다는 것이다.

두 번째는 디지털 매체의 발달 때문이다. 한류는 TV, 라디오, 영화 등 전통적인 매체 외에도 인터넷과 MP3, DVD 등 디지털 뉴미디어 시대에 접어들면서 젊은 층을 중심으로 급속히 확산되었다. 그러나 한국 대중문화의 급속한 전파가 '반한류(反韓流)', '혐한류(嫌韓流)' 등 현지의 경계와 반발도 일으켰다. 중국 당국은 한국 대중문화에 열광하는 현상에 당황하여 규제책을 내놓았다. 광전총국은 중국 내 인터넷에서 방영하는 해외 영화, 드라마, 애

니메이션 등 동영상은 반드시 '방영 허가증'을 받도록 규정을 정했다.

3. 전면적 협력 동반자 관계 시기 한중관계

가. 이 시기(2003년 2월~2008년 2월)의 주요 국제관계

2차 북핵 위기라는 안보상황에서 2003년 2월 노무현 대통령이 취임하였고 2003년 3월 후진타오 지도체제가 공식 출범하였다. 이때 중국에서는 사스(중증급성호흡기증후군)가 퍼져 공포에 휩싸였다. 후진타오 주석은 2004년 <과학적 발전관>을 제창하였고 이것은 2007년 제17차 당 대회 때 당장에 명기되었다.

2003년 3월 20일 미국이 이라크를 침공하여 사담 후세인 정부를 무너뜨렸으나, 이라크는 테러가 빈발하는 등 혼란스런 상황이 계속되었다. 2004년 12월 26일 남아시아 대지진(인도네시아 수마트라 섬 해안 해저)으로 인해 대규모 쓰나미가 발생하여 인도양 주변 해역에 막대한 피해를 초래했다.

북한이 2005년 2월 10일 핵무기 보유를 선언하고 2006년 10월 9일 1차 핵실험을 감행했다. 2007년 1월 9일 애플이 아이폰을 내놓아 스마트폰 시대를 열었다. 아프가니스탄에 봉사 겸 선교 활동을 떠난 한국인(샘물교회 신자) 23명이 2007년 7월 19일

탈레반 테러조직에 의해 납치되었다. 노무현 대통령이 2007년 10월 2~4일 북한을 방문하여 제2차 남북정상회담을 개최하고 <10·4 남북공동선언>을 발표했다.

나. 정치·외교 관계

노무현 대통령은 2003년 7월 7~10일 중국을 국빈 방문하여 사스 사태 이후 중국을 방문한 첫 외국인 지도자로 찬사를 받았다. 후진타오 주석과 정상회담을 갖고 한중 양국관계를 "전면적 협력 동반자 관계"로 격상하기로 합의했다. 전면적 협력동반자 관계 개념은 경제 분야뿐만 아니라 안보 분야에서도 협력을 상정하는 내용을 포함하고 있다는 점에서 한중 관계의 격상은 안보 문제를 포함하여 협력의 영역이 대폭 확대됨을 의미한다.

제2차 북핵 위기 발생 후 출범하여 북한 핵문제 해결과 남북관계 개선에 외교안보 정책의 중점을 두고 있던 노무현 정부로서는 북핵 위기 국면에서 북한의 핵개발 저지를 설득하는 데 중국의 영향력과 역할을 기대하면서 전면적 협력동반자 관계를 추진했다. 중국은 북한과의 관계를 '전통적 협력 관계'로 규정하고 있는 상황에서 한국과 관계를 격상시키는 데 부담을 갖고 있었지만, 선린(善鄰), 안린(安鄰), 부린(富鄰)의 '3린(三鄰)' 주변 외교정책을 주창한 후진타오 지도부가 중요 인접국가인 한국과 안보적 차원까지 교류 협력의 지평 확장 필요성을 인식하여 전면적 동반자 관계 설정에 동의하였다.

노무현 대통령 국빈 방중시 채택된 공동성명에 정치·외교, 경제·통상, 사회·문화, 지역 및 국제무대에서의 다양한 협력 내용이 포함되었지만 양측 간 협의시 가장 큰 관심을 기울이고 치열한 협의가 이루어졌던 문제는 소위 '한반도 조항'과 '대만조항'으로 노무현 대통령이 후진타오 주석과 회담을 마친 시점에서도 공동성명 문안 협의가 끝나지 않았고 원자바오(溫家寶) 총리 주최 만찬 후에야 공동성명이 나왔다.

한반도 문제 관련 "양측은 한반도의 평화와 안정을 유지하고, 한반도의 비핵화 지위가 확보되어야 한다는데 인식을 같이하였다. 양측은 북한 핵문제가 대화를 통해 평화적으로 해결될 수 있다고 확신하였다. 한국 측은 북한 핵문제가 검증 가능하고 불가역적인 방식으로 완전히 해결되어야 한다는 점을 강조하였다. 중국 측은 북한의 안보우려가 해소되어야 한다고 주장하였다."라고 명기되었다. 노무현 정부의 평화번영정책 관련해서는 "중국 측은 한국정부가 경제발전과 한반도 및 이 지역의 평화와 번영을 위해 적극적으로 노력해 온 점을 높이 평가하였다"고 명시하여 간접적으로 언급했다.

대만의 천수이벤(陳水扁) 총통 정부가 독립 성향을 보이고 있는 상황에서 중국 측은 '대만독립 반대' 등 대만 관련 강한 표현을 주장하였지만 한국 측은 대만문제 관련 원칙적 입장을 견지하였다. 치열한 협상 끝에 한중 양측은 "중국 측은 세계에 하나의 중국만이 있으며, 대만은 중국 영토의 불가분의 일부분임을 재천명하였다. 한국 측은 여기에 대해 충분한 이해와 존중을 표시하고 중화인민공화국 정부가 중국의 유일 합법정부라는 것과 하나의 중국 입장을 계속 견지해 나갈 것임을 밝혔다"라고 기술하는 것으로 합의하였다. 한중수교 공동성명과 김대중 대통령 국빈 방중 공동성명에서 표명한 선에서 기술된 것이다.

참고로 한중수교 공동성명에 대만조항은 "대한민국 정부는 중화인민공화국 정부를 중국의 유일 합법 정부로 승인하며, 오직 하나의 중국만이 있고 대만은 중국의 일부분이라는 중국의 입장을 존중한다."고 기술되어 있다. 그리고 김대중 대통령 국빈 방중 계기 한중 공동성명에는 "중국 측은 세계에 하나의 중국만이 있으며, 대만은 중국 영토의 불가분의 일부분임을 재천명하였다. 이에 대해 한국 측은 충분한 이해와 존중을 표시하고, 지금까지 실행해 온 하나의 중국의 입장을 견지한다고 하였다"고 기술되어 있다.

공동성명이 발표된 후 대만 외교부는 한중 공동성명에 명기된 대만조항 관련 한국 측을 평가하는 성명을 발표하였다. 한·대만 단교시 섭섭한 감정이 컸던 대만 측이 이러한 성명을 내는 것은 매우 이례적인 것이었다. 대만 외교부 성명은 대만 측이 한·

대만 간 복항협의를 제안한 배경이 되었고, 양측 간 가장 큰 현 안이었던 복항문제 해결에 긍정적으로 작용했다.

한중수교가 이루어지면서 한·대만간 단교가 되자 대만 당국 은 한국 여객기 취항을 금지시켰다. 한·대만 노선은 단항 직전에 는 매년 약 45만 명이나 이용했던 황금노선이었다. 한국 정부는 복항을 해보려고 다각적으로 노력하였다. 그런데, 한·대만 간 복 항 문제는 지역적·민간 상업적 성격의 교류로서 수교 당시 중국 정부와도 양해가 이뤄진 사항이나, 여러 차례 교섭 시도에도 불 구하고 대만 측이 정치적 조건을 내걸면서 하늘길이 열리지 않 고 차단된 상태로 있었다. 엄밀히 말해서 완전히 차단된 것은 아 니고 한국 국적기가 취항하지 못하고 있는 상황에서 홍콩의 캐 세이패시픽항공, 태국의 타이항공 등 제3국 항공사만 이득을 보 는 국면이 계속되었다.

심지어 중진 국회의원들도 나서서 복항문제를 풀어보려고 하 였으나 진척이 없다가 의외로 노무현 대통령의 국빈 방중 때 채 택된 한중 공동성명 발표를 계기로 복항문제 해결의 실마리를 찾아 한국 국적기 취항이 이루어졌다. 마침 동남아 쓰나미로 인 해 태국 푸켓 등 관광지가 막히면서 한국 관광객들이 대만으로 몰렸고, 한류 영향으로 많은 대만 관광객들이 한국을 찾게 되었 는데 한·대만 양측이 복항의 덕을 톡톡히 본 셈이다. 한국은 `하 나의 중국' 원칙을 존중해 가면서 중국과 협력관계를 발전시켜 나가고 대만과는 경제·통상 등 실질분야에서 협력관계를 유지시켜 오고 있다.

한편, 이 무렵 노무현 대통령이 '동북아 균형자론'을 제기하였다. 2005년 3월 22일 육군 3사관학교 졸업식 치사에서 "우리는 한반도뿐만 아니라 동북아시아의 평화와 번영을 위한 균형자 역할을 해나갈 것입니다. 따질 것은 따지고 협력할 것은 협력하면서 주권국가로서 당연한 권한과 책임을 다해 나가고자 합니다. 앞으로 우리가 어떤 선택을 하느냐에 따라 동북아 세력 판도는 달라질 것입니다"라고 말했다.

동북아 균형자론은 한미일 대 북중러 구도 속에서 한국 정부가 일종의 균형자 역할을 해야 한다는 외교 전략이다. 한반도의 명운을 좌우할 주요 결정 사항을 미국, 러시아, 중국, 일본을 비롯한 열강에게만 맡겨두지 않겠다는 자주의식이 그 바탕을 이루었다. 미국 위주의 일방적 동맹 재편 시도에 대해 독립적인 목소리를 낸 점에 대해 긍정적 평가를 받았으나 현실성이 떨어지고 한미동맹이 흔들릴 수 있다는 지적을 받기도 했다.

더구나, 균형자 역할은 주로 군사적 균형자를 의미하기 때문에 자국의 군사력으로 다른 나라들 사이의 세력균형을 강제할 능력과 의지를 갖추고 있어야 하며 주변 나라들이 그러한 능력을 인정하여야만 수행할 수 있다. 따라서 한국이 4강이 버티고 있는 동북아에서 균형을 잡겠다고 나섰을 때 다른 나라들이 얼마나 황당했을지는 상상하기 어렵지 않을 것이다. 특히, 한미동맹과 북중 동맹(중국은 동맹을 부인하나 자동개입조항이 명기된 《중조 우호협력 및 상호원조 조약》 존속)이라는 두 개의 동맹이 엄연히 존재하고 있는 상황 하에서 미국 측의 동맹 일원인 한국이 중립적 입장에서 양쪽 사이의 균형자 역할을 하겠다는 구상은 어불성설이다. 동맹은 상호간에 특수 관계를 서약하는 것이고 행동의 제약과 의무가 발생하며 결코 중립적일 수 없다.

2005년 11월 한국이 APEC 정상회의를 개최하게 되어 후진타오 주석이 국빈 방한하였다. 이때 가진 한중 정상회담에서 후진타오 주석은 북핵 문제의 평화적 해결 의지를 재천명하고 군사안보 협력 관계를 더욱 발전시키겠다는 입장을 표명했다. 중국이 군사안보 협력에 보다 더 적극적인 협력 입장을 보인 데에는 미국에 대한 반감을 드러냈던 노무현 정부가 '균형적 실용외교'와 '협력적 자주국방'을 외교안보 정책 구상으로 삼음으로써 한미 관계가 다소 소원해져 한중 사이의 안보적 협력 공간이 확대된 측면이 작용했다. 그리고 안정적인 주변 환경을 조성하고 동아시아 지역에서 영향력을 강화해 경제 발전을 꾀하고 미국의 군사적 견제를 차단하기 위해 한국과 안보협력을 진행할 필요성을 인식하였기 때문이다.

2005년부터 2007년 사이에 윤광웅 국방장관의 방중

(2005.3.30.~4.2), 차오강촨(曹剛川) 국방부장의 방한(2006.4.15.~19), 김장수 국방장관의 방중(2007.4.23.~27) 등 한중 국방장관의 상호 방문이 이루어졌다. 특히 차오강촨 국방부장은 북한을 방문하기 이전에 한국을 방문했는데, 이것은 중국이 군사안보적으로도 한국을 중요한 상대로 간주했다는 것을 의미한다. 한편, 의회간의 교류도 활발히 이루어져 2006년 1월 김원기 국회의장 방중 계기에 한국 국회와 중국 전인대간 《교류·협력의정서》를 체결하여 매년 상호 방문 등 협력 사업을 추진해 나가기로 하였다.

2007년 4월 10~11일 공식 방한한 원자바오 총리는 노무현 대통령과 회담 때, 고위층의 왕래 확대, 경제·무역 협력 심화, 인문 교류 촉진, 국제 문제와 지역 문제에서 협의와 협력 강화 및 상호 관심사의 적절한 처리 등 5개 항의 양국관계 발전 방안을 제의하였다. 안보문제와 관련하여 협력에 진전이 이루어져 해·공군 핫라인 설치 합의와 합동 해상 수색 구조 훈련 실시에 합의했다. 양국은 2007년 5월에 발생한 중국 진성 호와 한국 골든로즈 호 충돌 사건처럼 양국 간 교류가 확대됨에 따라 발생할 수 있는 해상 사고에 대처하기 위해 2007년 8월 상하이 인근 해역에서 양국 간 해상 수색 구조 훈련을 최초로 실시했다.

중국이 고구려사를 왜곡하고 자신들의 역사에 편입시키려는 이른바 '동북공정(東北工程)'사업 추진 사실이 알려지자 한국 국민들은 중국의 행태에 분노하여 규탄하였다. '동북공정'에 대한 전 국민의 관심과 우려가 고조되자 한국 정부는 대응책을 마련하고 중국 정부에 공식적으로 문제를 제기하였으며, 2004년 8월 중국 외교부 우다웨이 부부장이 방한하여 5개항의 <한중 구두양해사항>에 합의하였다. 한중 양국 간 합의에도 불구하고 '동북공정'의 결과물이 발간되어 '동북공정'의 논리가 확산되고 있음이 드러났다. 2006년 9월 ASEM 정상회의 계기 원자바오 총리와의 회담 및 2006년 10월 노무현 대통령 실무 중국 방문 때 후진타오 주석과의 정상회담에서 이 문제를 지적하며 시정을 요구하였으며, 중국 측은 구두양해사항을 존중하고 이행하겠다고 대답했다.

중국 공안은 한국의 탈북자 지원 단체가 탈북자들을 중국 주재 외국 공관에 계획적으로 집단 진입시켜(기획탈북) 국제사회에서 중국을 난처하게 하고 있다면서 탈북자 지원 배후단체에 대해 강력한 단속 조치를 취하고 중국 내 탈북자들을 검거해 북한으로 송환하는 등 강경한 조치를 취하였다. 한국의 민간 인권단체와 언론 매체에서는 중국 내 탈북자들 대부분이 정치적 이유로 북한을 탈출했다면서 중국 정부가 이들을 북한에 송환하지 말아야 한다고 강력하게 요구하고, 중국 내 탈북자 문제를 유엔 등 국제기구에 상정해 국제 이슈로 부각했다.

한국 정부는 중국과 북한의 입장을 고려해 중국 내 탈북자 문제를 외교적 노력을 통해 조용히 해결한다는 입장을 견지하였으며, 노무현 대통령은 2004년 11월 칠레 산티아고 APEC 정상회의 계기 한중 정상회담에서 탈북자 문제에 관한 중국 측의 협력을 평가하였고, 후진타오 주석은 국제법과 국내법 및 인도주의적 원칙에 따른 탈북자 처리 방침을 재확인했다.

한나라당 김문수, 최병국, 박승환, 배일도 의원이 2005년 1월 12일 베이징 창청호텔에서 탈북자(새터민) 실태 및 인권보호 촉구를 위한 기자회견을 가질 예정이었으나 회견 직전 중국 공안 요원들이 들이닥쳐 강압적인 방식으로 회견을 중단시켰다. 중국 당국은 "중국 외교부의 정식 허가를 받지 않은 상태에서 기자회견을 할 수 없다"며 마이크와 실내조명을 강제로 껐으며, 회견을 강행하려는 김문수 의원 등을 강제로 끌어내는 과정에서 심한 몸싸움이 벌어지기도 했다.

한국인들 사이에 전설의 섬으로 알려진 이어도에 한국 정부가 해양 조사 기지를 설치하자, 중국 외교부는 2006년 9월 "동중국해의 수면 아래 암초를 한국 영토라고 정의내린 바 없다"면서 이어도 문제를 쟁점화 했다. 이어도 해역은 오래전부터 어업을 생업으로 삼던 제주인들에게 삶의 터전이었으며, 이어도는 한국의 역사와 문화를 간직하고 있다. 양국 외교부는 이어도가 수중 아래 암초이므로 영토가 아니라는 데 합의했으나, 2007년 12월 중국 국가해양국 산하 기구인 해양정보망 웹사이트에 이어도가 중국 영토라는 주장을 담은 글이 게재되었다. 중국은 한국 외교부의 항의를 받아들여 2008년 8월 협상을 통해 이어도 귀속 문제를 풀어야 한다는 입장을 수용했으나, 곧바로 이어도 영유권을 주장하는 자료를 다시 게재하여 문제를 일으켰다.

다. 북한 및 북핵 문제

2002년 10월 북한의 고농축우라늄 프로그램이 새롭게 알려지고 이듬해 1월 북한이 NPT를 탈퇴하면서 제2차 북핵 위기가 조성되었다. 미국과 중국은 북한에 미북중 3자회담에 나오라고 촉구했다. 2003년 3월 첸치천 부총리가 북한을 방문하여 김정일 위원장을 만나 핵 위기를 해결하기 위한 돌파구로 3자회담을 제안하였다. 중국은 북한이 회담장으로 나오도록 유도하기 위해 사전 통보 없이 대북 송유관을 며칠 동안 잠갔다는 이야기가 있었다. 4월 23일부터 25일까지 베이징에서 3자회담이 개최되었다. 문제의 본질상 3자가 만난다면 남북미가 되어야 함에도 불구하고 미북중 구도로 잡힌 것이다.

베이징 회담 후 한국의 참여는 당연했다. 그런데 1997~99년 간 제네바에서 개최된 4자 한반도 평화회담에 참여하지 못하여 소외감을 절감했던 일본이 미국에 참여를 강하게 요구하였다. 미국은 한미일 3국 조정회의를 거쳐 중국에 한일이 추가된 5자회담 안을 내놓았다. 그러자 중국이 일본의 참여와 균형을 맞추기 위해 러시아 참여를 제의하여 6자회담으로 확대되었다.

2003년 7월 다이빙궈(戴秉國) 외교부 상무 부부장이 러시아, 북한, 미국을 방문하여 이러한 입장을 조율하였다. 미국은 최소한 양자 구도의 북미대화를 피할 수 있었고, 북한은 어떤 형태든 미국과 마주 앉으면 된다는 입장을 관철했다. 중국은 동북아 외교의 중심적 위치를 차지했고 일본과 러시아는 드디어 한반도 문제의 판에 한자리를 차지하게 되었다. 한국은 충돌의 위기를 기회로 전환하는 데 이미를 부여했다.

2003년 8월 베이징에서 6자회담 제1차 회의가 개최되었다. 왕이(王毅) 중국 측 수석대표는 "북한이 제기한 안보 우려를 해소하면서 추가적인 상황 악화 조치를 금지하며 의견 조율을 계속한다"는 의장 요약문을 발표하였다. 이후 중국은 중요한 계기마다 '북한의 합리적인 안보 우려'라는 용어를 사용했다. 그리고 10월 29~31일 우방궈(吳邦國) 전인대 상무위원장이 북한을 방문하여 북한이 절실히 필요로 하는 유리 공장 건설을 약속했다. 그 후 중국의 유리공장 건설지원은 중북 양측이 종종 우의의 상징으로 언급했다.

그러나 6자회담은 개최와 공전을 거듭했다. 2005년 2월 10일 북한 외무성 대변인은 6자회담 참가를 무기한 중단할 것이라고 발표했다. 또한, 미국의 압살정책에 맞서 자위 차원에서 핵무기를 만들었다며 핵무기 제조와 보유를 처음으로 선언하였다. 한·미·중·일·러 등 5개국은 양자 및 다자 협의를 통해 북한의 6자회담 복귀를 촉구하였으며, 특히 왕자루이 공산당 대외연락부 부장이 2005년 2월 19~22일 방북하여 2월 21일 김정일 국방위원장을 면담하고 후진타오 국가주석의 구두 친서를 전달하면서 6자회담 복귀를 촉구하였다. 북한이 6자회담 복귀를 선언한 후 7월에는 탕자쉬안(唐家璇) 국무위원이 방북하여 중국의 입장을 설명하였다.

2005년 9월 개최된 제4차 6자회담에서 '9.19 공동성명'이 채택되었다. '행동 대 행동'이라는 기본 원칙 아래, 비핵화를 평화적인 방법으로 달성하기 위해 북한과 나머지 5개국이 취해 나갈 단계적인 조치를 규정하였다. 즉, 한반도 비핵화와 북한의 평화적 핵 이용 권리, 북미관계와 북일 관계 정상화, 5개국의 대북 에너지 지원과 경제 협력, 한반도 평화체제 협상, 동북아 다자안보 협력, 상호 공약들을 단계적으로 '행동 대 행동'으로 옮기는 이행 원칙 등이다.

그러나 홍콩 소재 은행 BDA(Banco Delta Asia, 방코 델타 아시아)를 통한 북한의 자금세탁 문제로 6자회담이 또다시 공전되었다. BDA 문제는 북한 비자금 2,500만 달러가 마카오 소재 BDA 본점의 52개 계좌에 분산 예치되었다가, 2005년 9월 미국 재무부가 북한의 밀수 및 무기거래 자금 세탁에 BDA가 관여했다는 이유로 미국 금융회사들의 거래를 중단시키면서 발생했다. BDA의 도산 가능성이 높아지고 고객들의 뱅크런 사태까지 벌어지자,

마카오 금융당국은 BDA의 모든 거래를 동결시켰고 BDA 계좌에 예치된 북한 자금 2,500만 달러도 동결되었다.

북한은 2006년 7월 5일 미사일을 발사하고 10월 9일에는 핵실험(1차 핵실험)을 감행하였다. 이에 유엔안보리는 대북 제재결의안(1718호)을 발동하였다. 결국 미북 간 비밀 접촉을 통해 2006년 12월에 6자회담이 재개되면서 문제 해결의 물꼬가 트였고 2007년 6월 BDA의 북한 자금을 미국, 러시아 중앙은행을 경유하여 돌려주면서 일단락되었다. 6자회담이 재개되어 2007년 2월 제5차 6자회담에서 '9.19 공동성명 이행을 위한 초기 조치 이행계획서(2.13 합의)'에 합의하였다.

2.13 합의는 북한이 핵 시설을 폐쇄, 봉인하고 IAEA 감시요원을 복귀시키며 핵 프로그램 신고를 위해 관련국들과 신고목록에 대해 협의하도록 규정하였다. 또한, 2.13 합의는 초기 조치 다음 단계에서 각국이 취해야 할 조치들을 규정하였는데, 북한은 모든 현존하는 핵시설을 불능화하고 모든 핵 프로그램을 신고하며 기타 국가들은 이에 상응하여 중유 100만 톤(초기조치 5만 톤 포함) 상당의 경제·에너지원을 제공하기로 하였다.

이어서 2007년 10월 제6차 6자회담 2단계 회의에서 공동 문건(10.3 합의)을 도출하였다. 북한은 핵 시설 불능화 조치와 핵 프로그램 신고에 동의하고 미국은 북한을 테러 지원국 명단에서 삭제하고 적성국교역법 적용을 중단하기로 약속하였다. 또한, 2.13 합의상의 미북 관계정상화와 일북 관계정상화를 위한 공약과 대북 중유지원 이행 공약을 재확인하였다.

중국은 6자회담 주선을 통해 한반도 문제에 대한 발언권을 유지할 수 있었고 북핵 문제를 대화를 통해 평화적으로 해결되도록 함으로써 주변 환경을 안정적이고 평화적으로 유지하는 데 이바지하는 강대국의 모습을 과시하였다. 북한과 미국의 입장을 절충하는 중재자 역할을 통해 북핵 위기를 해소하는 동시에 북한에 대한 영향력을 지속시키고 미국과 관계개선 추세를 지속하려는 의도였다.

2004년 4월 김정일의 3차 중국 방문과 북중 수교(1949.10.6.) 55주년을 계기로 중북 간 친선 실무대표단 교류가 빈번해지고, 교역 및 경제협력도 대폭 증가하였다. 중국은 지하자원 개발 투자 등 북한 경제 진출을 적극화하였다. 2005년 3월 중국은 북한과 투자 장려 및 보호협정을 체결하고 경제협력공동위원회를 설치해 중국 기업의 북한 진출을 제도적으로 뒷받침했다. 2005년 10월 후진타오 주석 북한 방문시 경제기술협력협정에 서명하고, 2006년 1월 김정일의 4차 방중시에 원자바오 총리는「정부인도, 기업참여, 시장운영」이라는 대북 경제협력 방침을 제시해 중국 기업의 북한 진출을 독려하였다.

그러나 2006년 7월 북한의 미사일 발사와 10월 제1차 핵실험 이후 중국의 대북 비난 및 안보리 결의 찬성 등으로 북중관계가 냉각되었다. 중국은 유엔 대북 제재결의안(1718호)에 찬성함으로써 북핵문제 대응 방식을 '대화 우선, 제재 반대'에서 '대화와 제재의 병행'으로 전환하였다. 그러나 2007년 6자회담에서 '2.13 합의'가 이루어지면서 중국의 대북 투자 및 금융거래가 회복되었다. '2.13 합의'이후 양제츠 외교부장, 류윈산(劉雲山) 중국공산당 선전부장의 방북을 통해 북중관계가 정상화되었다.

라. 경제·통상 관계

2003년 7월 노무현 대통령의 국빈 중국 방문 때 양국 정상은 경제·통상 분야에서 미래지향적이고 호혜적인 협력 기반을 마련하기 위한 방안을 논의하였다. 차세대 IT, 미래첨단기술(BT, NT 등), 전력산업, 중국 자원 개발, 고속철도 건설사업, 환경산업, 금융협력, 유통분야 협력, 베이징올림픽 지원, 서부대개발 사업 등 10대 경협사업 추진에 합의하였다.

경제·통상 협력을 한층 높은 단계로 발전시킬 수 있는 방안을 연구하기 위한 공동 연구팀을 구성하여 <한중 경제통상협력 비전 공동연구 보고서>를 준비해 나가기로 하였다. 한중 투자보장협정을 개정하여 상호간 투자 확대를 위해 유리한 환경을 조성하기로 하고 환경 분야, 전염병 예방 및 퇴치, 항공협력에서의 협력도 합의하였다. 2005년 5월 양국 간 통화스와프 규모를 2002년의 20억 달러 규모에서 40억 달러 규모로 확대키로 합의했다.

2005년 11월 APEC 정상회의 참석계기 후진타오 주석 방한시 개최된 정상회담에서 양국간 경제·통상 협력관계를 더욱 발전시켜 나가기 위한 중장기적 협력 방안을 담은 <한중 경제통상협력 비전 공동연구보고서>를 채택하였다. 차세대 IT, 생명공학, 신소재 등 첨단 분야에서 협력을 전개하며, 과학기술 정보 교류를 확대하고, 황사 모니터링, 사막화 방지 등 분야에서의 협력을 강화해 나가기로 합의하였다. 그리고 한중수교 20주년인 2012년 양국 교역액 2,000억 달러 달성, 중국에 대한 시장경제지위(Market Economy Status : MES) 부여, 무역마찰 사전예방체제 구축, 한중 양방향 투자협력 확대를 위한 양국의 노력 강화 등에 합의하였다.

중국은 2004년부터 한국측에 중국의 시장경제지위를 인정해줄 것을 계속 요청하여 왔는데, 중국의 주요 교역대상국으로는 처음으로 한국이 중국을 시장경제 국가로 인정하였다는 데 의미가 있었다. 중국의 시장경제지위를 인정함으로써 한국은 중국 상품에 대한 반덤핑 판정 시 중국 내에서 해당 상품의 시장가격을 반덤핑 판정 및 반덤핑 관세율 산정의 기준가격으로 인정한 것이다.

2007년 4월 10~11일 공식 방한한 원자바오 총리는 노무현 대통령과 회담시, 경제 무역 협력 심화를 위해 경제 무역 협력과 대화 체제 심화 및 무역투자 편리화 조치 추진, 정부 간 투자보호협정 체결, 환경보호, 에너지 절약, 통신과 물류 분야 협력 강화, 자유무역협정 조기 체결 등을 제의했다.

중국은 주요 제조업이 외자 및 수출과 연계되면서 글로벌 생산 네트워크(공급망)에 편입되고 생산 수출기지로 부상하면서 2003년부터 2007년까지 5년간 연 10% 이상의 고속 성장을 기록했다. 중국 경제의 고속 성장은 한중 경제관계 발전에 강력한 활력으로 작용했다. 2003년에는 중국이 미국을 추월해 한국의 최대 수출 시장이 되었고 2004년부터 한국의 최대 교역대상국으로 부상하였으며 2005년에는 양국간 교역액이 사상 처음으로 1,000억 달러를 돌파하였다.

대중국 수출이 급증하면서 수출용 중간재 교역이 증가하고, 중국의 내수 시장 개방과 더불어 중국 내수시장을 타깃으로 하는 한국계 기업의 대중 투자가 확대되어 2007년 한국은 중국 시장에 세 번째로 많이 투자한 국가가 되었고 중국은 한국의 최대 투자 대상국으로 부상하였다. 자동차, 휴대전화 등 중국의 시장과 한국의 기술을 결합하여 중국 내수시장을 타깃으로 하는 투자가 본격화되고 한중 간 협력 분야에서도 노동집약적인 업종에서 자본 및 기술집약적 산업으로 전환되었다. 아울러, 투자 영역이 제조업으로부터 금융, 요식업, 도소매업, 부동산 개발 등 서비스업 분야로 확대되고, 동부 연해 지역에서 중서부 지역으로 투자 지역이 확장되었다.

1990년대에 구축된 양국 간 경제협력 체계를 변화된 상황에 맞게 재구축하는 작업도 시작되었다. 투자 급증에 따라 2003년부터 한국은 중국에 투자한 한국기업에 대한 보호를 강화하기 위해 1992년 체결된 양국간 투자보장협정의 개정을 추진하였다. 2005년부터 협상을 시작하여 2007년 3월 협정문에 서명하고 12월 개정, 발효되었다. 이를 통해 투자자-국가 소송, 지적재산권 보호, 투자자에 대한 이행의무 부과 금지 등 한국기업에 대한 보호를 강화했다. 투자자-국가간 소송제(ISD)와 관련, 종전에는 불분명했던 간접수용 개념을 명확하게 하고 국제투자분쟁해결센터(ICSID)에 제소할 수 있는 분쟁 대상도 종전 보상금 분쟁에서 전체 투자 분쟁으로 확대하며 국제 중재 제소전 사전협의 기간도 6개월에서 4개월로 단축했다.

2004년 9월 ASEAN+3 경제장관회의시 개최된 통상장관회담을 통해 한중 FTA 민간 공동연구 추진에 합의하고, 대외경제정책연구원과 국무원발전연구중심이 민간 공동연구를 개시하여 2006년 11월 민간공동연구를 종료했다. 2005년 11월 후진타오 주석 국빈 방한시 한국이 중국의 시장경제지위를 인정한 시기를 전후하여 중국이 농산물 개방 요구 수위를 낮추겠다는 의사를 표명함으로써 양국 통상장관 사이에서는 협상의 공감대가 형성되었다. 2006년 11월 17일 한중 통상장관은 2007년부터 FTA 산관학 공동연구 개시에 합의하였다. 2007년 3월 베이징에서 한중 FTA 산관학 공동연구 제1차 회의가 개최되었다. 2007년 4월 방한을 앞둔 원자바오 총리는 주중특파원들과 가진 기자회견에서 한중 FTA 협상의 조속한 개시를 제안하는 등 적극적인 태도를 보였다.

2005년 9월 한국 국회의원이 국정감사 자료에서 중국산 김치에서 국산 김치의 최고 5배에 이르는 납이 검출되었다고 폭로한 후 한국 정부가 중국산 김치에서 납 성분 및 기생충 알 검출을 발표하였고, 중국도 11월 한국산 김치에서 기생충 알이 검출되었다고 발표하면서 소위 '김치 분쟁'으로 비화되었다. 한중 양국은 협상을 통해 「한중 검사검역고위급 협의회」를 설립하기로 하고, 2005년 12월 베이징에서 《식품안전관련 협력약정》 개정을 논의하여 식품위생 안전이 의심되는 공장이 발견되면 상호 현지 조사를 실시할 수 있게 하자고 합의하는 등 제도적 수준에서 문제해결의 틀을 마련하였다.

마. 사회·문화 관계

한국의 TV 드라마, 대중음악, 패션과 한국 요리 등으로 대표되는 '한류' 열기가 중국에서 크게 고조되어 한복, 한식, 한국 드라마, 한국어 그리고 한국 여행이 중국인들에게 유행했다. 한국의 연예인들이 중국 젊은이의 우상이 되고, <명랑소녀 성공기>, <명성황후>, <인어아가씨>, <풀하우스> 등 한국 드라마가 인기를 끌면서 퇴근 후 가정에서 좋은 친구가 되었다. 특히, <대장금>은 공전의 히트를 기록하면서 한중 양국을 더욱 가깝게 하는 매개체 역할을 하였다.

한국 내에서 중국어 학습 열기가 고조되었다. 1,000여 개의 고등학교가 중국어를 제2외국어 과목으로 채택했다. 2006년 현재 30여 만 명의 한국 국민이 중국어를 배우고 중국 내 대학교에서 학위를 취득하려고 하는 한국유학생이 중국 체류 해외유학생의 40%에 달했다. 중어중문학과, 중국 지역학과 등 중국관련 학과가 한국 내 131개 대학에 개설되었다.

이러한 분위기에 발맞추어 정부 차원에서도 한중 양국 국민 간 교류를 확대하기 위한 노력을 활발히 진행하였다. 청소년 교류, 한중 교류의 해 행사 개최, 관광 증진을 위한 다양한 행사를 개최하였다. 2004년 5월 13일 베이징에서 중국 청소년(청년)들의 방한 초청 규모를 연간 500명으로 확대한다는 내용의 《한중 청소년 교류약정》을 체결하였다.

중국은 양국 국민 간 상호 신뢰와 이해 강화를 위해 2004년 12월 아시아에서는 첫 번째로 서울에 중국문화원을 설립하였다.

한국은 1993년 주중문화홍보원을 개설한 후 2007년 단독 건물로 이전하여 주중한국문화원을 개원했다. 다양한 공연 및 전시 행사를 개최하였으며 한국의 문화관광 소개와 한중 우호를 위해 많은 노력을 해왔다. 요리교실, 한국어학당, 전통악기, 서예교실, 태권도 수련 등의 코스를 운영했다.

노태우 대통령 국빈 방중때부터 추진되었던 서울의 중국어 표기 변경 문제 관련, 2005년 1월 19일 이명박 서울시장이 특별 기자회견을 열어 종전의 '한청(漢城)' 대신 발음이 서울과 유사하며 으뜸되는 곳(수도)이라는 뜻을 지닌 '서우얼(首尔)'로 변경한다고 발표하고, 중국측에 그 명칭을 사용해 달라고 요청하였다. 중국 정부는 2005년 10월부터 공식적인 표기를 '汉城'에서 '首尔'로 바꾸기 시작했다. 중국 국영 통신사인 신화통신은 한국 수도의 중문 명칭으로 '首尔'을 사용하는 것이 국제관례에 맞을 뿐만 아니라 중국의 외국 지명 번역 규정에도 부합한다고 밝혔다.

2006년 9월 서울에서 한국 국정홍보처와 중국 국무원 신문판공실이 '감지중국·한국행(感知中國·韓國行)'이라는 대규모 문화교류 행사를 개최하였다. 양국은 수교 15주년을 맞은 2007년을 '한중 교류의 해'로 정하고, 「함께 열어요, 한중 밝은 미래」라는 슬로건 아래 양국 총리가 참석하는 개·폐막식, 양국 정상 및 총리, 외교장관간 수교 15주년을 축하하는 축전 교환 등 다양한 행사를 개최하였다. 이때 베이징에서 'Dynamic Korea(感動韓國)'라는 행사도 개최되었다. 지방정부 차원에서도 관광협력대회와 관광설명회를 적극적으로 개최하여 양국간 교류확대를 이끌었다.

한국 정부는 2005년 2월 중서부 지역 중심도시인 청두에 총영사관을 개설한 데 이어 2007년 9월 서북부 중심도시인 시안에 산시성, 간쑤성, 닝샤회족자치구 지역을 관할하는 총영사관을 개설하고 중국도 광주에 영사 사무소를 개설하여 양국 국민 간 교류 편리를 위한 기반을 확대했다. 양국간 교류가 폭발적으로 늘어나자 2006년 6월 16일 《항공운수 노선 확대에 관한 양해 각서》를 체결하여 항공 운수 시장을 대폭 확대하였다. 2007년에는 한국을 방문한 중국 여행객 수가 106만 명에 이르러 처음으로 100만 명을 돌파하고 한국인의 중국 방문자 수가 500만 명에 육박했다.

한편, 한중 양국이 문화적 유사성을 가지고 있다는 점이 양국 사이의 믿음을 돈독히 하는 데 유리한 요인으로 작용하는 측면이 크지만, 한중 양국 국민들 간에 문화주권 문제를 둘러싼 논쟁이 심심찮게 발생하여 양국 관계발전에 장애 요소로 작용할 수 있다는 우려가 제기되었다. 2005년 한국이 유엔 교육과학문화위원회(UNESCO)에 강릉 단오제를 세계무형문화유산으로 등록하자 중국인들이 중국의 고유 문화유산을 침탈하는 행동이라고 비난하였다. 강릉 단오제는 대관령서낭을 제사하며 산로의 안전과 풍작·풍어, 집안의 태평 등을 기원하는 마을축제로서, 삼한시

대 이래 강릉 일대의 고유 신앙을 대변해온 축제였다. 강릉단오제와 중국인들의 국민 명절인 단오절은 명칭만 유사할 뿐 별 관계가 없다.

'단오절 논쟁' 이후에 '공자 논쟁', '한자 논쟁', '중의학 논쟁' 등 문화 종주국 논쟁이 잇달아 발생했다. 중국 매체들은 이들 논쟁을 때로는 일방적으로 왜곡 보도함으로써 한국이 이들 문화의 발원지 지위를 얻어내고자 한다는 오해를 중국인들에게 심어주었고 중국인의 동아시아 문화에 대한 종주국 인식을 자극하였으며 그 결과 한중간 문화민족주의 대결이 벌어지게 되었다. 이와 같은 문화민족주의 대결은 인터넷상에서의 상호 비난과 공격으로 발전하였다.

중국이 백두산 관리권을 연변조선족자치주에서 길림성으로 이관하고 백두산을 유네스코 세계자연유산으로 등재하려 하여 논란이 야기되었고, 2007년 창춘(長春) 동계아시안게임에서 돌발사건이 일어나 양국간 외교 마찰이 발생하였다. 1월 28일 열린 개막식 식전 공연의 주된 테마가 '창바이산(長白山)은 중국산'이었으며 게다가 중국심판의 편파판정까지 있었다. 1월 31일 쇼트트랙 3,000m 계주에서 중국선수의 거친 플레이로 2위로 밀려난 5명의 한국 여자 쇼트트랙 선수들이 메달 수여식 도중 '백두산은 우리 땅'이라는 포스터를 펼치는 세레머니를 펼쳤다. 중국 외교부는 한국대사관에 강력하게 항의했고 창춘아시안게임조

직위원회는 한국올림픽위원회 위원장에게 항의 서한을 전달했다. 결국 한국선수단 단장이 유감을 표명하는 서한을 전달하면서 사태가 일단락되었다.

4. 전략적 협력 동반자 관계 시기 한중관계

가. 이 시기(2008년 2월~2013년 2월)의 주요 국제관계

2008년 2월 이명박 대통령이 취임하고, 3월 후진타오 2기 체제가 출범하였다. 서브프라임 모기지로 시작되어 2008년 9월 15일 리먼브라더스 파산으로 본격화된 글로벌 금융위기가 세계를 강타하였다. 2009년 1월 버락 오바마 대통령이 취임하였고, 2011년 11월 17일 호주 의회 연설에서 아시아 회기 정책(Pivot to Asia)을 선언했다.

중국이 2008년 8월 베이징 올림픽과 2010년 5~10월 상하이 엑스포를 연이어 개최하고 한국은 2010년 11월 11~12일 G20 정상회의와 2012년 3월 26~27일 핵안보정상회의를 개최하면서 이러한 기회에 양국 정상의 방문이 이루어져 실질 협력관계 증진에 기여했다.

북한이 2010년 3월 26일 서해 북방한계선 인근 지역에서 천안함 폭침사태와 11월 23일 연평도 포격을 도발했다. 2011년 12

월 17일 김정일이 사망하고, 2012년 4월 김정은이 당·정·군 최고 지도자로 추대되었다.

2010년 12월 튀니지에서 대규모 시위(재스민 혁명)가 발생하여 '아랍의 봄'이 시작되었다. 2011년 2월 11일 이집트 무바라크 대통령이 하야하고 10월 리비아 가다피 정권이 전복되었다. 2011년 3월 11일 동일본 대지진으로 후쿠시마 원전사고가 발생했다. 2011년 5월 2일 파키스탄에서 숨어있던 오사마 빈 라덴이 미군 특수부대에 의해 사살되었다.

2012년 11월 8~11일 개최된 제18차 중국 공산당 대회에서 시진핑 국가부주석이 총서기로 선출되고, 시진핑 총서기는 11월 29일 상무위원들을 대동하고 국가박물관에서 개최된 '부흥의 길' 전시회를 참관한 계기에 가진 연설에서 '중국몽'을 제창하였다.

나. 정치·외교 관계

이명박 대통령은 2008년 5월 27~30일 중국을 국빈 방문하여 후진타오 주석과 정상회담을 갖고 양국관계를 기존의 '전면적 협력 동반자 관계'에서 '전략적 협력 동반자 관계'로 격상하였다. 이것은 군사·안보 분야까지 포괄하는 다양한 영역으로 협력을 확대하고 협력의 범위를 지역적·세계적 차원의 현안으로 확대한다는 의미이다. 한중관계가 한반도 및 동아시아 안보와 평화, 공동번영과 관련된 전략적 협력을 모색하는 단계로 발전해야 한다는 양국의 공동 인식에 기반을 두었다.

당시 한국 정부의 한미동맹 강화 기조에도 불구하고 중국 정부가 한중관계를 전략적 협력동반자 관계로 격상시키기로 한 것은 한미동맹 강화에 대한 불안감, 외교·안보 분야에서 한국의 전략적 중요성, 중국의 부상에 대한 한국의 수용적 태도를 견인하기 위한 것으로 한반도를 미국과의 전략적 대결 구도에서 판단하는 지정학적 관점이 반영되었다. 한국의 입장에서 중국과 전략적 협력 동반자 관계를 추진하게 된 배경에는 북핵 문제 해결과 한반도 평화 체제 구축 과정에서 중국의 적극적이고 건설적인 협력이 필요한 측면이 작용하였다.

한편, 이명박 대통령이 중국을 국빈 방문하고 있는 시간에 중국 외교부 대변인이 한미 군사동맹을 냉전시대의 유산으로 규정하고 군사동맹으로는 현재 세계 혹은 지역이 직면한 안보문제를 해결할 수 없다며 한미 동맹을 부정적으로 평가해 논란이 일었다.

한중 양국은 외교·안보 분야 대화와 협력을 증진시켜 나갈 필요가 있다는 인식하에 외교 당국간 고위급 전략대화 체제를 구축하기로 합의하고 기존 양측간 '한중 외교·안보대화'를 정례화하기로 하였으며, '외교부간 고위급 전략대화'가 2008년 12월 11일 베이징에서 개최되었다. 양국은 '전략적 협력 동반자 관계'수립에 즈음하여 <한중 전문가공동연구위원회>를 출범시키기로 합의하였다. 동 위원회는 「미래 공동발전을 향한 한중 전략적 협력 동반자 관계」라는 제하에 정치, 경제, 사회, 문화를 포함한 각 분야 협력의 장기적 비전을 담은 보고서를 2009년과 2012년 두 차례 양국 정상에게 보고했다.

이명박 대통령이 2008년 8월 베이징올림픽 개막식 참석을 위해 중국을 방문하였다. 이어서 후진타오 주석은 베이징 올림픽 폐막 직후 8월 25~26일 중국 국가주석으로는 처음으로 재임 기간중 두 번째 국빈 방한하여 '한중 간 전략적 협력 동반자관계'를 한층 더 발전시켜 나가기로 하였다. 양국간 국방분야 협력에서도 진전을 이루어 2008년 11월 양국 국방부 간 《해·공군 간 직통전화 양해각서》를 체결한 이후 해·공군 간 직통전화(핫라인)가 설치되었으며, 2009년 5월 한중 국방장관회담시 핫라인 개설에 합의하였다.

2009년 10월 이명박 대통령은 한중일 정상회의 참석을 위해 중국을 방문하였다. 이어서 2010년 상하이 엑스포 참석 계기에 4월 30일과 5월 1일 이틀간 상하이를 방문하였다. 상하이에서 가진 양국 정상회담에서 이명박 대통령은 천안함 침몰 사건을 화두로 꺼냈고 후진타오 주석은 천안함 희생자와 가족들에게 위로의 뜻을 표명했다. 후진타오 주석은 2010년 11월 11~12일 서울 개최 G20 정상회의 참석차 한국을 방문하였다. 이명박 대통령은 2012년 1월 9~11일 두 번째 국빈 방중하여 후진타오 주석과 정상회담을 갖고 김정일 위원장 사망 이후 한반도 안보 상황과 중국 어선들의 불법조업 문제, 한중 FTA 협상 추진문제 등에 관해 논의했다. 후진타오 주석은 2012년 3월 25~28일 서울 핵안보정상회의 참석 계기에 한국을 방문하였으며, 이명박 대통령은 2012년 5월 12~14일 한중일 정상회의 계기에 중국을 방문하였다.

중국어선 불법조업 문제는 심각성을 더하여 치어까지 싹쓸이하는 마구잡이식 조업으로 한국 어장이 황폐화되었다. 이에 더해 쇠파이프와 도끼를 휘두르는 등 중국 어선의 집단화·흉포화로 인해 중국 어선의 서해상에서의 불법조업이 한중 간 뇌관이 될 수 있는 사안으로 부각되었다. 2008년 9월에 이어 2011년 12월 단속하던 한국 해경이 피살되는 사건이 발생하였고, 2010년 12월에는 극렬히 저항하던 중국인 선장이 실탄을 맞고 사망하는 사건도 발생했다. 이 문제 해결을 위해 한중 어업문제 협력회의를 개최하였으며 중국 어민대상 한중 공동간담회, 불법조업 관련 주한 중국특파원 초청 간담회, 중국 지방정부 어업관련 공무원 방한 초청사업 등 다양한 노력을 기울였다.

다. 북한 및 북핵 문제

북한은 2008년 6월 27일 핵시설 폐기의 첫 시범사업으로 영변 핵시설에 있던 냉각탑을 폭파하였으며, 미국 국무부는 2008년 10월 11일 북한을 테러지원국가에서 해제한다고 발표하였다. 그러나 6자회담은 2008년 12월 북핵문제에 대한 검증 의정서 체결에 실패한 후 중단되었다. 북한은 시료 채취 등 검증 핵심 요소에 대한 거부 의사를 굽히지 않는 완강한 태도를 고수하였다. 북한은 2009년 4월 5일 인공위성발사를 명분으로 장거리 로켓 시험발사를 하였으며, 5월 25일 제2차 핵실험을 감행하였다. 북한의 제2차 핵실험에 대해 유엔안보리는 2009년 6월 12일 전체회의를 열어 결의안 1874호를 채택하였다. 유엔 안보리결의안이 채택되자 북한은 2009년 6월 13일 우라늄 농축프로그램 존재를 밝히고 핵연료를 자체 생산하기 위한 기술개발을 선언하였다.

북한의 강경 행보의 배경이 무엇이냐를 두고 당시 여러 가지 분석이 나왔다. 크게 보면 후계체제 구축과 김정일 국방위원장의 건강 이상 등 북한 내부 상황 때문이라는 평가와 새로 들어선 오바마 행정부를 압박하기 위한 것이라는 분석이 엇갈리는 형국이었다. 분명 그러한 측면이 있는 것은 사실이나, 무엇을 위한 수단으로 핵실험을 강행했다기보다는 북한이 이미 핵과 미사일 기술 자체를 무기로 완성시키려는 결정하에 마련된 스케줄을 진행하고 있었다고 보는 것이 타당할 것이다. 북한은 2007년 2월 이른바 2.13 합의 이후 2년 동안 핵 시설을 동결하고 불능화 논의를 계속해 왔으나, 그 후 다시 핵 물질을 추가로 생산하고 핵시설을 구축해 나간 것이다.

이명박 대통령은 2009년 9월 21일 코리아소사이어티, 전미외교협회(CFR), 아시아소사이어티 공동 주최 연설을 통해 북한 핵문제의 근본적 해결을 위한 접근방법으로 '그랜드 바겐(일괄타결방안)'을 제안하였다. <비핵·개방·3000>의 기본 연장선상에서 북한 핵문제 해결을 위한 방안을 담고 있으며 6자회담을 통해 북핵 프로그램의 핵심 부분 폐기와 동시에 북한에 대해 확실한 안전보장과 국제지원 등을 담고 있었다.

2009년 5월 북한의 제2차 핵 실험에도 불구하고 북중 양국은 수교 60주년 '우호 교류 의 해' 교환방문 행사를 통해 상호 전략적 소통과 협력을 강화하였다. 중국은 2009년 7월 당 중앙 외사영도소조에서 북핵 이슈와 북한 문제를 분리 대응하는 <이중 접근(Dual Track Approach) 원칙>을 결정함으로써 대북정책에 중대 전환이 이루어졌는데, 북핵문제의 해결보다 북한의 안정을 더 우선시한다는 의미이다.

김정일은 2009년 10월 4일 방북한 원자바오 총리와의 회동에서 "한반도의 비핵화는 김일성 주석의 유훈이며, 북한은 한반도의 비핵화를 실현한다는 목표를 위해 노력한다는 것에는 변함이 없다"는 것과 "북미 양자회담을 통하여 북미관계가 반드시 평화 관계로 바뀌어야 하며, 북미회담 상황을 지켜보며 6자회담을 포함한 다자회담을 진행하길 원한다"는 입장을 밝혔다. 원자바오 총리의 방북을 기점으로 양국간 전통적 우호협력관계가 회복되었으며 신압록강대교 건설, 중국의 창지투(長吉圖) 개발 계획 추진 등을 통해 중북간 경제개발 협력을 모색했다.

2010년 3월 26일 북한의 천안함 폭침사태와 11월 23일 연평도 포격 도발 사태에 중국이 북한에 치우친 태도를 보이고, 특히 천안함 침몰사건 처리 과정에서 한중의 입장이 정면충돌하는 양상을 보임으로써 '한중 전략적 협력 동반자 관계'의 한계를 노정했다. 중국 정부는 천안함 사건 후 상당 기간 동안 논평 등의 공식 입장을 표명하지 않다가 4월 20일 외교부 정례브리핑을 통해 한국에 양자간 채널을 통해 위문과 애도의 뜻을 전했다는 입장을 표명하였다. 중국 외교부 장위(姜瑜) 대변인은 중국 정부의 입장을 묻는 질문에 "천안함 침몰은 불행한 사건"이라고 논평했다.

중국 정부는 러시아와 달리 한국의 천안함 사건 조사단 파견 요청에도 응하지 않았고 미국, 영국, 캐나다, 호주, 스웨덴의 전문가를 참여시켜 진행한 천안함 침몰 조사 결과를 그대로 받아들이는 것도 거부하였다. 문제를 더욱 복잡하게 하고 북한을 자극하게 된다는 이유로 천안함 사건을 유엔 안보리에 제기하여 북한에 강력한 제재 조치를 취하는 데도 반대했다. 더구나, 중국은 46명의 한국 군인이 숨진 천안함 사건의 배후 세력으로 북한이 유력하게 지목되고 남북한 긴장이 고조되고 있는 시기인 2010년 5월 김정일 위원장을 초청하여 고위층 교류 지속, 전략적 소통 강화, 경제무역협력 심화, 인문 교류 확대, 국제 및 지역 협력 강화의 5개항에 합의하였다.

이명박 대통령은 2008년 5월 제주도에서 개최된 한중일 정상회의 참석차 방한한 원자바오 총리에게 발견된 어뢰 잔해 사진과 북한이 제작한 어뢰 설계도를 보여주며 천안함 폭침이 북한의 소행임을 설명했다. 한국 정부는 천안함 폭침에 대한 대북제재의 일환으로 5.24 조치를 취했다. 그리고 이 문제를 유엔 안보리에 상정했다. 2010년 6월 캐나다 토론토에서 열린 G20 정상회의 계기에 개최된 한중 정상회담에서 이명박 대통령은 후진타오 주석에게 유엔 안보리의 북한 제재 조치에 적극적인 협력을 요청했다.

2010년 11월 23일 북한의 포격 도발로 '연평도 포격전'이 발생했을 때 중국 정부는 북한의 도발에 대한 직접적인 언급없이 "관련된 각측이 냉정과 자제를 유지하여 한반도 정세를 악화시킬 수 있는 행동을 취해서는 안 되며, 대화와 협상을 통해 평화적인 방법으로 관련 문제를 해결해야 한다"는 입장을 표명했다. 연평도 서해상에서 미 제7함대 소속 조지 워싱턴호 항공모함이 참가한 가운데 한미가 합동 군사훈련을 실시하려 했다. 북한은 해안포 기지를 개방하고 지대공 미사일까지 전진 배치하는 등 추가 도발을 위협했다. 중국은 다이빙궈 국무위원을 한국에 급히 파견하여 한미연합훈련이 전쟁으로 확전되지 않도록 자제해 달라고 요청하면서 서해 훈련에 반대를 표명했다. 결국 한미 합동 군사훈련은 서해 대신 동해에서 실시되었다.

2011년 12월 17일 김정일 위원장이 사망하였다. 그로부터 2주가 지나지 않아 김정은은 인민군 최고사령관 직에 취임하여 먼저 군권부터 장악했다. 그 후 당 규약과 헌법을 개정하고 2012년 4월 11일 제4차 당대표자대회에서 '당 제1비서', 4월 13일 제12기 제5차 최고인민회의에서 '국방위원회 제1위원장'에 선출되어 당·정·군 최고 지도자로 추대됨으로써 권력승계를 조기에 완료했다.

김정은 체제가 공식 출범하면서 국내외에 위상을 보여주고 김일성 탄생 100주년을 기념하여 '강성대국 완성'이라는 의미에서 2012년 4월 13일 '광명성 3호' 장거리 로켓을 발사하였다. 북한은 중국 공산당 당대회에서 시진핑 총서기가 선출된 시점인 2012년 12월 12일에도 장거리 미사일 '은하 3호'를 발사하였다. 한편, 북한의 도발이 관심을 끌기 위한 전략이라고 판단한 오바마 정부는 출범 초기 다자주의적 접근방식에서 2012년 이후에는 북한의 거듭되는 도발에도 불구하고 '무시'로 일관하는 '전략적 인내(Strategic Patience)' 정책 기조를 유지했다.

라. 경제·통상 관계

중국은 글로벌 금융위기에 대응한 대규모 경기부양을 실시하였으며, 세계 금융위기 상황에서도 9% 이상의 고도성장을 하며 발전했다. 이로써 미국과 어깨를 나란히 하는 'G2 시대'를 선언하며 국제무대에 본격적으로 진출하고 소위 '대국굴기'를 본격화했다. 이명박 정부는 미국발 금융위기 발발로 인해 세계경제 위기가 엄중한 상황에서 최대 교역 상대인 중국과의 경제 교류 협력을 더욱 강화하기 위해 긴밀한 협력을 추진하였다.

2008년 5월 이명박 대통령의 국빈 방중시, 양국은 2,000억 달러 무역액 달성 목표를 2010년으로 앞당길 것과 <한중 경제통상 협력 비전 공동연구보고서>의 수정과 보완, 한중 FTA 추진, 환경보호, 에너지, 통신, 금융, 물류 등 중점분야에서의 협력 강화에 합의했다. 또한, 양측은 《한중 투자보장협정》의 개정 및 공포에 대해 환영을 표명하고 이 협정이 한중 양국간의 상호 투자를 확실히 보호하고 확대하는 데 도움이 되며 양국 호혜공영의 경제·통상 관계 발전방향에 부합한다는 데 인식을 같이했다. 그리고 한중 FTA 산관학 공동 연구 결과를 토대로 한중 FTA 추진을 호혜 원칙에 따라 적극 검토해 나가기로 합의했다. 그리고 지진, 쓰나미, 태풍 등 자연재해, 국제 테러, 마약 확산 방지를 위해서도 협력하기로 합의하였다.

　이명박 대통령은 쓰촨성 원촨의 대지진으로 인해 막대한 인명피해와 재산피해가 발생한데 대해 깊은 애도와 위로를 표하고, 5월 27일 직접 재해 현장을 방문하는 '조문외교'를 실시하여 감동을 자아냈다. 한국 정부는 구호물자, 의료약품과 현금 100만 달러 등 총 500만 달러를 지원했고 44명의 구조인력도 파견하였다. 삼성 등 중국 진출 기업들도 대대적으로 재난 극복 지원 활동에 동참했다.

　2008년 8월 후진타오 주석 방한시 전자 정보, 통신기술, 신에너지 등 첨단 분야에서 협력을 전개하고 이동통신 분야에서의 협력관계를 확대하며 지진, 쓰나미, 태풍 등 자연재해 대응 분야의 교류와 협력을 강화해 나가기로 합의하였다. 지적재산권 보호, 식품 안전과 검역, 물류, 노무 협력 등 분야의 협력을 강화하기로 했으며 금융시장 개혁과 개방 과정에서 협력하고 국제 및 지역 금융 기구에서 협력을 확대하기로 하였다. 한중 양국은 미국 발 세계 금융위기 대처를 위해 2008년 12월 13일 중국 인민은행과 한국은행간 1800억 인민폐(약 300억 달러) 규모의 통화스와프 협정을 체결하였다.

　급속하게 퍼져가는 세계 금융위기에 대처하기 위해 한중 간 경제협력 공간을 지역협력과 글로벌 차원으로 확대하였으며 한중일 협력을 적극적으로 추진하였다. 2008년 12월 일본 후쿠오카 한중일 3국 정상회담은 3국이 독자적으로 개최한 최초의 3국 정상회담이고, <한중일 동반자 관계 공동성명>, <한중일 3국 행동 계획(에너지, 물류. 세관, 공업, 금융 등의 분야에서 협력 합의)>, <세계 금융과 경제 문제에 대한 공동성명> 등 3개의 문건을 채택했다. 특히, 세계경제와 세계 금융시장이 심각한 위기 상황에 직면해 있다고 보고 3국이 협력해 이러한 위기에 대처해 나가야 한다는 점에 인식을 같이하고 한국의 금융위기 해소를 위해 통화스와프 규모를 확대하기로 하는 데 합의했다.

2009년 10월 10일 중국 베이징 인민대회당에서 제2차 한중일 정상회담을 개최해 3국 간 미래 협력 방향을 논의하고 <한중일 협력 10주년 공동성명>과 <한중일 지속 발전 공동성명>을 발표하였다. 정부, 기업, 학계가 공동으로 참여해 3국 FTA 체결을 위한 공동 연구를 적극 추진하기로 합의하였다. 한중 정상회담 계기에 김종훈 통상교섭본부장과 천더밍(陳德銘) 상무부장은 한중 자유무역협정(FTA) 체결 검토 및 2015년 교역 3000억 달러 달성 등의 내용이 담긴 <한중 경제통상 협력비전 보고서>에 서명했다.

2010년 5월 29~30일 제주도에서 개최된 한중일 제3차 정상회담에서 앞으로의 10년 협력 원칙과 구상을 담은 '2020 협력 비전'이 통과되었다. FTA 체결, 경제 통합, 치안 협력 강화, 기후변화와 환경 협력, 인재 교류 확대, 북핵문제 협력 및 마약 금지 등 41개 항의 구체적 협력 목표가 포함되었다.

글로벌 금융위기의 극복과 세계경제의 회복을 위해 위기 당사자인 선진국과 경제적 발언권이 커진 신흥국들이 함께 논의하는 자리인 G20 체제 출범에 있어서 한국은 선진국과 신흥국 사이의 가교국가로서, 중국은 신흥국을 대표하는 경제대국으로서 상호 협력하였다. 글로벌 금융위기는 한중 경제협력 차원을 확대시켰고, G20 체제 안에서 한국과 중국은 세계경제질서 내에서 규칙을 제정(rule setting)하는 위치로 진입시켰다. G20 내에서 한국과 중국은 독일과 함께 대표적인 수출형 제조업 국가로서 보호주의를 반대하고 안정적인 국제경제 환경을 유지하기 위한 노력에도 서로 협력하였다.

세계 금융위기 상황에서도 한중 양국간 교역과 투자가 증가하였다. 여기에는 양국 경제의 상호 보완성이 강한 측면과 함께 세계금융위기를 계기로 중국 경제가 급부상함으로써 한국이 이를 활용하는 측면도 작용하였다. 2009년 10월 한중 양국 상무장관은 경제 무역 협력 관계를 더욱 강화시키기 위해 한중 경제 무역 협력 중장기 발전 계획을 담은 보고서를 채택해 에너지, 통신, 물류, 환경보호 등 4개 중점 분야에서 협력을 강화하기로 합의하였다.

한편, 중국이 국민 총생산(GDP) 규모 면에서 2009년 독일, 2010년 일본을 제치고 세계 제2위의 경제 대국으로 부상하면서, 한국에게 수출기회가 커지고 한국 기업들에게 투자기회가 확대되었다. 한류의 영향을 받아 화장품 등 한국 상품에 대한 선호도가 지속적으로 증가하여 중국내 백화점에서 한국물품 매장을 운영하는 사례가 늘어났다. 2011년 한중간 교역액은 2,206억 달러로서 2005년에 설정하였던 '2012년 양국 교역액 2000억 달러' 목표를 예정보다 앞서 달성하였다. 이로써 중국은 한국의 제1위 교역, 수출, 수입, 투자, 무역 흑자대상국의 위치를 확고히 유지하였고, 한국은 중국의 제3위 교역대상국으로서의 위상을 유지하였다.

대중국 투자가 급증하는 가운데 투자자와 지적재산권 보호 필요성이 커지면서 관련 시스템 구축에 박차를 가하였다. 2007년 9월에는 《한중 정부 간 투자 증진 및 보호에 관한 협정》을 개정하였고, 2012년 6월에는 《한중일 투자보장협정》을 체결(2014년 5월 발효)하여 내국민 대우, 지적재산권 보호, 투자자 자산 보호를 강화하였다. 2012년 10월에는 《한중 사회보장협정》을 체결(2013년 1월 16일 발효)함으로써 중국에 파견된 한국 근로자와 자영업자들의 중국 연금보험 가입이 면제되고, 파견근로자에 대해서는 고용보험 가입을 면제하는 조치를 취했다.

또한, 한중 양국은 FTA 협상 추진에 대해서도 적극적인 자세를 보여 시진핑 국가부주석은 2009년 11월 18일 한국 방문시에 FTA 체결을 강조했으며, 이명박 대통령은 2010년 4월 20일 국무회의에서 중국 경제가 빠르게 성장하고 시장 여건이 급격하게 변화함을 감안, 중국과 FTA 체결 문제를 적극적으로 연구하도록 지시했다.

한국 국내시장이 거의 포화 상태에 이르렀기 때문에 삼성, LG, SK, 현대 등 대기업들은 중국 시장 진출에 대한 의욕을 가지고 중국 진출을 더욱 적극화하였다. 한편, 진출기업들은 이익을 추구하면서도 지역공동체와 더불어 성장해 나가기 위한 하나의 전략으로서 기업의 사회적 책임활동(CSR)을 적극적으로 추진하였다. 공익활동을 경영 활동 외의 부가적인 것으로 보지 않고 경영 활동의 중요한 일부분으로 삼고 사회복지, 문화 예술, 자원봉사, 학술 교육, 환경보호 등 사업을 직원 참여 형태로 추진했다.

반면 산둥성 지역 등에 투자하고 있던 일부 한국 중소기업체들이 노동자 임금을 체불하고 적법적인 청산 절차를 거치지 않은 채 도주(야반도주)하는 사례가 빈발하였다. 중소기업들은 봉제, 의류, 주얼리, 공예품, 가방 등 노동 집약적인 산업이 주를 이뤘으나 각종 세제 혜택이 사라지고 인건비가 폭등하면서 막다른 골목에 몰렸다. 1994년 부가가치세 우대 폐지를 시작으로 2007년 내·외자 기업 소득세 단일화를 거쳐 2010년 외자기업에 대한 세제 혜택이 전면 폐지됐고 2011년 말에는 외국인 사회보험 면제 혜택마저 사라졌다.

울며 겨자 먹기로 회사를 청산하려고 해도 기업소득세 등 각
종 면세 또는 감세 혜택을 받았던 비용을 뱉어내야 했다. 구체적
으로 외국기업은 이익 발생 후 소득세를 2년간 면제받고 3년간
더 감면혜택을 받았다. 하지만 이 규정에는 "단 10년 경영기한을
채우지 않을 경우 우대받은 지방세를 내야 한다"는 단서가 붙었
다. 그동안 내지 않았던 세금을 일시불로 지급하는 것은 큰 부담
일 수밖에 없다. 문제는 빈부격차 해소와 조화사회 건설을 과제
로 삼아 자국의 노동자 권익보호에 까다로워진 중국 정부가 외
국 기업 철수에 복잡한 청산절차를 요구하고 있다는 데 있다.

청산 절차만 1~2년이 걸려 한국 중소기업으로선 야반도주를
선택할 수밖에 없는 상황에 몰리는 경우가 많다. 이 문제에 대처
하기 위해 주칭다오총영사관, KOTRA, 중소기업 지원센터 관계
자로 구성된 기업청산협력팀이 가동되었다. 한국정부는 2013년
12월 국내 복귀 기업지원 제도인 《유턴기업지원법》을 제정하
기도 하였다. 한편, 상하이자동차가 중국기업의 대한국 최대 투
자 아이템으로 인수하여 운영하고 있던 쌍용자동차에 대한 경영
을 포기하고 법정 관리를 신청해 중국 기업이 기술만 탈취하고
도주했다는 비판이 제기됐다.

마. 사회·문화 관계

2008년 5월 이명박 대통령의 국빈 방중시 인적, 문화적 교류를 촉진해 양국 국민 간 상호 이해와 우호적인 감정을 심화시키기로 하였다. 양국의 유구한 교류 역사가 한중 우호관계의 소중한 자산임을 인식하고, 상호 교류 강화를 위해 양국 학술기관이 역사, 문화 등 분야에서 교류 전개를 지원해 가기로 하였다. 이때 《한중 수형자 이송 조약》과 《한중 고등교육분야 학력 및 학위 상호인정을 위한 양해각서》을 체결하였다. 2010년 10월에 한국정부는 중국의 대표적인 중부도시 우한에 총영사관을 개설했다.

양국은 2010년과 2012년을 각각 '중국 방문의 해'와 '한국 방문의 해'로 정하고 인적 교류를 촉진시켜나가기로 합의하였다. 양국 간 인적 교류는 2012년 690만 명에 달했다. 2011년 한국인 유학생 68,000여 명이 중국에서 유학하고 중국인 유학생 64,000여 명이 한국에서 유학하였다. 한편, 2002년부터 시작된 '한중 지방정부 교류회의'가 2012년 제10회부터는 200여명이 참여하여 명실 공히 양국 지방정부를 대표하는 교류 회의로 자리매김하였다.

중국 내 한류 열풍은 더욱 더 맹위를 떨쳐 중국에서 매일 1억 명 이상의 중국인이 한국 TV드라마를 시청하고, 수퍼주니어, 빅뱅, JYJ, 신화 등 K-pop 스타들의 공연이 줄줄이 이어지면서 중국 내 한국 연예인에 대한 호감도가 지속적으로 상승했다. 대중문화에서 촉발된 한국에 대한 관심은 한국 상품과 음식, 관광, 한국어, 의료서비스 등 한국과 한국적인 것에 대한 전반적인 관심으로 확대되었다.

스타들의 얼굴이 새겨진 각종 상품을 구입하고 그들이 바르는 화장품과 그들이 입는 옷을 구매하며 한식을 먹는데 이어 각지의 한류 콘텐츠 촬영지를 방문하는가 하면 심지어는 한류스타처럼 성형하기 위해 한국을 방문하였다. 중국어 자막이 달린 한국 방송을 익숙하게 시청하고 한국 연예계 스타의 소식에 정통하며 심지어 휴가를 이용해 한국으로 여행을 가서 쇼핑을 하기도 했다. 이들에게 한국이란 가까운 곳에 위치한 쇼핑 천국이자 그들이 가장 잘 아는 익숙한 외국이었다.

연예계를 비롯해 기업들은 한류 관련 상품이나 한류스타를 모델로 내세운 상품의 집중적인 판매를 위해 판촉에 열을 올렸다. 실제로 공항 면세점과 서울 명동 일대에서는 한류 상품이 불티나게 판매되어 국내 기업 CEO 100명 중 95%가 한류의 덕을 봤다고 응답했다. 중국 고위층도 한국 드라마에 호감을 갖고 시청하였는데, 대장금 애호가로 알려진 후진타오 주석의 방한시 국빈 만찬에 대장금 주연 배우 이영애와 한류스타 장나라를 특별 초청하여 한중간 훈훈한 정서를 높이는 계기로 작용하였다.

2008년 5월 이명박 대통령과 후진타오 주석간 정상회담 합의에 따라 따오기 기증식이 2008년 10월 17일 시안에서 개최되었다. 중국에서 기증한 따오기 2마리는 수컷은 '양저우', 암컷은 '룽팅'이라고 이름을 지었다. 한국 동요에도 나오는 따오기는 한반도, 중국, 일본, 러시아 극동 등에 널리 서식했으나 무분별한 남획, 서식지 파괴, 농약 사용 등으로 먹이사슬이 끊겨 1970년대 초 자취를 감췄다. 이후 중국은 따오기 찾기 운동을 대대적으로 전개했고 1981년 한중에서 7마리를 발견하여 개체수를 더 늘린 뒤 자연에 방사하는 등 서식지를 확대하였다.

그러나 한중 관계에서 나타나지 않았던 새로운 문제들이 양국 관계의 질적 도약을 저해하였다. 2008년 4월 베이징 올림픽 성화를 서울에서 봉송하는 과정에서 한국에 유학하고 있는 중국 학생들이 북한 인권활동가와 티벳 독립 지지 단체의 평화적 시위자에게 폭력을 행사한 사건이 발생하였다. 허야페이 중국 외교부 부장조리가 이용준 한국 외교부 차관보에게 구두로 유감을 표시함으로써 사건이 일단락됐으나 양국의 상대방에 대한 불편한 정서는 2008년 8월 베이징 올림픽 경기장에서 표출되어 중국 관중들은 한국 선수단을 응원하지 않고 한국팀의 상대편을 응원했다.

한편, 2012년 3월 중국에서 북한인권운동가 김영환 '북한민주화네트워크' 연구위원이 국가안전위해죄로 구금되었을 때,

한중간 영사협정이 체결되지 않아 제때에 통보받지 못했고 접견도 제대로 못했다는 비난이 제기되었다. 당시 중국 은 구금된 지 한 달 가까이 되서야 영사 면담을 허용해 인권침해 지적을 받았다. 중국 당국은 김영환씨 등 일행 4명을 그해 7월에 구금 114일 만에 강제 추방 형식으로 석방하였다. 김씨가 구금 당시 전기 고문 등 가혹행위를 당했다고 주장하자 중국 정부는 김씨를 문명적, 인도적으로 대우해줬다며 고문 의혹을 부인했다.

5. 전략적 협력 동반자 관계 내실화 시기 한중관계

가. 이 시기(2013년 2월~2016년 1월)의 주요 국제관계

2013년 2월 12일 북한이 제3차 핵실험을 감행하고, 2월 25일 박근혜 정부가 출범했다. 3월 전인대에서 시진핑 총서기가 국가주석으로 선출되어 시진핑 지도체제가 정식 출범하였다. 시진핑 주석은 2013년 9월과 10월 일대일로 정책을 제창하였으며, 2014년 10월 아시아인프라투자은행(AIIB) 설립 양해각서가 체결되었다.

2014년 3월 18일 러시아가 우크라이나 크림 공화국을 합병했다. 2015년 7월 14일 P5+1(미국, 중국, 러시아, 영국, 프랑스, 독일)과 이란은 <이란 핵문제 해결을 위한 포괄적 공동행동계획(JCPOA, Joint Comprehensive Plan of Action)>에 최종 합의하였다. 2015년 7

월 20일 미국과 쿠바가 외교관계를 재수립하였다. 2015년 12월 12일 프랑스 파리에서 개최된 제21차 유엔 기후변화협약 당사국 총회(COP21)에서 《파리기후변화협약》을 채택하였다.

나. 정치·외교 관계

2005년 시진핑 주석이 저장성 당서기 자격으로 한국을 방문했을 때 당시 박근혜 대표로부터 환대를 받은 것을 인연으로 '라오펑유(老朋友.친한 친구)'가 되었다는 박근혜 대통령과 시진핑 주석은 한중 관계 역사상 가장 우호적이고 협력적인 관계를 이룩하였다는 평가를 받았다. 당시 중국의 일 개 성의 당서기 방한에 대해 한국 정계에서는 큰 관심을 갖지 않았으나 제1야당 한나라당 박근혜 대표는 이미 잡혀있던 지방 일정까지 취소해 가면서 면담 일정을 잡으라고 지시하고 그것도 편하게 얘기할 수 있는 오찬으로 하면서 2시간여에 걸쳐 환담했다.

박근혜 대통령은 취임 후 2013년 3월 20일 시진핑 주석과 첫 전화통화를 하면서 "2005년 방한했을 때 유익한 대화를 나눴다"며 과거 만남을 상기시켰고 시진핑 주석도 박 대통령을 향해 "중국 국민과 나의 오랜 친구"라는 표현을 썼다. 마침 북한이 3차 핵실험을 한 상황이라 양국 정상은 북한 문제에 많은 시간을 할애했다. "북한이 대화의 장으로 나올 수 있도록 노력해 달라"는 박 대통령의 요청에 시진핑 주석은 "북한을 설득하는 것이 어렵지만 계속 노력하겠다"고 화답했다.

박근혜 대통령이 2013년 6월 27일부터 3박4일간 '심신지려(心信之旅 : 마음과 믿음을 쌓아가는 여정)'라는 슬로건으로 중국을 국빈 방문했다. 시진핑 주석과 정상회담을 갖고 장더장(張德江) 전국인민대표회의 상무위원장과 리커창 국무원 총리 등 중국 지도자들을 잇달아 만나 한중관계 발전 방안과 지역 및 국제 문제 협력 등에 관해 의견을 교환했다. 양국 정상은 양국관계 발전의 청사진을 담은 '한중 미래비전 공동성명'을 채택했다. 양국간 전략적 협력 동반자 관계를 내실화하기로 하고, 이를 위한 이행방안으로 정치·안보 분야에서 전략적 소통 강화, 경제·사회 협력 확대 및 양 국민 간 다양한 형태의 교류 촉진 등을 추진하기로 합의했다.

전략적 소통 강화 차원에서는 양국 간 협력을 정치·외교·안보·정당 등의 분야로 확대하기로 하였다. 이를 위해 양국 지도자 간에 긴밀히 소통하고 청와대 국가안보실장과 중국의 외교담당 국무위원간 대화, 한중 외교안보대화, 한중 정당 간 정책대화, 한중 국책연구소 간 합동 전략대화 등 4개의 전략대화를 신설하며 외교차관 전략대화의 연 2회 정례화 방안 등을 추진하기로 하였다.

경제·사회 분야 협력 확대 차원에서는 한중 FTA 협상 진전과 새로운 성장 동력 조성을 위한 교류·협력 증진을 위해 노력하고, 양 국민간 교류 촉진 차원에서 학술·지방간 교류, 전통예능 등 다양한 인문분야에서의 교류와 공공외교 분야 협력을 적극 추진하기로 하였다.

박근혜 대통령의 국빈 방중은 과거의 국빈 방문과 차별화되었으며 정상 차원은 물론 민간 차원에서 상당 수준의 상호신뢰를 구축했고, '심신지려(心信之旅)'라는 표현처럼 서로 마음을 열고 믿음을 쌓는데 괄목할 만한 성과를 거두었다. 박근혜 대통령 개인에 대한 관심과 인기가 높았다는 점이 영향이 컸지만, 박 대통령의 방문에 대한 중국 언론의 보도는 매우 우호적이었고 회담 분위기도 매우 좋았으며 성과 역시 대단히 긍정적이었다는 평가를 받았다. 박근혜 대통령은 시진핑 주석의 모교이자 많은 지도자들을 배출한 칭화대(清華大)를 방문하여 양국의 미래에 대한 꿈을 주제로 감동적인 연설을 하여 학생 청중들로부터 열띤 호응을 이끌어냈다.

이어 중국 고대문명의 중심도시이자 서북부 중심도시 시안을 방문하였는데, 여러 가지 의미가 있었다. 첫째, 시진핑 주석의 고향을 방문하여 한중 정상 간 유대를 돈독히 한 상징적인 의미이다. 시진핑 주석의 아버지 시중쉰 전 국무원 부총리는 산시성 웨이난이 고향이다. 시 주석은 문화대혁명 시기에 산시성 옌안의 량자허촌에서 16살부터 7년간 하방생활을 한 적이 있다. 중국 언론은 당시의 경험이 시 주석을 단련시켰고 농민을 포함해 서민을 이해하고 배려하는 친서민적인 성향과 겸손한 미덕을 갖추게 됐다고 평가했다. 시진핑 주석 스스로도 "옌안은 나의 생명의 근원이자 내 인생의 전환점이자 내 인생에 많은 영향을 줬다"고 회고한 바 있다.

둘째, 시안은 진시황 '병마용' 등 수많은 문화유산을 보유한 3000년 역사의 고도(古都)라는 점에서 박근혜 정부의 국정기조 중 하나로 내세운 문화융성과도 맥이 닿았다. 또한, 시안은 원측 법사, 의상 대사, 혜초 스님, 최치원 선생 등 우리 선각자들이 활동했던 곳으로서 고대 한중교류의 중심지이다. 그리고 광복군의 활동이 활발히 전개된 곳으로 한국 독립운동사에도 의미있는 곳이다.

셋째, 시안은 중국 정부가 야심차게 추진해 온 서부 대개발 정책의 거점 중 한 곳이자 시진핑 주석이 제창한 일대일로 정책의 중심지로서 경제 협력 강화가 기대되는 곳이다. 마침 삼성전자는 시안에 중국내 최대 투자 프로젝트인 플래시 메모리 반도체 생산라인을 건설하고 있었다. 박근혜 대통령은 시안 반도체 공장 건설현장을 시찰하였다.

2014년 7월 시진핑 주석이 국빈 방한하여 박근혜 대통령과 정상회담을 갖고, 양국 관계의 미래 발전상과 이를 실현하기 위한 구체적인 실천 방안들을 제시하고 함께 노력하기로 하였다. 상호 신뢰를 바탕으로 양국 공동의 관심사 및 중장기 문제를 수시로 긴밀하게 논의하고 창조와 혁신을 통해 미래지향의 전략적 경제·통상 및 산업 협력을 확대하며 국민 체감의 인적·문화적 쌍방향 교류를 통해 양 국민간 정서 유대감을 심화시키는 방향으로 발전시켜 나가기로 합의한다는 등의 내용이 공동성명에 명기되었다.

시진핑 주석은 서울대 방문 연설에서 "이번 방문은 친구를 만나러 온 것이기도 하다"고 운을 뗀 뒤, 진시황 때 불로초를 찾아 제주도에까지 온 서복, 안휘성 구화산에서 등신불이 된 신라왕자 김교각, 당나라 때 중국에 유학하여 관직에 오른 '동국 유학의 대가' 최치원, 중국 각지에서 27년간 독립운동을 위해 헌신한 김구 선생 등 한중관계 미담을 소개했다. 한편, 2015년 6월 당시 한국 내 메르스 상황에도 불구하고 장더장 중국 전국인민대표대회 상무위원장이 예정대로 방한하여 한중 간 높은 수준의 신뢰 관계를 입증하는 사례로 평가되었다.

2015년 9월 3일 박근혜 대통령이 '항일전쟁 및 세계 반파시스트 전쟁 승전 70주년 기념 열병식(항일 전승절)'기념행사에 참석했다. 이 행사에 참석한 서방 국가 원수로는 한국밖에 없었을 정도였으며, 시진핑 주석은 별도 오찬을 하는 등 박근혜 대통령을 극진히 예우했다. 이때 개최된 정상회담에서 한반도 문제를 비롯하여 한중일 정상회의, 유라시아 이니셔티브와 중국의 일대일로 구상 및 아시아인프라투자은행(AIIB) 등을 통한 동북아 지역 협력 활성화 방안 등에 관해 논의하였다. 한중일 3국 정상회의 개최와 관련해 중국의 진전된 태도를 이끌어 냈으며, 한중 FTA 활용 극대화 및 고부가가치 신산업, 금융, 문화산업 분야 협력 강화 등 미래지향적 경제협력을 위한 논의 추진에도 합의했다.

박근혜 대통령의 중국 전승절 70주년 기념행사 참석으로 한중관계는 절정에 올라 당시 우리 외교부장관은 사상 최고의 한중관계라고 평가하였다. 그런데, 한중 양국관계가 가까워질수록 한국 정부는 북핵문제 해결과 관련 중국에 대한 기대가 커지고, 중국 정부도 한국과 함께 동북아시아의 문제를 풀 수 있다는 다소 부푼 기대를 가지게 되었는데 이것은 결국 나중에 부메랑으로 돌아오게 된다. 이어서, 리커창 중국 총리가 2015년 10월 31일에서 11월 2일까지 공식 방한하여 최고위급 교류의 모멘텀을 유지하는 동시에 경제·문화 등 다양한 분야에서 17건의 MOU를 체결하는 등 실질협력을 심화, 확대하는 데 많은 성과를 거두었다.

박근혜 대통령의 국빈 방중 시 양국 정상 간에 합의된 4개 전략대화체제(외교안보 고위전략대화, 외교안보대화, 국책연구기관 합동 전략대화, 정당간 정책대화)가 모두 성공리에 발족되었다. 청와대 국가안보실장과 중국 외교담당 국무위원 간의 전략대화를 비롯하여 외교장관 간 상호방문의 정례화, 그리고 기존의 차관급 전략대화 연 2회로 확대, 정당 간 정책대화, 국책연구소 간 합동 전략대화 등 촘촘한 소통채널이 구성되었다.

한편, 양국 정부는 양국 관계 발전에 영향을 미칠 수 있는 잠재적 갈등 사안의 관리 노력도 지속적으로 전개하였다. 특히, 한중 간 주요 현안 중 하나인 서해상 중국어선 불법조업 문제 해결을 위해 제7차(부산) 및 제8차(칭다오) '한중 어업문제 협력회의'가 연속 개최되었고, 또한 양국은 2014년 7월 시진핑 주석 방한을 계기로 채택한 공동성명에서 2015년에 해양경계획정 협상을 가동하기로 합의한 대로 2015년 12월 서울에서 제1차 공식회담이 개최되었다.

2013년 이후 양국은 국방·안보 분야에 대한 포괄적인 협력 필요성을 인식하고 군 고위급 상호 방문 정례화, 국방 전략대화 개최 등 다양한 소통 채널을 구축하고 강화했다. 한국 국방차관과 중국 부총참모장 간 국방전략대화가 2013년부터 실시되고 2015년 12월 31일 첫 통화를 계기로 국방장관간 핫라인을 정식 개통했다. 2016년 말까지 양국 국방장관 방문은 총 9차례(방중 6회, 방한 3회) 실시되었으며, 그밖에도 한국의 합참의장, 육·해·공군 참모총장, 육군 3군사령관 등이 중국을 방문하였고 중국측은 총참모장, 군구 사령원 및 정치위원 등이 방한하였다.

한편, 중국이 2013년 11월 23일 동중국해 상공 일부를 자국의 방공식별구역으로 선포했다. 중국이 선포한 방공식별구역에는 한국이 실효적으로 지배하고 있는 이어도의 상공이 포함되었다. 200해리 배타적경제수역(EEZ)을 적용하면 중국과 중첩되지만 국제법상 중간선을 그을 경우, 이어도 상공은 한국 관할하에 들어오게 된다. 한국은 2013년 12월 15일 중국의 차디즈(CADIZ)에 대응해 이어도와 마라도 등을 추가로 포함시킨 새로운 카디즈(KADIZ)를 설정했다.

다. 북한 및 북핵 문제

김정은 위원장과 시진핑 주석은 출발부터 삐걱거렸다. 시진핑 주석이 중국공산당 총서기로 선출된 직후인 2012년 12월 12일 북한이 '은하 3호'라는 장거리 탄도미사일을 시험 발사하고 2013년 2월 12일 제3차 핵실험을 전격 실시하였다. 중국은 유엔 안보리 제재 결의 찬성으로 북한을 압박하였다. 장거리 탄도 미사일 발사에 대한 대북제재 결의안 제2087호가 채택되고, 북한의 3차 핵실험 후 유엔 안보리는 3월 7일 대북제재 결의안 2094호가 만장일치로 채택하였다.

2013년 12월 중북 고위층 간 연결고리 역할을 했던 장성택이 처형되면서 북중 양국 간 신뢰 관계가 크게 손상되었다. 북중 관계는 한중수교 이후 약 8년간 갈등과 냉각이 연속된 북중 관계 냉각기에 버금가는 제2의 냉각기가 도래하였다. 시진핑 주석은 2014년 7월 북한 대신 한국을 먼저 방문하는 파격으로 불편한 심기를 드러냈다.

중국 정부 인사들의 발언도 신랄하게 이어졌다. 왕이 외교부장은 "누구라도 중국의 문 앞에서 말썽을 피우면 용납하지 않을 것"이라고 언급한 데 이어 리커창 총리는 "한반도에서 말썽을 피우는 것은 돌로 제 발등을 찍는 격"이라고 경고하였다. 시진핑 주석은 "자기의 이익을 위해 주변지역이나 세계를 혼돈상태로 몰아넣는 것은 용납하지 못 한다"고 발언했다. 북한은 중국의 유엔 안보리결의안 동참에 대해 "비열한 처사, 용기와 책임감 없는 겁쟁이"라고 비난하고, 9.19 공동성명 폐기와 정전협정 백지화 선언, 6자회담 체제 완전 중단으로 반발하였다.

제3차 핵실험 후 개최된 북한 당중앙위원회 전체회의는 2013년 3월 31일 김정은 시대의 새로운 전략노선으로 '핵무력 건설과 경제건설 병진노선'을 채택하였다. 4월 1일 최고인민회의 제12기 7차 회의에서는 '자위적 핵보유국' 등의 법령을 통과시켰으며 이 법령에서 "그 어떤 침략세력도 일격에 물리칠 수 있는 핵보유국"임을 천명하였다. 북한의 핵병진 노선은 "튼튼한 안보를 바탕으로 남북한이 신뢰형성을 함으로써 한반도 평화정착을 시킨다"는 박근혜 정부의 '한반도 신뢰프로세스'와 완전히 상충되었다. 북한은 '한반도 신뢰프로세스'에 대해 대결을 전제로 신뢰의 병풍을 친다면서 자신들의 핵개발 행위를 정당화했다.

중국은 한반도 비핵화 실현, 한반도 평화와 안정 유지, 대화와 협상을 통한 문제 해결 등 공식적인 대한반도 정책 3원칙을 제시했다. 한반도 비핵화 실현을 한반도 평화와 안정 유지보다 먼저 내세움으로써 비핵화를 강조한다는 의미였다. 북한의 핵무장 능력 강화가 미국의 동아시아 군사 개입 및 일본의 재무장 명분을 강화시킨다는 우려도 작용했다. 구체적인 압박도 가했다. 2013년 4월 17일 교통운수부는 지방정부와 기업들에게 안보리의 대북 제재조치에 포함된 물자의 대북 운송 금지를 지시했다. 5월 7일에는 중국은행, 공상은행, 건설은행 및 농업은행과의 금융거래 중단 조치를 취했다.

북한의 고립은 심각해졌고 춘궁기에 접어들면서 식량과 비료 원조가 절실한 상황이었다. 김정은 위원장은 권력서열 3위의 정치국 상무위원 겸 인민군 총참모총장 최룡해를 2013년 5월 22~25일 중국에 특사로 파견하여 북중간 고위층 교류 재개의 물꼬를 트게 했다. 시진핑 주석을 면담하여 김정은 위원장의 친서를 전달하면서 고위층 교류 강화와 폭넓은 소통을 희망한다고 말하고 북중 정상회담 추진 의사도 전달했다. 시진핑 주석은 "정세가 어떻게 변화하든 한반도 비핵화 목표를 견지할 것임"을 강조했다.

중국은 북한의 전승절(정전협정 체결 60주년) 참석 초청을 받아들여 리위안차오 국가부주석을 2013년 7월 25~28일 파견하였다. 리위안차오 부주석은 김정은 위원장을 면담하여 시진핑 주석의 구두친서를 전달하고 "어떤 나라도 자신의 절대 안전을 위해 지역 안전을 어지럽혀서는 안 된다"며 시진핑 주석의 '한반도 비핵화' 의지를 재확인했다.

냉각기가 지속되던 중북 관계는 2015년 9월 최룡해 노동당 정치국위원이 중국 항일전쟁 승리 70주년 기념행사에 참석하기 위해 방중하고, 10월 류윈산 중앙정치국 상무위원이 북한노동당 창건 70주년 기념행사에 참석하기 위해 방북하는 등 관계복원을 모색했다. 류 상무위원의 방북은 시진핑 집권 이후 최고위급 인사의 북한방문이었다. 그러나 이후 최고지도자간 방문으로 연결되지 않았다. 2015년 12월 중국공산당 대외연락부 초청으로 방중한 북한 모란봉악단·공훈 국가합창단이 공연을 취소하고 귀국하는 사태가 발생한 후 중북관계는 다시 냉각되었다.

라. 경제·통상 관계

한중 양국은 통상협력의 제도적 수준을 높이고 무역, 투자, 금융 등에서 높은 수준의 협력채널을 구축하여 기업간의 경제협력을 뒷받침하기 위한 노력을 가속화하였다. 특히 FTA를 체결하여 통상협력의 제도적 수준을 한 단계 높였다. 한국은 중국산 농산물 및 저가 공산품 유입 가능성에 대한 우려 때문에 한중 FTA에 대해서는 '신중하게 검토'한다는 입장을 상당 기간 유지하고, 미국 및 EU 등 선진 경제권과의 FTA 협상을 우선적으로 진행했다. 한중 FTA 협상이 정식으로 시작된 것은 2012년 5월에 이르러서였다. 2014년 11월 베이징 APEC 정상회의 계기에 개최된 한중 정상회담에서 한중 FTA 실질 타결을 선언하였으며 2015년 12월 20일 한중 FTA가 공식 발효되었다.

FTA 체결로 한중 간 경제협력의 새로운 제도적 기반이 마련되어 양국 간 경제협력이 무역과 투자에서 금융·통화, 서비스, 전자상거래 등 새로운 분야로 확대되는 전기가 마련되었다. 한중 FIA는 관세양허 면에서 20% 이상의 품목을 민감 혹은 초민감 품목으로 지정하여 최장 20년에 걸쳐 점진적으로 관세를 인하하기로 하였다. 통상 90% 이상의 품목에 대해 10년 안에 관세 철폐를 달성하는 이른바 '높은 수준'의 FTA라고 말하기 어렵고, 투자 및 서비스 협상을 부분적으로 타결하고 후속협상에서 다시 논의하기로 함으로써 '포괄적인 일괄타결'을 하였다고 보기도 어렵다는 평가였다.

2012년 타결된 《한중일 투자보장협정》이 2014년 5월 17일 발효되어 2007년 개정되었던 한중간의 투자보장협정이 한 차례 더 개정되는 효과를 보았다. 《한중일 투자보장협정》은 내국민 대우의 예외조치를 국가 안보 및 국가 경제의 건전한 발전을 위한 경우로 엄격히 제한하고 지재권 보호, 투명성 보장 등 관련 조항을 강화하여 상대국에 진출한 기업의 투자환경을 더욱 개선한 것으로 평가되었다.

한중 양국이 2014년 7월 양국 정상회담에서 '원-위안 직거래 시스템'을 구축하기로 합의한 후 2014년 11월 6일 중국 교통은행 서울지점이 위안화 유동성을 한국에 공급하는 위안화 청산은행 서비스를 시작하고 한국도 2016년 6월 상하이에서 원화직거래 시장을 개설하여 사상 처음으로 해외에서 원화 거래를 시작했다. 한편, 한국은 2015년 3월 중국이 주도한 아시아인프라투자은행(AIIB)에 창립회원국으로 참여하였다.

중국이 수출과 투자에서 내수소비로 전환하는 발전 전략을 실시하면서 동북아 국제 분업구조에 변화가 나타나기 시작하고 한국의 대중국 투자도 새로운 단계에 진입했다. 최종 제품을 위한 조립형 투자에서 중국의 중간재 내수시장을 확보하기 위한 투자로 확대되어 LCD, 반도체, 전기자동차 배터리 등 첨단부품 및 소재 관련 분야의 투자가 대대적으로 실시되었다.

대표적인 사례는 역대 양국 상호 투자 중 최대 규모인 약 170억불 규모(1기 100억불, 2기 70억불)의 삼성시안 반도체 공장 설립이며, 남경에 설립된 LG화학 전기자동차 배터리 공장, 시안에 설립된 삼성SDI 전기자동차 배터리 공장도 중요한 프로젝트다. 한편, 중국의 산업고도화가 진행되면서 특히, 중화학 및 전기전자 산업에서 한중간 보완적 분업관계가 약화되고 한국기업들은 중국기업들과 경쟁해야 하는 상황으로 변화되기 시작했다.

마. 사회·문화 관계

양국은 인적왕래의 법률적 기초를 확고히 하는 조치를 지속적으로 전개하였다. 김영환씨 사건 이후 한국 정부는 중국내에서 구금된 한국 국민들에 대한 인권 보호를 위한 노력을 전개하고, 박근혜 대통령과 시진핑 주석간의 신뢰를 바탕으로 2013년 9월 서울에서 개최된 제15차 한중 영사국장회의에서 영사협정 문안 협의에 진전이 이루어졌다. 2014년 7월 시진핑 주석의 국빈 방한시 7월 3일 한중 양국 정상이 임석한 가운데 윤병세 외교부장관과 왕이 외교부장이 《한중 영사협정》에 서명했다. 영사협정을 체결하여 양국 내 상대 국민의 안전과 권익 보호에 좀 더 긴밀한 대응 체제를 마련했다.

협정은 상대국 국민이 체포·구금됐을 때 본인이 요청하지 않더라도 4일 이내 영사기관에 통보, 영사접견 신청 4일 이내 접견 보장, 상대국 국민의 사형 선고·집행 등에 대해 즉시 통보하도록 하는 내용을 담고 있다. 특히, 체포·구금시 4일 이내 통보와 영사접견 4일 내 보장 등을 명문화하여 중국에 체류하는 한국 국민의 안전 및 권익 보호가 강화될 것으로 기대되었다. 그리고 2014

년 11월《외교관, 관용 및 공무여권 소지자에 대한 상호 사증면제에 관한 협정》을 체결하여 사증면제 범위의 단계적 확대 계기를 마련하였다.

한중 간 인적 교류 규모가 시진핑 주석 방한시 공동성명에 명시된 2016년까지 양국 간 인적교류 1,000만 명 목표 실현을 앞당겨 2014년에 최초로 1,000만 명(약 1,030만 명)을 돌파하였다. 2013년부터는 방한 중국인이 방중 한국인 수를 추월(방한 중국인 432만 명, 방중 한국인 396만 명)하였다. 양국은 2015년과 2016년을 각각 '중국관광의 해'와 '한국관광의 해'로 지정하여 양국간 인적 교류에 박차를 가하였다. '작은 문화원'이라고 일컬어지는 세종학당이 중국 각지에 설립되어 한국어 공부와 한국 문화 이해에 기여하고 한국에는 공자학원이 급속히 늘어 중국어 공부는 물론 중국문화 이해에 기여하였다.

정부간 문화 협력에도 획기적인 진전이 이루어졌다. 한국 문화체육관광부와 중국 문화부는 2013년 11월 15일《문화산업 협력에 관한 양해각서》를 체결하고 한국에서 제1차 한중 문화산업포럼을 개최하는 등 문화산업 협력을 확대하였다. 2014년 7월 시진핑 주석 국빈 방한 계기에《영화공동제작에 관한 협정》을 체결하고《방송 및 디지털 콘텐츠 분야 협력에 관한 양해각서》에 서명하여 문화콘텐츠산업 교류·협력 확대에 박차를 가하는 계기를 마련하였다.

중국에서 K-pop 의 인기가 여전히 맹위를 떨쳤으며 2012년 세계적 화제가 되었던 싸이의 <강남스타일> 열풍에 휩싸여 청소년과 대학생들을 중심으로 K-pop 동아리 모임이 활발하게 조직되었다. 뒤이어 <별에서 온 그대(별그대)> 드라마가 공전의 히트를 기록하였다. <별그대>는 전통적 방식인 TV화면 대신 인터넷 동영상 사이트인 '아이치이(愛奇藝)'등을 통해 방송이 되어 성공을 거둔 최초의 사례이다. <별그대> 드라마에서 치맥(치킨과 맥주의 줄임말), 라면 등이 직접 노출되면서 중국내 한국의 농식품 매출이 크게 증가하였다. 중국은 한국의 오락프로그램도 대량으로 도입하였으며, <아빠 어디가> 가 <爸爸去哪儿>로 리메이크되어 2013년 중국 오락프로그램 왕좌에 등극했다. 그 후 <런닝맨>의 중국 버전인 <奔跑吧兄弟> 등의 TV 프로그램이 큰 인기를 구가하였다.

한중 양국은 2013년 6월 대통령 국빈 방중 계기에 채택된 '미래비전 공동성명'에서 인문교류 추진에 합의한 후 2013년 11월 서울에서 양국 외교부 차관을 수석대표로 하는 '한중 인문교류 공동위원회'를 발족하고 제1차 회의를 개최하였다. 제2차 회의는 2014년 11월 중국 시안에서, 제3차 회의는 2015년 12월 제주에서 개최하였다. 양측은 '인문유대 세부사업'을 착실히 이행하였으며, 한국 측은 기존에 실시해 온 중국 지방정부 고위인사를 대상으로 하는 '유력인사 방한 초청사업'과 중견급 간부를 대상으로 하는 '미래지향 교류사업'을 꾸준히 실시하였다.

또한, 양국은 '한중 미래비전 공동 성명'에서 공공외교 분야에서 협력을 추진하는 데 합의한 후 '한중 공공외교 포럼'을 활발하게 개최하였다. 2015년 7월 7일에는 양국 민관이 함께 참여하는 대화 형식으로서 한중 1.5트랙 대화체제가 출범하였고 11월에는 '한중 청년지도자 포럼'이 출범하였으며 '한중 청년지도자 100명 상호 초청 사업'도 추진되어 양국 간 소통의 외연을 확대하였다. 한국은 중국인 '파워블로거 초청사업'등 교류 협력 활동을 다양하게 추진하여 한중간 전략적 협력동반자 관계를 튼튼히 하고 양국 국민간 상호 이해와 인식 제고에 기여하였다.

한편, 박근혜 대통령 국빈 방중시 양국 정상회담에서 합의한 중국측의 따오기 추가 기증에 따라 2013년 12월 23일 시안에서 환경부, 주시안 총영사관, 중국 임업부, 산시성 임업청 관계자가 참석한 가운데 따오기 기증식 행사가 개최되어 우호 분위기를 자아냈다. 한국 산림청은 기후변화로 인한 중국 서부지역의 사막화를 막고 한국의 황사 피해를 줄이기 위해 실시한 '민간협력 황사방지사업'을 지원하여 2007년부터 '한중 우호 녹색장성 조성사업'등을 통해 2014년까지 1,200여 ha에 대한 조림사업을 수행했다.

양국은 독립 역사 사적지 보호에도 긴밀히 협력하였다. 2013년 6월 박근혜 대통령 국빈 방중시 중국측의 지원 약속에 따라 2014년 1월 19일 하얼빈역 안중근 의사 기념관 개관식이 개최되

고, 2014년 5월 29일 시안 두취쩐 광복군 제2지대 표지석 기념
공원 개관식이 개최되었다. 시진핑 주석은 저장성 당서기 근무
시 항저우 임시정부 청사 복원을 지원하였는데 2014년 중국이
전국 80여개 『국가급 항전 기념 시설 및 유적지』 지정시에 '대
한민국 임시정부 항저우 유적지 기념관'도 포함되었다.

 2015년 5월 18일 중국 산시성 시안시 찬빠생태공원에서 신
라 석조미술의 백미 다보탑(한중우호상징탑) 제막행사가 개최되었
다. 다보탑은 일반적인 석탑과는 달리 수많은 돌을 일일이 깎고
정확히 끼워 맞춰 차례대로 쌓아올려 마치 한 송이의 꽃이 핀 듯
생동감이 넘치고 조형미가 뛰어난 석조 걸작품으로 고대 한국미
술을 대표하는 조각 건축미술품이다. 한중 우호상징탑 건립사업
은 2013년 4월 경상북도·산시성 간 자매결연 체결 후 박근혜 대
통령의 방중과 시진핑 주석의 방한으로 한층 가까워진 양국의
우호관계를 증진하고 대한민국 글로벌 이미지 향상 등을 위해
추진됐다.

 2015년 9월 중국 전승절 기념행사 참석을 위해 방중한 박근
혜 대통령의 참석하에 광복 70주년을 기념하여 9월 4일 상해 임
시정부 청사 재개관식이 개최되었다. 이로써 중국 내 한국 독립
운동 사적지 정비와 관련한 양국 간 협력이 더욱 강화되었다. 한
편, 박근혜 대통령은 국빈 방중시 6.25 전쟁에 참전한 중국군 유
해를 중국측에 인도하기로 약속하였고 그 후 한국측은 유해 인

도 작업을 지속적으로 실시하고 있다.

6. 사드문제 발생 이후 사드문제 봉합까지의 한중관계

가. 이 시기(2016년 1월~2017년 10월)의 주요 국제관계

2016년 1월 6일 북한이 제4차 핵실험을 하였으며, 이에 대응하기 위해 한미 양국 정부는 7월 8일 사드 배치 결정을 발표했다. 북한은 9월 9일 제5차 핵실험을 감행하였고 2017년 9월 3일에는 제6차 핵실험을 실시하였다.

2016년 3월 이세돌과 알파고(인공지능)간에 세기의 바둑대결이 펼쳐졌다. 6월 23일 영국의 브렉시트 국민투표가 실시되어 유럽연합(EU) 탈퇴찬성이 과반을 초과(51.89%)했다. 10월 1일 위안화가 SDR에 편입되어 위안화 국제화를 가속화 할 수 있는 토대를 마련했다.

2017년 1월 20일 트럼프 대통령이 취임하였으며, 환태평양동반자협정(TPP)에서 탈퇴했다. 2월 13일 김정은의 이복형 김정남이 말레이시아 쿠알룸푸르 공항에서 독극물로 암살되었다. 5월 7일 프랑스 대선에서 마크롱 후보가 당선되었다. 박근혜 대통령이 탄핵으로 하야하고 문재인 대통령이 5월 10일 취임하였다.

나. 정치·외교 관계

북한이 2016년 1월 6일 오전 기습적으로 4차 핵실험을 감행하였다. 북한의 핵실험 직후 박근혜 대통령은 중국의 협력을 이끌어내는 데 나름의 자신감을 가지고 시진핑 주석과 핫라인 전화 통화를 시도했지만 성사되지 못했다. 한중 국방장관간 핫라인도 가동되지 않은 것은 물론이다.

박 대통령은 2016년 1월 13일 대국민 담화 및 기자회견에서 "중국의 역할이 중요하다. 중국은 그동안 누차에 걸쳐 북핵 불용 의지를 공언해왔다. 그런 강력한 의지가 실제 필요한 조치로 연결되지 않는다면, 앞으로 5번째, 6번째 추가 핵실험도 막을 수 없고, 한반도의 진정한 평화와 안정도 담보될 수 없다는 점을 중국도 잘 알고 있을 것으로 본다"고 말했다.

그러면서 "그동안 북핵 문제와 관련해 우리와 긴밀히 소통해온 만큼 중국 정부가 한반도의 긴장 상황을 더 악화되도록 하지는 않을 것이라고 생각한다. 어렵고 힘들 때 손을 잡아주는 것이 최상의 파트너"라고 언급하면서 사실상 전승절 참석에 대한 보답으로 북핵 대응에 대한 중국의 협조를 우회적으로 요구했다. 사드 배치와 관련해 "북한의 핵과 미사일 위협을 감안해 우리의 안보와 국익에 따라 검토할 것"이라고 밝히면서 사드 배치 가능성을 처음으로 공식적으로 언급했다.

결국, 전화통화는 제의한 지 한 달이나 지난 후인 2월 5일에야 비로소 성사되면서 중국에 대한 인식과 분위기가 달라지기 시작했다. 북한이 2월 7일 장거리 탄도미사일을 발사하며 도발을 계속하자, 2월 7일 당일 한국 정부는 주권적이고 자위적인 방어 조치로서 주한미군 사드 배치 가능성에 대한 공식협의의 개시를 발표했다.

이와 관련, 왕이 외교부장은 2월 11일 독일 뮌헨 안보회의에서 윤병세 외교부장관을 만난 자리에서 "안보 관련 조치는 주변국 이해와 우려를 감안해 신중히 대처하는 게 중요하다"고 말했다. 2월 15일 훙레이 중국 외교부 대변인은 "한반도 사드 배치 문제와 관련해 우리의 태도는 결연히 반대하는 것"이라고 하고, 2월 17일에는 "우리는 관련국이 이 계획을 포기하기를 희망한다"고 말했다.

그리고 5개월이 지난 7월 8일 한국과 미국은 "주한미군에 사드체계를 배치하기로 한미 동맹 차원에서 결정했다"고 발표했다. 한미 양국은 "증대하는 북한의 위협에 대응하기 위해 한미동맹의 미사일 방어태세를 향상시키는 조치"라면서 "사드가 한반도에 배치되면 어떠한 제3국도 지향하지 않고, 오직 북한의 핵·미사일 위협에 대해서만 운용하게 될 것"이라고 강조했다.

중국은 정부를 비롯하여 언론매체, 싱크탱크, 학자들이 일치된 목소리로 일관되게 지속적으로 사드 반대 입장을 전개하였다. 중국 정부는 외교부와 국방부를 중심으로 강력한 불만과 반대 입장을 표명했다. 특히, 2016년 7월 13일 한미공동실무단이 사드배치 부지 선정 결과를 발표하자 중국 외교부 대변인은 "중국은 자국 이익보호를 위해 필요한 조치를 다할 것"이라며 사드 배치에 대한 상응 조치를 할 수 있다는 의사를 표명했다. 7월 24일 '아세안지역안보포럼(ARF)'에서의 한중 외교장관회담에서 왕이 외교부장은 "사드 배치시 한중 상호신뢰가 훼손될 것"이라며 사드 문제가 한중 관계 전반에 부정적 영향을 미칠 수 있다고 강도 높게 압박했다.

한국 정부는 여러 채널을 통해 중국 정부에 질적으로 변화된 북핵·미사일 위협에 대한 대응을 위해 사드 배치가 불가피하다는 점을 설명하였다. 사드가 어떠한 제3국도 겨냥하지 않고 오직 북한의 핵·미사일 위협에 대해서만 운용될 것이며, 문제의 근원인 북한의 핵·미사일 위협이 해소되면 사드 배치가 필요하지 않게 될 것임을 분명히 하면서, 양국 정부의 한중관계 중시 입장에는 변함이 없는 만큼 특정 사안으로 양국 관계 발전의 큰 흐름이 훼손되어서는 안 된다는 점을 강조하였다.

2016년 9월 항저우에서 개최된 G20 정상회의 계기에 양국은 우여곡절 끝에 정상회담을 개최하였으나, 우려했던 대로 이전과는 분위기가 사뭇 다른 싸늘한 정상회담이 연출되었고 사드 문제를 둘러싸고 양국의 입장 차이만 극명하게 드러났다. 시진핑 주석이 김구 선생의 아들인 김신 장군이 1996년 저장성 하이옌(海鹽)을 방문했을 때 '음수사원(飮水思源) 한중우의'라는 글자를 남겼다고 말하면서, 한국과 중국은 가까운 이웃으로 건강한 공동 이익을 갖고 있는 만큼 어려움과 도전을 극복하고 양국 관계가 올바른 궤도에서 안정되고 건강하게 발전할 수 있도록 추진하자고 강조하였다.

박근혜 대통령은 과거 중국이 독립 투쟁을 잘 도와준 것에 대해 감사하고 그런 인연을 소중하게 생각한다고 말하고 한중 관계를 중시하면서 앞으로 더욱 발전시켜 나가겠다는 확고한 의지를 갖고 있다고 말했다. 박근혜 대통령이 사드는 오직 북핵·미사일 대응수단으로 제3국의 안보이익을 침해할 이유도 필요도 없다는 점과 북핵·미사일 문제가 해결되면 사드 배치는 더 이상 필요 없다는 점 등을 강조하자 시진핑 주석은 "사드 이슈를 잘못 다루면 동북아 지역 내 전략적 안정에 도움이 되지 않을 뿐 아니라 논쟁도 격화시킬 수 있다"면서 사드 배치 반대 의사를 분명히 하였다.

순조롭지 않은 정상회담의 결과에 영향을 받아 여타의 다른 양국 간 대화 채널마저 제대로 그 기능을 발휘하지 못했다. 2016년 하반기부터 양국 외교 당국 간 다양한 소통 채널을 원활히 작동시키는 데 어려움이 커졌다. 정상 간 합의로 설치한 4개 전략대화 채널도 제대로 작동되지 못했다. 특히, 박근혜 정부 들어서 협력의 동력을 얻어 가던 국방 분야의 교류와 협력도 모두 무산되었다. 예정되었던 국방장관 회담이 취소되고 차관급 국방전략 대화도 열리지 못했다. 북한의 핵실험과 수차례의 탄도미사일 시험발사 등으로 인해 그 어느 때보다도 군사안보 분야에서 양국 간의 협력과 소통이 긴요했음에도 불구하고 오히려 한중간 협의와 소통 채널은 단절되었다.

2016년 9월 30일 사드 최종부지 선정과 11월 16일 감정평가 실시 합의를 전후로 중국은 본격적으로 '보이지 않는 보복'조치를 한 단계씩 강도를 높여가며 진행했다. 한국산 식품과 화장품에 대한 위생검역이 강화되면서 통관이 거부되는 사례가 늘어났다. 방한 관광객 감축, 중국 내 한류문화 활동 제한 등 광범위한 한한령(限韓令, 한류콘텐츠의 중국 내 진입과 확산을 억제하기 위한 행정 명령)을 내렸다. 특히, 중국은 11월말부터 중국에 진출한 롯데계열사의 사업장에 대해 강도 높은 세무조사와 소방·위생점검, 안전점검에 착수했는데, 롯데가 사드 부지를 제공한 데 대한 보복이라는 의구심을 불러일으켰다.

이로써 교역·투자·관광·문화 등 분야에서의 실질 교류·협력이 크게 위축되면서 한중 관계는 커다란 도전에 직면했다. 양국 관계는 급격히 악화되고 국민간 감정 대립 양상으로 비화하면서 역대 최상의 관계라 했던 양국 관계는 급전직하하여 수교 이후 최악의 상황에 직면했다.

다. 북한 및 북핵 문제

2016년 1월 6일 북한의 제4차 핵실험과 3월 2일 장거리 로켓 실험 이후 유엔 안보리는 '역대 최강'으로 평가되는 대북 제재 결의안 2270호를 채택했다. 유엔 70년 역사상 비군사적 조치로는 가장 강력하고 실효적인 제재 결의라는 평가가 나왔다. 특히 거의 모든 조항에서 '결정한다(decide)'라는 표현으로 회원국들의 이행을 의무화 했으며 대량살상무기(WMD) 개발에 직접 연관되는 분야만 제재했던 과거와 달리 간접적으로 WMD 개발에 영향을 미치는 분야까지로 제재의 범위를 확장했다.

또한, 북한이 WMD 자금을 조달하는 통로와 자금원을 원천 차단하기 위해 기존 제재망의 '사각지대'를 없애는데 주력했다. 초반 유엔 대북제재 결의안의 무게 중심은 대량살상무기 확산 차단에 주력했다면 북한의 4차 핵실험과 ICBM 발사로 인한 대북결의안 2270호는 북한이 핵을 포기할 수밖에 없는 환경을 조성하는 쪽으로 옮겨졌다. 결의안 2270호는 북한경제를 압박해 핵 포기 환경을 만드는데 주력했다.

이러한 가운데 김정은은 3대 권력세습을 더욱 공고히 하였다. 2016년 5월에 제7차 당대회를 개최해 당의 최고 직책명을 '조선

로동당 위원장'으로 바꾸고 그 직책에 취임했다. 그리고 6월에는 최고인민회의를 개최해 국가기구의 최고직책인 '국방위원회 제1위원장'을 폐지하고 공식적으로 더 큰 권한을 가진 '국무위원회 위원장'에 추대되었다.

국제사회의 대응 의지와 거듭된 경고에도 불구하고 북한은 2016년 9월 9일 제5차 핵실험을 감행하였다. 유엔 안보리는 2321호 결의안을 채택하여 제재를 가했다. 북한이 2017년 2월 12일 북극성 2형 탄도미사일 발사를 시작으로 20여발의 탄도미사일을 발사한 데 이어 9월 3일 제6차 핵실험을 실시하자 유엔 안보리는 2375호 대북제재 결의안을 채택하였다. 기존 안보리 결의에서 예외가 인정되었던 북한산 석탄, 철광석 등 원료 수출 금지는 물론이고 해산물 수출 금지, 북한 해외 노동자 고용 제한, 대북 유류 공급 제한 조치, 대북 수출입 금지 품목 확대, 해상 차단 조치 강화 등 역대 최고 수준의 안보리 대북 제재 조치를 취했다. 중국은 2017년 11월 29일 이뤄진 북한의 대륙간탄도미사일(ICBM) 발사에 대해서도 규탄하며 가장 강력한 유엔 안보리 대북제재로 평가되는 2397호에도 찬성표를 던졌다.

중국은 북한의 연이은 핵과 미사일 실험으로 위기 국면이 조성되자, 외교부 부부장을 역임하고 당시 전국인민대표대회 외사위원회 위원장을 맡고 있던 푸잉(傅瑩)을 조장으로 하는 '한반도 태스크포스'를 국가안전위원회에 구성하여 대한반도 정책에 대해 검토하도록 하였다. '한반도 비핵화와 평화 체제에 대한 방안'을 내놓았는데, 한반도에서 군사적 충돌이 발생할 가능성에 대해 경고하는 동시에 쌍중단(雙中斷, 북한의 핵·미사일 개발과 한미 연합 훈련 동시 중단)과 쌍궤병행(雙軌竝行, 한반도 비핵화 협상과 북미 평화협정 체결 병행 추진)을 제시했다. 한편, 중국은 2017년 6월 21일자 중국 외교부 정례 브리핑에서 북한 핵문제는 본질적으로 북한의 안보위기에서 출발한 것이고 이는 북미 간에 우선적으로 해결해야 할 문제라고 주장했다.

라. 경제·통상 관계

외국인 투자기업에 대한 우대가 축소됨은 물론 세제·노동·환경·토지 규제가 강화되고 중국 정부의 자국기업 위주 정책 실시로 중국내 외국인 투자기업의 경영환경이 악화되어 왔다. 삼성 SDI와 LG화학 전기자동차 배터리를 사용하는 차량에 대한 보조금 제외는 중국의 자국기업 위주 정책의 심각성에 대한 경종을 울려주는 사례였다. 2016년 1월 갑자기 삼원계 배터리를 장착한 차량이 보조금 명단에서 제외되었다. 삼원계 배터리는 중국 기업도 생산하는 경우도 있으나 삼성 SDI나 LG 화학 등 한국 기업들이 높은 기술력을 가지고 있어 사실상 한국 기업들을 배제하려는 속셈이었다.

당시 중국 측의 논리는 삼원계 배터리를 장착한 버스에서 화재가 났었기 때문에 삼원계 배터리는 위험하다는 것이다. 삼성 SDI나 LG 화학 배터리를 장착한 버스에서는 화재가 발생하지 않았음에도 불구하고 삼원계 배터리는 모두 위험하다고 했다. 그리고 중국 기업도 삼원계 배터리를 생산하는 경우도 있고 삼성 SDI나 LG 화학도 중국 기업과 합작투자하고 있기 때문에 외국 기업을 차별대우하는 것은 아니라는 이야기를 늘어놓았다.

사드배치에 대해 중국은 한국의 특정 기업과 산업에 대한 보복조치를 취했다. 사드 부지를 제공한 롯데그룹은 중국내 롯데마트 영업정지와 선양복합테마공원 건설 중단 등을 당했다. 그리고 사드배치로 조성된 반한 분위기는 여타 한국 기업들에게도 불리하게 작용했다. 현대자동차, 기아차 모두 반한정서가 퍼지면서 중국내 여론이 나빠져 판매량이 떨어지고 기아차의 경우는 2017년도 상반기 중국 내 판매량이 약 43만 대에 그쳐 전년도 상반기 대비 약 52%나 격감하였다. 게다가 중국은 비관세장벽 등을 활용하는 방식으로 한국 기업을 압박하면서 화장품 등의 수출에 타격을 주었다. 2016년도 한국의 대중국 수출은 중국경기 둔화 및 글로벌 수입수요 둔화 등이 겹치면서 전년대비 9.3 % 하락하였다.

마. 사회·문화 관계

중국 국민들은 한국 드라마, 영화, 한식을 선호하게 되면서 한류는 한중간 정서적 유대를 강화시키는 매개체 역할을 해 왔다. 그러나 중국은 '중국몽'이란 목표를 내세워 자국의 문화역량을 강조하며 과거 동아시아를 호령했던 역사적 경험을 문화상품으로 재현하여 소프트파워를 강화해 나갔다. 사회주의 문화 강국 건설, 자국 문화 육성 등을 위해 한류 확산을 경계하여 외국(한국) 드라마에 대해 방영시간과 방영편수를 제한하고, 예능 프로그램이나 리얼리티 프로그램에 대해서도 내용이나 출연진 등에 대해 각종 규제를 강화하는 조치를 계속 시행해 왔다.

한류 확산이 '중화민족의 위대한 부흥'에 부합하지 않는 측면과 함께 산업화와 민주주의를 동시에 달성한 '한국 모델'에 대한 동경으로 이어질 수 있다고 우려하여 경계하고 있다. 2016년 6월 국가신문출판광전총국은 <R/TV방송프로그램 자체창작강력 추진에 관한 통지>를 하달하여 각급 위성채널은 저녁 프라임 시간대에 해외 신규수입 프로그램은 2개 작품 이상 방송할 수 없도록 하였다.

이러한 일련의 규제에도 한국 문화콘텐츠가 계속 중국에 진출하였다. K-pop 공연과 드라마가 중국 팬들을 사로잡았고 합작영화 기획과 제작도 활발하게 이루어졌다. 특히, 영상콘텐츠 전문 웹사이트인 아이치이(愛奇藝) 등에서 한국과 동시 방영된 <태양의 후예>에 대한 인기는 폭발적이었다. 그러나 사드 배치 결정 후 중국 정부의 한한령(限韓令)으로 영화, 드라마, 예능 프로그램, 게임 등 콘텐츠의 중국 진출 길이 막혔다.

이미 도입된 콘텐츠도 서비스를 못 하는 분위기가 되었으며 한국 연예인의 공연도 금지되고 한국 연예인이 모델인 광고도 모두 내려졌다. 구체적으로는 한국 단체의 중국 내 공연 금지, 신규 한국 연예기획사에 대한 투자 금지, 관객 1만 명 이상 동원하는 한국 아이돌 공연 금지, 한국 드라마 및 예능 협력 프로젝트 체결 금지, 한국 연예인 출연 드라마 중국 내 송출 금지 등으로 나타났다.

중국 관영매체들이 성주 사드배치 반대 시위를 대대적으로 보도하고, 사드문제 관련 전문가 방담형식으로 사드 배치를 비판하였다. 매일 다량의 과장되고 왜곡된 보도로 인해 한국에 대한 호감도가 급격히 떨어지고 일부 중화주의자들은 혐한 감정을 노골적으로 드러냈다. 사드문제를 통해 한국이 중국에 협조하지 않는 나라라는 이미지를 부각시켰다. 이미 예정된 문화행사의 허가를 지연시키거나 불허하여 중단시켰다. 어렵게 행사를 개최한 경우도 있었지만 한국 공연단의 참가는 불허되었다. 심지어 주중공관 주최 국경일 리셉션에 참석하는 주빈(主賓) 인사 수준을 크게 떨어뜨렸다.

한중 우호교류 행사도 대부분 취소되거나 규모가 축소되었다. 2002년 2월 한중수교 10주년을 계기로 양국 지방정부간 정레 교류를 통한 우호 증진 차원에서 매년 개최되어 왔던 '한중 지방정부 교류회의'가 2016년 7월 우한에서 개최되었지만 양측간 설전이 벌어지면서 파행으로 끝났고 2017년에는 아예 열리지 못했다. 그나마 한중 공공외교포럼이 2016년 연말에 개최되어 양국 간 공식 교류의 명맥을 유지했다. 또한, 한중 공공외교포럼은 2017년에도 제주에서 수교 25주년 기념으로 개최되어 양국 관계 25년을 회고하고 소통기회를 마련하였다.

인적교류도 급격히 위축되었다. 한중간 인적교류는 지속적으로 확대되어 2016년 1,283만 명을 기록했으나, 사드 영향을 직접적으로 받은 2017년 한중간 총 인적교류는 1,000만 이하 수준으로 떨어진 803만 명을 기록했다. 중국인 한국 방문자 수는 806만 명에서 416만 명으로 거의 절반으로 감소했다. 중국측의 단체관광 불허조치의 영향이 컸기 때문이었다. 그나마 개인 관광이 어느 정도 유지되었기 때문에 400만 명 이상을 기록할 수 있었다. 한국인 중국 방문자수는 476만 명에서 386만 명으로 감소하였다.

한편, 사드 국면에서도 동북아 지역에 큰 피해를 주는 황사를 막기 위한 나무심기 활동은 계속되었다. 2017년 5월 7일 한국 미래숲 녹색봉사단과 중국 공산주의 청년단 봉사단이 함께 네이멍구 쿠부치 사막에서 식수 행사를 했다. 이날 행사에는 주중대사관 직원들과 현지 주민들도 참여했다.

7. 사드문제 봉합 이후 현재까지의 한중관계

가. 이 시기(2017년 10월~현재)의 주요 국제관계

2017년 10월 31일 한중 양국은 「한중 관계 개선 관련 양국간 협의 결과」를 발표하면서 사드 국면을 봉합하였고, 12월 문재인 대통령이 국빈 방중하였다. 2017년 11월 트럼프 대통령은 아시아 순방을 전후해 '인도-태평양(Indo-Pacific)' 구상을 제시했다. 2017년 10월 18~24일 제19차 중국 공산당 대회가 개최되었으며 2018년 3월 시진핑 2기 체제가 출범하였다.

2018년 1월 1일 김정은 위원장은 신년사에서 평창 동계 올림픽 참가를 시사하고 남북 대표단 회동을 언급하였다. 문재인 대통령과 김정은 위원장은 4월 13일 판문점에서 정상회담을 갖고 판문점 선언을 발표했으며, 9월 문재인 대통령은 평양을 방문해 김정은 위원장과 남북정상회담을 가진 뒤 9월 19일 평양공동선언을 발표했다. 2018년 6월 12일 트럼프 대통령과 김정은 위원장이 싱가포르 정상회담을 개최하고 2019년 2월 27~28일에는 하노이 정상회담을 개최했다.

2018년 5월 8일 트럼프 대통령은 우라늄 농축 금지 합의 내용 부실을 이유로 <이란 핵문제 해결을 위한 포괄적 공동행동계획(JCPOA)> 탈퇴를 선언하였다. ASEAN 10개국과 한·중·일 3개국, 호주·뉴질랜드 등 15개국이 참여하여 아시아·태평양 지역을 하나의 자유무역지대로 통합하는 역내포괄적경제동반자협정(RCEP)이 2019년 11월 4일 타결됐으며 2020년 11월 15일 최종 타결되고 체결되었다.

2020년 1월 중국 우한에서 코로나19가 확산되면서 전 지구는 팬데믹 위기에 직면하게 되었다. 시진핑 주석은 2021년 8월 중국공산당 제10차 중앙재경위원회 회의를 주재하면서 '공동부유(共同富裕)'라는 새 지향점을 제시했다. 중국공산당은 11월 8~11일 개최된 19기 중앙위원회 6차 전체회의(19기 6중 전회)에서 「당의 100년 분투의 중대 성취와 역사 경험에 관한 중공 중앙의 결의」라는 역사결의를 심의 통과시켰다.

2021년 1월 20일 바이든 대통령이 취임하였다. 문재인 대통령이 5월 19~21 미국을 방문하여 바이든 대통령과 회담을 갖고 공동성명을 발표했다. "바이든 대통령과 문재인 대통령은 대만해협에서의 평화와 안정 유지의 중요성을 강조했다"고 명시되었는데 한미 양국이 공동성명에서 대만 문제를 공개적으로 처음 거론하였다.

2021년 8월 탈레반이 아프가니스탄을 다시 장악하고 8월 30일 미군 철수와 민간인 대피 작업을 종료하면서 미국의 최장기 전쟁으로 기록된 아프간 전쟁이 20년 만에 종식됐다. 9월 미국, 영국, 호주 3국 안보협력체 오커스(AUKUS)가 출범하였다. 바이든 대통령이 12월 9~10일 세계 110여 국가 정상을 초대해 화상으로 '민주주의 정상회의'를 개최하였다. 러시아가 2022년 2월 24일 우크라이나 수도 키이우를 미사일로 공습하고 지상군을 투입하는 등 전면 침공을 감행함으로써 우크라이나 전쟁이 발발했다.

2022년 3월 9일 제20대 한국 대통령 선거에서 윤석열 국민의힘 후보가 당선되고 5월 10일 취임했다. 바이든 대통령이 5월 20~22일 방한하였으며, 윤석열 대통령과 바이든 대통령은 5월 21일 정상회담을 갖고 양국관계를 글로벌 포괄적 전략동맹으로 발전시켜 나가기로 하였다.

나. 정치·외교 관계

문재인 정부 들어서서 한중 양국은 사드 문제로 양국 관계에 어려움이 지속되는 것은 바람직하지 않다는 데 공감하고 긴밀한 협의를 통해 2017년 10월 31일 남관표 청와대 국가안보실 2차장과 쿵쉬안유 중국 외교부 부장조리가 「한중 관계 개선 관련 양국간 협의 결과」를 발표하면서 사드 국면을 봉합하였다.

문재인 대통령은 2017년 11월 베트남 다낭 APEC 정상회의 참석계기에 시진핑 주석과 정상회담을 갖고 양국관계 회복과 중국 방문에 원칙적으로 합의하였다. 문재인 대통령은 2017년 12

월 13~16일 중국을 국빈 방문하여 시진핑 주석과 정상회담을 갖고 사드 갈등으로 위축됐던 교류협력 재개와 관계 복원과 함께 양국 관계를 실질적이고 성숙한 전략적 협력 동반자 관계로 발전시켜 나가기로 합의하였다. 또한, 한반도 문제 관련 전략적 소통을 강화해 나가기로 하고 중국 지역내 한국 독립사적지 보존·관리 강화를 적극 추진하기로 합의하였으며 한국의 신남방정책 및 신북방정책과 중국의 일대일로 구상의 연계협력 추진에 대한 공감대를 형성했다.

그런데, 이때 '혼밥 외교' 논란이 일어나 중국측이 의도적으로 결례를 하지 않느냐하는 문제가 제기되었다. 물론 사실이라면 우호국가간에 있을 수 없는 일이지만 난징대학살 80주년 기념식을 앞두고 중국 방문 일정을 시작하도록 방문일정을 잡은 것은 의전적 실수 내지 무지로 지적되었다. 그리고 방중 행사 중 문제인 대통령 공식 일정을 취재하던 한국 사진기자들이 중국 공안측으로부터 집단 구타당하는 초유의 불미스러운 사건이 발생하여 방중 효과가 반감되었다. 공동성명 발표나 공동 기자회견도 없었다. 물론 사드문제로 인해 형편이 안 좋은 상황이었지만 공동성명을 발표하지 않은 것은 이례적인 일이라는 것이 외교계 중론이었다. 김대중, 노무현, 이명박, 박근혜 대통령의 방중 또는 중국 주석의 방한 시 공동성명을 채택한 바 있다.

이후 한중 양국관계는 사드갈등의 상처를 치유하면서 회복의 방향으로 나아갔다. 북한 선수단의 참여와 남북 단일팀 구성 등 2018년 평창동계올림픽을 계기로 한반도의 긴장이 완화되고 평화로 나아가기 위한 새로운 전환점이 마련된 가운데 한중 양국은 긴밀히 소통하였다. 각급에서 다양한 대화채널을 활용해 남북간 및 북중간 주요 협의 내용을 공유하면서 한반도 정세의 긍정적 진전을 도출하기 위해 협력하였다. 한국 정부는 2018년 3월 대북한 고위급 특별사절단의 방북과 방미 결과를 설명하기 위해 중국에 특사단을 파견하였다.

양국 정상은 2018년 11월 파푸아뉴기니 APEC 정상회의, 2019년 6월 오사카 G20 정상회의, 2019년 12월 베이징 한중일 정상회의 등 다자회의 계기에 정상회담을 개최하여 양국관계 발전과 교류협력 정상화를 위해 소통했다. 중국공산당 핵심 지도부인 정치국 위원(25인)중 4인(한정 상무위원, 양제츠 위원, 차이치 위원, 리훙중 위원)이 한국을 방문하는 등 중국 측 고위급 인사 방한도 증가했다.

사드배치 영향으로 차질이 빚어졌던 군사·안보 분야의 교류·협력도 어느 정도 회복되었다. 2018년 10월 제5차 아세안 확대 국방장관회의(ADMM-Plus) 계기에 한중 국방장관 회담이 열렸고 베이징 향산 포럼 계기에 한중 전략대회가 개최되었다. 12월에는 중국 국방부에서 한중 국방정책실무회의도 개최되었다. 2019년에는 순항 훈련단 방중, 해·공군 직통전화회의 교차 개최,

육군 참모총장 방중, 중국 인사 서울안보대화 참석, 한국측 인사 베이징 향산포럼 참석 및 우한 세계군인체육대회 참가, 중국 북부전구 대표단 방한 등 일련의 군사교류가 이루어졌다. 11월 태국 방콕에서 개최된 제6차 아세안 확대 국방장관회의 참석 계기에 한중 국방장관회담이 개최되었다.

한편, 중국 군용기가 사전 통보 없이 우리 KADIZ에 진입하여 장시간 비행하는 일이 수차례 발생하여 우려를 자아냈다. 2018년 11월 26일 발생한 KADIZ 진입과 관련, 국방부 국제정책관은 주한중국대사관 국방무관을 초치하여 엄중히 항의하면서 재발 방지를 위해 노력해 줄 것을 촉구하고 대책 마련을 강력히 요구하였다.

2020년 1월 이후에는 코로나19로 인하여 정상적인 교류가 어려운 상황에서 한중 양국은 대면 방식뿐 아니라 서신 교환, 화상통화 등 비대면 방식을 통해 소통하였다. 시진핑 주석은 2020년 3월 13일 문재인 대통령에게 서신(전보)를 보내 코로나19 극복을 위한 한국과의 연대감과 협력의지, 한중 관계 중시 입장을 밝혔고 문 대통령도 감사답전을 보냈다. 외교장관 간 통화와 외교차관 간 화상협의가 이루어지고, 박병석 국회의장과 리잔수 전국인민대표대회 상무위원장 간 화상회담 및 송영길 국회 외교통일위원장과 장예쑤이 전인대 외사위원회 주임위원 간 화상회담이 개최되었다.

코로나19로 인한 제약에도 불구하고 고위급 대면 교류도 지속했다. 2020년 8월 양제츠 공산당 정치국원 겸 중앙외사공작위원회 판공실 주임이 방한하여 서훈 국가안보실장과 회담을 개최하고 양국 간 현안과 한반도 및 국제 정세 등에 대해 폭넓게 의견을 교환하였다. 강경화 외교부장관은 11월 방한한 왕이 중국 국무위원 겸 외교부장과의 회담을 통해 양국 간 고위급 전략적 소통의 동력을 유지하기로 하였다.

2021년에도 코로나19 상황이 계속되어 정상적인 외교 추진이 영향을 받았으나 비대면 및 대면 접촉을 통해 소통하였으며, 1월 26일 양국 정상간 통화가 이루어졌다. 문재인 대통령이 "내년 양국 수교 30주년을 맞아 코로나로 위축된 양국 교류를 회복해야 한다"고 제의한 데 대해 시진핑 주석은 "내년 한중수교 30주년 계기로 양국관계를 심화 발전시키자"고 화답했다. 정의용 외교부장관과 왕이 외교부장이 4월 및 9월 각각 상호 방문하였으며, 서훈 국가안보실장은 12월 중국을 방문하고 양제츠 공산당 정치국원 겸 중앙외사공작위원회 판공실 주임과 회담하였다.

문재인 정부 출범 이후 비록 사드 갈등은 봉합하고 교류 협력의 모멘텀은 회복하였지만 일각에서는 주목할 만한 관계발전을 이루지 못하여 '정체의 시기'로 규정하는 경향도 있다. 실제로 한반도를 둘러싼 국제정세가 급박하게 변화되는 상황에서 한중간의 긴밀한 전략적 소통과 협력은 그 어느 때보다 더 필요한 시점이었지만 구체적인 협력 방안은 찾지 못했다는 평가이다. 한편, 문재인 대통령의 거듭된 시진핑 주석 방한 요청에도 불구하고 방한이 성사되지 않아 그동안 상호 방문 관례에도 불구하고 한국 대통령은 방중하였지만 중국 최고지도자는 방한하지 않은 사례를 남기게 되었다.

윤석열 국민의힘 후보가 제20대 대통령으로 당선되자 시진핑 주석은 주한중국대사를 통해 신속하게 축전을 보냈다. 그리고 2022년 3월 25일 시진핑 주석은 윤석열 당선인에 전화 통화를 하여 다시 축하를 보냈다. 윤 당선인은 상호 존중과 협력의 정신을 강조했고 시 주석도 존중과 신뢰라는 표현으로 호응했다. 윤석열 당선인은 ICBM급 미사일 시험 발사를 포함한 북한의 잇단 도발을 언급하면서 북한의 완전한 비핵화와 한반도 정세의 안정을 위해 협력하자고 말했다. 시진핑 주석은 한중간 고위급 전략적 소통을 활성화하자고 화답했다.

5월 10일 윤석열 대통령 취임식에 왕치산 국가부주석이 참석하고 당일 오후 윤석열 대통령을 예방했다. 왕 부주석은 "시 주석이 양측의 편리한 시기에 윤 대통령의 중국 방문을 초청한다"고 말했다. 이에 대해 윤 대통령은 한중 관계를 중시하는 중국의 뜻을 잘 알겠다고 화답하고 중국측의 초청에 사의를 표하면서 시 주석의 방한을 고대한다고 밝혔다. 한편, 왕 부주석은 윤 대통령과의 면담에서 전략적이고 원활한 소통 강화, 한중FTA 2단계 협상 마무리 및 제3국 시장 협력 강화, 국민 우호 증진, 한중일 플러스알파 협력 추진 및 한중일FTA 구축, 한반도 문제 협력 강화 및 민감한 문제 타당한 처리 등 다섯 가지 건의사항도 제시했다.

박진 외교부장관은 5월 16일 왕이 중국 국무위원 겸 외교부장과 상견례를 겸하여 화상통화를 갖고 한중관계, 한반도 문제, 지역·국제 정세 등 상호 관심사에 대해 논의하였다. 박 장관은 북한의 핵·미사일 고도화는 한반도 및 역내 정세를 악화시킬 뿐 아니라 양국 이익에도 부합하지 않는 만큼 한중이 협력하여 한반도 상황의 안정적 관리를 도모해 나가기를 기대한다고 하고 북한의 추가 도발 자제를 위한 중국의 건설적 역할을 당부하였다.

다. 북한 및 북핵 문제

2018년 4월 27일 남북정상회담 결과 합의된 <한반도의 평화와 번영, 통일을 위한 판문점 선언> 제3항 3절의 "정전협정을 평화협정으로 전환하며 항구적이고 공고한 평화체제 구축을 위한 남북미 3자 혹은 남북미중 4자 회담의 개최를 적극 추진해 나가기로 하였다"라는 문구를 달아 중국 배제 가능성이 불거진 데 대해 중국은 반발했다.

중국은 한반도의 항구적이고 공고한 평화체제 구축을 위한 논의에 엄연한 정전협정 체결 당사자로서 빠질 수 없다는 논리다. 한국전쟁 당시 북한 지원국으로서 협정에 서명한 중국을 뺀 정전선언은 성립 불가능하다는 것이다. 중국은 한반도 문제는 미중남북 4자가 당사자이며 이들의 이해를 반영한 해결책이 나와야 하며, 자국을 배제한 어떠한 한반도 현상 변경도 받아들일 수 없다는 입장이다. 그러나 내면에는 당시 남북 및 북미 정상회담 개최를 계기로 한반도를 포함한 동북아시아의 정치·안보·외교·경제 지형 급변이 예상되는 가운데 중국 배제가 차후 영향력 행사 제한으로 이어질 수 있음을 우려하였다

중국은 미중 전략경쟁이 심각해짐에 따라 북한을 전략적 부담이 아니라 미중관계와 관련하여 전략적 자산으로 간주하면서 북한 입장을 두둔하고 북한과의 관계 정상화를 추진하였다. 한반도 관련 3대 원칙으로 비핵화, 안정과 평화 추구, 대화를 통한 문제 해결 입장을 내세우면서도, 한반도 문제 해결을 위해서는 이해당사자 각 측의 합리적인 우려를 균형적으로 해결해야 한다고 주장하고 있다. 오히려 최근에 드러나는 모습은 한중관계의 긴밀화보다는 상대적으로 중국과 북한의 접근이 더욱 가속화되고 긴밀화되는 경향을 쉽게 발견할 수 있다.

김정은 위원장이 전격적으로 남북 및 북미 정상회담에 나서면서 2018년 3월 시작으로 5차례 중국을 방문하였다. 시진핑 주석은 2019년 6월 중국 최고지도자 신분으로는 14년 만에 북한을

방문하였다. 북핵문제 관리에 중점을 둔 '쌍중단'과 '쌍궤병행'을 넘어 북한의 안보 불안을 해소하겠다는 중국식 해법인 소위 '중국 방안'을 제시했다. 북한의 합리적인 안보 우려와 경제 발전에 대한 걱정을 해결하는 데 '힘이 닿는 최대한' 도움을 줄 것이라고 하여 북한의 '경제 발전'과 '안보 우려'를 해결해줄 수 있음을 시사했다. 시진핑 주석 방문을 통해 북중 양국간 전통우의를 회복하고 완전한 관계정상화에 들어선 것으로 평가된다.

이후 북한은 미중 갈등 국면에서 노골적인 '중국 편들기'에 나서고 있다. 주요 계기 때마다 중국과 북한 양국은 김정은과 시진핑 간 친서와 축전을 교환하며 밀착 행보를 과시하고 있다. 중국몽을 추구하는 시진핑 정부와 핵보유 기정사실화를 추구하는 김정은 정권간 상호 전략적 이해가 맞아 떨어진 결과이다. 특히, 2021~2022년 북한의 연이은 극초음 미사일과 대륙간탄도미사일(ICBM) 발사에 대한 안보리의 제재 추진에도 중국은 반대하면서 북한을 두둔하고 있다. 여기에 러시아의 우크라이나 침공으로 인해 미국 등 서방과 러시아간 대결 구도가 형성되면서 중국과 러시아가 반대하여 북한의 도발에 대한 제재 조치가 더 어려운 상황이다.

북한은 윤석열 정부가 출범한 직후인 2022년 5월 12일에 다수의 탄도미사일 쏴 올리는 도발을 감행했다. 바이든 미국 대통령의 한국과 일본 순방 직후인 5월 25일에도 대륙간탄도미사일

(ICBM)을 포함한 탄도미사일을 쏘아 올리는 무력시위를 하였다.

라. 경제·통상 관계

사드문제 봉합이후 2018년 한중 간 교역액은 약 2,686억 달러로 전년대비 11.9% 증가하였다. 2019년 양국 교역액은 약 2,434억 달러(중국 측 통계 2,846억 달러)로 세계경기 둔화 및 미중무역 갈등 등 영향으로 인해 중국의 대외수출이 감소하면서 전년 대비 9.4% 감소하였다. 2020년에는 2,415억 달러로 2019년도와 비슷한 수준을 유지하였다. 2021년에는 크게 증가하여 3,015억 달러를 기록하고 대중국 수출 비중은 25.2%를 차지했다.

수출 품목별로 보면 반도체, 디스플레이, 휴대폰, 석유화학 등 고부가가치 품목으로 빠르게 전환되고, 양국 산업이 고도화되면서 반도체, 디스플레이 등 '산업 내 무역(Intra-Industry Trade)'이 증가하는 추세이다. 수출 효자품목인 메모리 반도체의 경우 2019년 반도체 단가 하락 및 글로벌 IT기업의 데이터센터 재고 조정 지속 등 요인으로 인해 일시적으로 수출이 부진하였으나 2020년에는 다시 상승세로 전환하여 2021년 대중국 수출에서 반도체가 차지하는 비중은 30.8%(502억 달러)가 되었다. 서비스 교역도 증가해 오다가 사드배치로 인한 갈등 및 코로나19 팬데믹 영향 등으로 주춤하고 있다.

중국에서 외국인 투자기업에 대한 우대가 축소되고 세제, 노동, 환경 및 토지 규제가 강화되면서 일부 진출기업의 경영환경이 악화되고 있다. 게다가 미중 무역 분쟁 지속과 미국의 중국과의 공급망 디커플링(decoupling) 정책으로 중국에서 생산하여 미국으로 수출하는 기업들이 애로를 겪고 있다. 중국이 반외국제재법 등을 통해 중국에 적대적인 국가나 기업을 규제하는 제도적 장치를 강화하는 것도 부담이 되고 있다. 시진핑 주석이 내세우고 있는 '공동부유'같은 정책도 한국 기업들이 중국에서 투자 활동을 어렵게 하는 요인으로 인식되고 있다.

물론, 브랜드의 프리미엄화 실패로 차별성이 떨어지면서 중국 현지기업들과의 경쟁에서 밀리고 있는 측면도 작용하고 있다. 이러한 상황에 직면하여 그동안 교역과 투자 협력의 버팀목 역할을 담당해 왔던 대기업을 중심으로 구조조정도 이루어지고 중국 사업의 부분적 매각을 통한 탈중국화가 추진되고 있다. 특히 이러한 현상은 한국의 핵심 산업인 동시에 중국 기업의 경쟁력이 대폭 강화된 산업인 가전사업, 자동차, 휴대폰, 철강 등에서 이루어지고 있다.

삼성그룹은 이미 수 년 전부터 지속적으로 중국 내 생산시설 축소에 나서고 있는데, 2019년 중국 내 스마트폰 공장을 폐쇄한 데 이어 2020년에는 중국의 개인용 컴퓨터(PC) 생산기지의 문을 닫았다. 현대자동차그룹도 중국 내 판매부진이 장기화되면서 생산을 멈춘 공장을 매각하는 등 본격적인 중국 사업 구조조정에 착수한 상태이다. '차이나 인사이더(China Insider)' 전략을 앞세워 적극적으로 중국 시장을 공략해온 SK그룹도 렌터카 사업 매각 등 중국 사업에 대한 포트폴리오 조정을 추진하고 있다.

대안으로 이들 대기업들은 미국에 대한 투자에 박차를 가하고 있다. 삼성전자는 텍사스주 오스틴에 이어 테일러시에 제2의 반도체 공장 건설을 추진하고 있으며 미국에 배터리 공장을 건설한 LG와 SK도 추가 투자를 추진하고 있다. 미국 조지아 주에 55억 달러를 들여 전기차 공장 건설 등을 짓기로 한 현대자동차 그룹은 정의선 회장이 2022년 5월 방한한 바이든 대통령과 5월 22일 면담한 후 미래 모빌리티 분야에 50억 달러를 추가로 투자한다고 밝혔다.

2021년 11월 전후하여 요소수 파동이 일어나 중국발 원부자재 공급망 리스크에 대한 우려가 제기되었다. 2020년 기준으로 한국의 대중국 수입의존도가 50% 이상인 '관심품목'은 요소를 비롯하여 리튬, 마그네슘 등을 포함해 1088개에 달하며 이 중 수입의존도가 70% 이상인 '취약품목'은 653개이다. 2차전지의 핵심 소재인 수산화리튬은 83.5%에 달하고 전기차 제조에 반드시 필요한 마그네슘은 중국이 세계 공급의 85%를 담당하고 있고 한국은 95%를 중국산 마그네슘에 의존하고 있다. 이러한 원부자재 수급에 문제가 생기면 배터리, 자동차는 물론 한국 수출의 효자 노릇을 하고 있는 반도체 산업이 직격탄을 맞을 수 있다.

마. 사회·문화 관계

2017년 12월 문재인 대통령 국빈 방중 이후 중국인 단체관광 재개 등을 통해 양국간 인적 교류 동력을 회복하였다. 2018년에 한국을 방문한 중국인 수는 478만 명, 중국을 방문한 한국인은 419만 명으로 인적 교류 총수는 898만 명을 기록하였으나, 2019년에는 1,037만 명으로 1,000만 명을 상회하였다. 양국을 오가는 항공편도 2017년 주 1,051회에서 2018년에는 주 1,138회로 증가하고, 2019년에는 주 1,260회 운항했다. 그러나 코로나19 영향으로 2020년부터 인적 교류가 급감하였으며 팬데믹이 종식되어야만 인적교류 회복을 기대할 수밖에 없는 상황이다.

2017년 11월 22일 외교장관회담 계기에 왕이 외교부장은 한중 인문교류 공동위를 '인문교류 촉진위원회'로 개편하여 가동하자고 제안했다. 2017년 12월 문재인 대통령 방중 계기 정상회담에서 인문교류 메커니즘 재가동에 합의하였다. 이때 시진핑 주석은 자신이 저장성 당서기 시절 한국 유적지 보호 사업을 지원한 사실을 거론하며 향후 중국 내 한국의 독립운동 사적지 보존 사업을 위해 계속 협력하겠다고 밝혔다. 양국은 중국 소재 우리 독립운동사적지 보존 및 관리에 긴밀한 협력을 전개하여 2019년 충칭 한국광복군 총사령부 복원, 충칭 임시정부 청사의

전시물 교체 및 재개관, 하얼빈역 안중근 의사 기념관 재개관 등의 성과를 거두었다.

한편, 2014년부터 한국에서 발굴된 중국군 유해를 국제법 및 인도주의 정신에 따라 중국측에 지속적으로 송환하고 있는데, 2020년까지 일곱 차례에 걸쳐 총 716명의 중국군 유해를 인도하며 역사의 벽을 넘어 평화와 우호관계를 발전시키기 위해 노력해왔다. 중국군 유해송환은 과거 전쟁의 상흔을 치료하고 전사자의 유해를 가족의 품으로 돌려보내고자 하는 한국의 인도주의적 노력을 나타냄과 동시에 이를 계기로 한반도의 역내 안정과 평화를 증진시켜 나가자는 평화의 메시지를 담고 있다.

2018년 8월 29~31일 '제15회 한중 지방정부 교류회의'가 닝샤 회족자치구 인촨시에서 개최되었다. 명실 공히 양국 지방정부를 대표하는 '한중 지방정부 교류대회'가 재개된 것은 양국관계 정상화의 중요한 이정표로 간주되었다. 그러나 문제는 양국 국민 간 감정 악화가 위험수위를 넘고 있다는 것이다. 환구시보는 국수주의적인 논조로 여론을 부추기고, 중국의 인터넷 댓글부대인 우마오당(五毛黨, 50센트 댓글부대)과 중화 민족주의 교육을 받은 샤오펀훙(小粉紅, 문화대혁명시기 홍위병과 같은 시진핑 주석 옹호세력)이 반한감정을 부추기는 경우가 종종 생기고 있다. 2020년 10월 방탄소년단(BTS)의 밴플리트상 수상 소감을 둘러싼 논란은 대표적인 사례이다.

BTS가 미국 코리아소사이어티 연례행사에서 한국전쟁 70주년을 기념해 한 미 관계 발전에 기여한 공로로 밴플리트상을 수상하면서 "양국이 함께 겪었던 고난의 역사와 많은 남성과 여성의 희생을 영원히 기억해야 한다"는 소감을 밝혔다. 환구시보는 BTS의 수상소감이 중국 네티즌을 분노하게 했다는 제하의 기사를 실어 중국 여론을 자극했다. 즉, 중국 네티즌들이 BTS 발언이 중국 군인들의 희생과 국가존엄을 무시했다며 분노하고 있다는 것이다. 이에 중국 누리꾼들이 방탄소년단의 발언을 공격하고 중국의 일부 팬들이 팬클럽 탈퇴를 선언하였다. 이것은 6·25 전쟁을 항미원조 전쟁이자 미국과 대결한 국가보위 전쟁으로 다시 미화하고 있는 중국사회의 국수주의적 분위기와 무관치 않다. 중국의 과도한 행위는 곧바로 한국과 전세계 BTS 팬들의 반발을 초래했다.

중국은 한국인 한(恨) 문화의 상징인 아리랑마저 유네스코 세계문화 유산에 등재하려 하였고, 6·25 전쟁을 항미원조 전쟁으로 미화하고 있다. 한국의 독보적 전통음식인 김치와 전통 복식인 한복도 중국 문화로 소환하자 소프트파워에 민감한 2030 세대가 중국의 '문화침탈'을 참을 수 없다고 격앙하고 있다. 여기에 더하여 코로나19 초기의 부실대응 논란과 '중국발 바이러스'라는 책임론을 계기로 한국에서도 반중정서가 커지고 있다.

2021년 말 중앙일보와 서울대 아시아연구소가 한국리서치에 의뢰해 전국 18세 이상 성인남녀 1천여 명을 대상으로 실시한 국별 호감도 여론조사에서 중국에 대한 호감도는 10명에 7명 정도가 비호감을, 신뢰도는 90%이상이 신뢰하지 않는다는 결과가 나왔다. 양국 정부가 이 문제에 대한 심각성을 인식하고 한중관계의 건강한 발전을 위해 반감을 완화할 수 있는 노력을 해야 한다.

이러한 상황속에서 2021년 1월 26일 문재인 대통령과 시진핑 주석은 전화통화를 갖고 한중수교 30주년을 계기로 한중 간 문화교류와 협력을 복원, 촉진하기 위해 2021-2022년을 '한중 문화교류의 해'로 선포하였다. 양국 정상은 2022년 한중수교 30주년을 앞둔 시점에서 <한중관계 미래발전위원회>를 통해 향후 30년의 발전 청사진을 함께 구상해 나가자는 데도 뜻을 같이했다. 2021년 9월 중국 왕이 외교부장의 방한을 계기로 열린 인문교류촉진위원회에서 160개 한국-중국 문화교류의 해 추진 사업을 합의하였다. 양국은 9월 15일 '2021~2022 한중 문화교류의 해' 개막식을 개최하고, '문화로 나눈 우정, 미래를 여는 동행'을 공식 표어(슬로건)으로 제시하였다.

#04

한중수교 이후 **30**년
동안 주요 사안

●
●
●

4_ 한중수교 이후 **30**년 동안 주요 사안

1. 항공 협상

가. 항공협정 체결 필요성

한중간에는 수교이전에도 비공식적으로 무역과 인적 왕래가 직간접적으로 이루어졌으며 1988년 서울올림픽 및 1990년 베이징 아시안게임 개최 시에 전세기 취항이 이루어짐에 따라 항공협력을 활성화시킬 수 있는 계기를 마련했다. 상호 무역대표부 설치 이후에는 무역과 인적교류가 더욱 활발해져 양국간 항공협정 필요성이 커지고 있던 상황이었다.

특히, 양국 수교 이후에는 그동안 북한을 의식해서 보류했던 서울-베이징 항로를 포함한 다양한 노선 개설 필요성이 더 커져 하루 속히 정식 항공협정을 체결하여야 할 상황이었다. 그런데, 무역협정과 투자보장협정은 수교 후 비교적 순조롭게 민간협정을 정부간 협정으로 전환하여 체결하였고 여타 다른 협정들도 체결하였으나 항공협정은 난항을 거듭했다.

나. 항공협정 추진에 있어서 주요 쟁점

한중 항공협정은 관제권 이양지점과 '1국1항공사' 문제 등 이유로 인해 타결이 지연되었다. 특히, 관제권 이양지점이 핵심 이슈였다. 한국측은 동경 124도를 주장한 반면 중국측은 옹진반도를 지나는 동경 125도를 주장해 평행선을 달리고 있었다. 한국은 당시 중일간에 남쪽 비행회랑(Air Corridor)에 동경 124도를 비행정보구역(FIR, Flight Information Region)로 인정된 사례를 들어 동경 124도가 타당하다는 입장이었다. 중국은 동경 124도는 자국이 국제민간항공기구(ICAO)에 가입하기 전에 대만이 가입한 상황에서 정해진 것이므로 인정할 수 없다는 것이었다.

한국 정부는 수차례의 관계부처회의를 개최하여 이 문제를 협의했다. 이미 88올림픽 때나 90년 베이징 아시안게임에서 124도를 이용한 전례가 있고, 국제기구의 결정이 나 있어 이를 변경해줄 경우 국민감정을 상하게 한다는 이유로 "비행기를 띄우지 못하더라도 관제권 이양지점의 변경은 할 수 없다"는 입장을 확고히 했다. 더군다나 관제권 이양지점을 이동할 경우 사실상 영공이나 다름없는 FIR의 이동이 불가피해져 안보상으로도 큰 문제가 야기된다는 것이다. 또한, 124도는 신의주 바로 서쪽을 지나는 선으로 그 이상 양보한다는 것은 대한민국 영토위의 하늘을 중국에 넘겨주는 꼴이 된다.

서울-베이징 노선 취항 항공사의 수를 중국측은 상호 1개사로 제한하자고 주장하는 반면 한국측은 노선별 운항횟수만 합의하고 항공사 수는 해당 정부에 위임해야 한다고 주장하였다. 중국은 당시 한국의 양대 항공사가 치열한 경쟁을 벌이고 있는 것을 간파한 데다 항공 서비스면에서 한국과 경쟁이 안 되는 점 등을 감안해 1개 항공사로 제한하려 했다. 게다가 이를 미끼로 영공 통제 및 비행정보구역 경계선의 설정 등에서 양보를 얻어내려는 속셈이었다. 특히, 중국측은 1992년 9월 노태우 대통령 방중을 앞두고 "자기들이 밀어붙이면 된다"는 생각을 갖고 한국의 양보를 얻어내려는 책략이었다.

다. 협상 대책 수립

수교전부터 시작된 항공회담에서 관제권 이양지점은 계속 핫이슈로 작용했다. 한국측은 특히, 대중국 교섭 사령탑 역할을 하고 있던 외무부를 중심으로 124도 입장을 강하게 견지했다. 관계 부처 회의에 국방부 인사를 참석토록 했다. 그런데, 노태우 대통령 방중을 앞두고 청와대와 외무부 수뇌부에서 대통령 방중 성과를 거양하기 위해 관제권 이양지점을 동경 124도(한국)와 동경 125도(중국) 사이로 다소 양보하여 가서명은 하는 것으로 타결했으면 좋겠다는 의견이 나왔다. 외무부장관이 항공회담 실무수석대표를 불러 "어떻게든 대통령이 가게 되면 거기서 가서명이라도 하도록 준비를 하라"고 지시하였다.

그러나, 실무수석대표는 "그것은 곤란합니다. 이것은 영토문제인데, 공중의 경계문제인데. 그래서 그것은 안됩니다"라고 말하면서 과거 민간협정 체결을 위한 협상 경험에 비추어볼 때 중국은 결코 양보하려 하지 않을 것이며, 특히 우리가 미리 타결 시한을 정해 놓고 하게 되면 결국은 우리가 양보해야 되는 상황이 될 것이라는 우려를 제기하였다.

회담 실무수석대표는 "영토문제, 공중의 경계문제는 양보해서는 안 된다"는 확고한 입장을 견지하면서, "가능한 타결 시도를 하되 만일 우리 입장과 동떨어지게 중국이 너무 일방적으로 기존 요구를 고수할 때는 회담의 결렬도 불사한다"는 내용의 내부 건의 문서를 작성하여 외무부장관과 대통령의 재가를 받고 회담에 임했다.

라. 양측 협상 진행 과정

베이징에서 개최된 회담에서 중국측은 한국측의 양보를 줄기차게 요구했고 특히 군부(공군)에서 동경 125도선 입장을 바꾸지 않는다고 하면서 양보를 요구했다. 그러나 한국측은 국제 스탠더드인 IATA에 따라 정해야 한다는 입장을 강력히 개진하였다. 중국측이 동경 125도라는 기존 입장을 계속 고수하자, 한국측 수석대표는 "기존 입장을 고수한다면 이젠 나는 당신(민항총국)들과 더이상 얘기할 수 없다. 외교부가 뒤에서 조종하고 있는 것 같은데 수교도 됐으니 외교부가 직접 나와라" 하고 강력하게 요구하였다.

오전 회의 막판까지 아무런 변화 조짐이 없자 한국측 수석대표는 "점심 먹고 돌아가겠다"며 중국 대표단이 보는 앞에서 공관에 비행기표 예약을 요청하면서 배수의 진을 쳤다. 한국측이 강하게 나가자 중국측은 "바로 가지 말고 우다웨이 부사장(부국장)이 만찬에 초대하니 식사나 같이 하자"고 연락했다. 한국측 수석대표는 "한중 양국이 상호 호혜평등 하에서 해야 되지 않겠는가? 그러니 중국이 일방적으로 무리하게 요구하는 방식의 자세는 시정됐으면 좋겠다"고 강하게 요구했다. 다음날 속개된 회담에서도 중국측이 역시 125도를 고수하자 한국측은 회담 결렬 선언을 하고 오후에 귀국하였다.

물론 노태우 대통령 방중 때 항공협정 서명은 이루어지지 못하였다. 항공협정이 최대 관심사였던 만큼 중요하게 취급했지만 노태우 대통령 귀국 후 외무부장관이나 청와대에서 특별히 문제 제기를 하지 않았다. 그 후 수차례의 회담에서도 한국 대표단은 기존 입장을 견지하였으며 결국 1994년 7월 26일 결국 현재의 비행정보구역 경계선인 동경 124도로 합의한 항공협정에 가서 명하고 1994년 10월 31일 항공협정이 체결되었다.

마. 항공협상 교훈과 시사점

중국측의 관제권 이양지점 동경 125도 요구로 항공협상이 난항을 거듭했으나 한국측 협상대표는 외교관의 행위 하나하나가 국가이익에 큰 영향을 미치고 약간의 실수도 국익을 크게 해치며 때로는 주워 담을 수 없는 손실을 끼칠 수도 있다는 인식하에 관제권 이양지점에 관한 원칙을 끝까지 지키면서 국익을 수호했다.

외무부장관은 대통령 방문 성과 거양을 고려해야 하는 입장임에도 불구하고 회담대표가 국익 원칙 입장을 건의한 데 대해 이를 수용하였으며 청와대가 실무 부서의 역할을 존중해 준 것은 높이 사야 할 태도이다. 동경 124도 관제권 이양지점은 실무 회담 수석대표뿐만 아니라 이후 계속된 회담의 대표들도 견지했으며 당시의 한국 관료들의 국익 의식을 나타내주는 대표적인 사례이다.

중국측과 협상할 때는 국제법 원칙과 국제관례를 정확히 숙지한 바탕위에서 입장을 정하고 협상에 임해야 한다. 시간에 쫓기지 말아야 하며, 특히 청와대나 고위층에서 성과에 집착하여 양보하도록 해서는 안 된다. 상황을 제대로 파악하고 있는 실무 부서인 외교부가 협상하도록 권한을 부여해야 하며, 고위층 선에서의 정치적 결정은 피해야만 국익을 확보할 수 있다.

2. 마늘 분쟁

가. 마늘 분쟁 배경

1993년 우루과이라운드(UR) 협상결과 보통마늘(신선, 냉장, 건조, 일시저장 마늘)은 최소시장 접근(Minimum Market Access, MMA) 물량 내에서는 50%의 저율관세를 부과하고 MMA 물량을 초과해서 수입되는 물량에 대해서는 396%(1995년 기준)의 고율관세를 부과하였다. 냉동마늘과 초산조제마늘에 대해서는 30%의 저율관세 허용했다. 냉동 및 초산조제마늘은 오랫동안 저장·보관·운송하기가 힘들어 개방해도 수입되기 힘들 것이라고 판단해 30%의 낮은 관세만 매기기로 합의했다.

우루과이라운드(UR) 이후 시장개방에 따라 중국으로부터 양파, 고추, 마늘, 참깨 등 농산물의 수입이 급증하였으며, 특히 마늘 수입이 급증하였다. MMA 물량을 초과하는 물량에 대해 고율관세가 부과되었음에도 불구하고 한중 양국간 큰 생산비 차이로 인해 신선마늘의 수입이 크게 늘었다. 특히, 냉동마늘과 초산조제마늘의 경우 낮은 관세로 부과되는 점을 이용하여 대량 수출하여 1999년에는 1996년 대비 9배 이상 수입이 급증하였다. 중국산 마늘의 약 70%가 생산되는 산동성에서 한국시장을 겨냥하여 적극적으로 마늘을 재배하고 냉동설비 등을 설치하는 등 적극적인 수출 전략을 도입하였기 때문이었다.

중국산 마늘의 수입급증으로 수입 마늘의 국내시장 점유율은 1996년 3.3%에서 1999년 12.2%로 크게 증가하였다. 수입급증으로 국내의 농가판매가격과 도매시장가격은 급락하여 1999년 전년 동기 대비 42.4%와 37.9%씩 하락하였다.

나. 마늘 분쟁 경과

중국산 마늘의 수입급증에 따라 마늘재배 농가의 피해가 확산되자 농협중앙회는 1999년 9월 30일 중국산 마늘에 대한 산업피해조사를 산업자원부 산하 무역위원회에 신청하였다. 무역위원회는 1999년 10월 11일 산업피해조사를 개시하기로 결정하였다.

무역위원회는 조사결과에 따라 마늘수입의 급증으로 관련 국내산업이 심각한 피해를 받고 있으며 최종판정 이전에 긴급히 구제조치를 취하지 않으면 관련 국내산업의 피해가 회복되기 어려울 것으로 판단하여 1999년 10월 27일 냉동마늘과 초산조제마늘에 한해 200일 동안 285%의 잠정긴급관세를 기본관세에 추가하여 부과(30%에서 315%로 인상)해 줄 것을 재정경제부 장관에 건의하였다. 재정경제부장관은 이 건의를 받아들여 11월 18일 잠정긴급관세를 부과하였다. 당시 주중한국대사관은 본부에 세이프가드 조치시 한중간 통상 분쟁으로 비화될 것으로 우려된다고 하면서 합리적인 조치가 요망된다고 수차례 건의하였다.

2000년 4월 24일과 5월 18일 한중간 실무협상을 하였으나 합의점을 찾지 못하였다. 한국정부는 옥수수, 참깨 수입을 늘리고, 조정관세가 부과되는 다른 농수산물의 관세를 인하시켜 주는 타협안을 제시하기도 했다. 타협이 이루어지지 않자 한국정부는 5월 26일 WTO에 세이프가드 조치를 정식 통보하였다. 재정경제부 장관은 6월 1일 WTO 협정과 대외무역법 및 관세법에 근거하여 중국산 냉동마늘과 초산조제마늘의 관세율을 30%에서 최고 315%로 대폭 올리는 세이프가드 조치를 취하였다.

중국은 6월 7일부터 한국산 휴대용 무선전화기와 폴리에틸렌에 대해 잠정수입 금지조치를 취하는 보복조치를 발표했다. 당시 한중교역에서 한국의 중국산 마늘 수입총액은 898만 달러를 차지하는 데 비해, 중국의 한국산 휴대용 무선전화기 및 폴리에틸렌에 대한 수입총액은 약 5억 달러에 이른 상황이었다.

다. 마늘 분쟁 해결

한중 양국 정부는 2000년 6월 29일 베이징에서 마늘 협상을 재개하였다. 협상을 통해 세이프가드 기간은 당초보다 6개월 줄여 2002년 말에 종료하고, 한국산 휴대용 무선전화기와 폴리에틸렌에 대한 수입 금지조치를 중국이 해제하는 대신, 한국은 중국에서 수입되는 냉동마늘과 초산조제마늘을 매년 2만여 톤씩 수입하는 관세율쿼터(TQR)를 실시하며, 저율의 기본관세 50%로 수입 가능한 최소시장접근(MMA)물량 1,895톤을 중국산 마늘로 도입한다는 합의에 도달하였다.

이 같은 합의에 따라 일단락된 듯했던 마늘 분쟁은 2001년 4월 6일 한중 실무협상에서 중국 정부가 보복조치 재개를 경고하면서 재연된다. 중국 정부는 한국 정부가 2000년도에 32,000천 톤을 수입해주기로 약속하고 22,000천 톤 밖에 수입하지 않았기에 협정 위반이라고 주장했다. 이에 대해 한국 측은 2000년도 예정된 수입물량이 미소진된 이유는 도입기간이 4개월 정도(2000년 8월 2일부터 발효)였기 때문이라고 설명했다. 하지만 한국은 2001년 4월 21일 베이징에서 열린 통상장관회담에서 미소진 물량(약 1만 톤)을 2001년 8월 31일까지 전량 수입하고 2001년, 2002년 쿼터물량 수입도 보장하겠다고 약속했다. 중국 측 주장에 일방적으로 굴복한 통상 협상이라는 국내의 비난이 있었지만 한중 마늘 협상은 종결된 듯했다.

그런데 2002년 6월 28일 농협중앙회가 마늘 세이프가드를 2006년 말까지 4년 연장해줄 것을 무역위원회에 요청하면서 파문이 다시 확산된다. 한국 정부가 2000년 7월 한중 마늘협상 타결 시 "2003년부터 마늘 세이프가드를 해제하고, 마늘수입을 민간에 맡긴다"라는 내용의 부속서에 합의하고 이를 공개하지 않은 것이다. 이에 정치권과 농민단체는 "정부가 책임을 지고 중국과 재협상을 해 세이프가드를 4년 더 연장해야 한다"고 주장했으나 정부가 마늘 재배 농가에 대한 지원을 약속하고 한중 마늘 합의 부속서에 따라 2003년부터 중국산 마늘이 수입자유화 되었다.

라. 마늘 분쟁의 교훈 및 시사점

한중간 외교 마찰을 야기한 마늘분쟁은 경제·통상 문제였지만 한국 의사결정 시스템의 문제 및 통상외교의 문제점이 적나라하게 나타났다. 첫째, 국내적인 정치적 동기가 우선하여 국가 정책이 결정된 참사로 결과적으로 중국의 보복을 초래하고 양보할 수밖에 없게 되어 국익을 손상시켰다. 총선 전 '농민표'를 의식한 정치권의 입김이 강하게 작용했기 때문이라는 분석이 나왔다. 마늘을 많이 생산하는 전남 신안, 고흥, 무안, 해남 그리고 경남 남해 출신 국회의원의 로비가 작용한 것으로 알려졌으며 정치권의 압력에 밀려 정부가 마늘에 대한 세이프가드를 발동함으로써 수세에 몰리게 되었다.

둘째, 마늘 세이프가드 조치 전에 중국의 대응 조치 및 국익에 미치는 파장 등을 면밀히 검토하고 국익 우선의 원칙을 견지해야 했다. 현지 공관의 강력한 건의에도 불구하고 무역위원회가 피해가 있다고 판정하고 재정경제부가 관세율을 대폭 올리는 세이프가드 조치를 취하였다.

물론 정부 안에서도 마늘에 대한 긴급수입제한 조치의 부작용을 우려하여 강경조치를 취해서는 안 된다는 주장이 있었던 것으로 알려졌다. 특히, 휴대폰 등에서 대중국 수출 호조를 보이고 대중국 무역수지가 흑자를 기록하고 있었으며 마늘 세이프가드 조치를 취할 경우 중국정부의 반응이 쉽게 예상된 상황에서 세이프가드 조치를 취한 것은 기계적이었고 안일했다.

셋째, 한국은 통상전략 차원에서도 큰 문제점을 드러냈다. 당초 우루과이라운드 협상 때 중국산 냉동마늘과 초산조제마늘에 대해서도 높은 관세율을 메기도록 협상하여야 했으나 판단실수로 그렇게 하지 않았다. 그리고 중국이 당시 WTO에 가입하지 않은 상태였기 때문에 제소수단 등이 부재한 상황에서 세이프가드 조치는 성급했고 논리적으로도 허점이 많았다.

넷째, 마늘 분쟁은 중국의 속성을 제대로 인식하게 되는 계기가 되었다. 중국의 외교 및 통상 정책은 양국 간의 협력 분위기와는 상관없이 사안별로 자국의 이해에 따라 결정한다는 사실과 양국간 통상갈등의 안정적 관리 필요성을 절실히 인식하는 계기가 되었다. 아울러, 한국 경제의 대중국 의존도가 확대될 경우 중국의 압력이 심화될 것이라는 우려가 제기되었다.

3. 고구려사 왜곡 문제

가. 동북공정 내용

한중 간의 역사문제는 중국이 고구려사를 왜곡하고 자신들의 역사에 편입시키려는 '동북공정(東北工程)' 사업으로 촉발되었다. 동북공정의 원래 이름은 '동북변경지역의 역사와 상황에 관한 연구 프로젝트(東北邊境歷史與現狀系列硏究工程)'다. 중국사회과학원 산하 중국변강사지연구중심(1983년 설립, 2014년 중국변강연구소로 개편)이 주축이 되어 동북 3성이 연합하여 2002년 2월부터 2007년 2월까지 5년 동안 중국 동북변경 지역의 역사, 경제사, 교섭사 등을 연구한 국가적 프로젝트이다. 신장위구르 지역의 국경 문제를 다룬 '서북공정' 등과 더불어 중국의 '변경정책' 수립을 위한 기초 연구로서 국책사업으로 추진되었다.

이 프로젝트의 중점 연구과제는 한반도 정세 변화와 그것이 동북지역의 안정에 미칠 영향, 고조선·고구려·발해사 등 동북지역 역사, 동북지역 민족사, 고대중국 영토문제, 발해유적 현황, 간도문제 등이었다. 한국고대사에 대한 연구는 고조선과 고구려 및 발해에 걸쳐 있지만 가장 핵심적으로 집중하고 있는 주제는 고구려사였다. 고구려를 고대중국의 일개 소수민족 지방정권으로 주장하였다. 고구려사를 중국사라고 강변하는 내용이 주를 이루었고 이로 인해 '동북공정'은 중국의 고구려사 왜곡, 고구려사 빼앗기 사업 등으로 알려졌다.

동북공정은 중국을 구성하는 소수민족의 역사와 중국 영토에서 일어난 역사는 모두 중국사라는 '통일적 다민족 국가론'을 토대로 하고 있다. 이것은 영토지상주의 역사관이자 중화민족주의의 역사관이다. 동북공정은 현재의 영토를 기준으로 한 통일적 다민족 국가론을 근거로 중국 동북지방이 주된 무대였던 고구려를 중국의 소수민족 지방정권으로 규정하여 중국사로 편입하고, 나아가 고조선, 발해의 역사를 중국사에 편입하려는 기도이다.

나. 한국 사회 분노 표출

동북공정이 본격적으로 알려진 것은 언론보도를 통해서다. 중국에서 2003년 6월 24일자 광명일보가 "고구려는 중국의 중원 왕조와 예속관계를 유지한 고대 소수민족 정권"이라는 요지의 기고문 「고구려 역사 연구의 몇 가지 문제에 대한 시론」을 게재하였다. 한국에서는 2003년 7월 중앙일보가 「中학계 '역사 빼앗기' 대규모 프로젝트 '고구려를 중국사의 일부로」라는 제목으로 보도하고, 이어서 동아일보와 신동아가 보도하였으며 특히

KBS 일요스페셜에서 방영되면서 널리 알려지게 되었다.

　동북공정의 실상이 알려지자 국민들의 관심과 우려가 고조되고 공분이 일어났다. 고구려사를 왜곡하는 중국의 행태에 분노해 전국에서 규탄대회를 열어 항의를 제기하고 정부에 우리의 역사를 지키기 위한 적극적인 조치를 취해줄 것을 요구하였다. 학계와 정치권까지 중국의 역사왜곡을 성토하며 항의에 나섰다. 2003년 12월 9일 한국고대사학회, 한국고고학회 등 17개 학회가 중국에 대해 '역사 왜곡 중단'을 요구하는 공동성명을 발표하였다.

다. 중국 외교부 홈페이지 왜곡

　2004년 2월 왕이 중국 외교부 부부장이 방한하여 정부 차원이 아닌 학술차원에서 접근하자는 기조로 합의하였다. 고구려사 문제가 양국관계를 손상하지 않도록 양국이 긴밀히 협력해 나가기로 하였다. 그런데, 4월 22일 중국 외교부 사이트의 한국 소개란에서 고구려 부분이 삭제된 것이 발견되었다. 당초 한국 역사를 소개하는 란에서는 "서기 1세기 전후 한반도 북부 일대에서 출현했으며 신라, 백제, 고구려 등으로 분할된 정권이었다"고 설명하고 있었다. 변경된 홈페이지에서는 "서기 1세기 전후 한반도 일대에서 출현했으며 신라, 백제 등으로 분할된 정권이었다"라고 기술하였다. '고구려'를 아예 빼버린 것이다.

한국 정부는 중국 정부에 공식 항의하고 원상회복을 요구하였다. 중국측은 "고구려사 문제로 한중 양국간에 부정적인 영향을 미쳐서는 안된다"는 기존 입장을 반복하면서도 홈페이지에서 이미 삭제한 내용을 다시 복구하기는 어렵다는 입장을 표명하였다. 2004년 8월 2일 외교채널을 통해 한국 정부에 고구려사를 포함해 1948년 8월 15일 대한민국 정부 수립 이전의 역사기술을 외교부 홈페이지에서 삭제하겠다는 방침을 통보하고, 2004년 8월 5일자로 전면 삭제 조치하였다. 이 조치는 삭제된 고구려사 부분을 "7월말까지 원상회복하라"는 한국 정부의 요구를 받아들이지 않고, 정부수립 이전의 한국사 삭제로 대응한 것으로 진실회피라는 비난을 샀다.

한편, 중국 정부는 북한과 함께 고구려 유적의 유네스코 문화유산 등재 조치를 취하여 2004년 7월 1일 중국 쑤저우에서 열린 제28차 유네스코 세계유산위원회(WHC)에서 고구려 유적의 문화유산 등재를 결정하였다. 신화통신, 인민일보 등 중국 관영 언론들은 2004년 7월 2일 동 등재 소식을 전하면서 "고구려는 중국 왕조들과 예속관계를 맺어왔고 중원왕조의 제약과 관할을 받은 지방정권"이라고 보도하였다.

라. 한중 양국간 협상

2004년 8월 말 자칭린(賈慶林) 중국인민정치협상회의 주석(정협 주석)의 방한을 계기로 파국으로 치닫던 역사 분쟁은 해결의 실마리를 찾았다. 고위 지도자의 방한 전에 사태를 해결하기 위해 8월 23일 우다웨이 외교부 아시아 담당 부부장이 방한하였으며 한중 양국은 5개항의 「한중 구두양해사항」에 합의하였다. 한국은 중국의 고구려사 왜곡에 대해 시정을 요구할 수 있는 근거를 마련하였다.

① 중국 정부는 고구려사 문제가 양국 간 중대 현안으로 대두된 데 유념한다.
② 역사 문제로 한중 우호협력 관계가 손상되는 것을 방지하고 전면적 협력동반자 관계 발전을 위해 노력한다.
③ 고구려사 문제의 공정한 해결을 도모하고 필요한 조치를 취해 정치 문제화하는 것을 방지한다.
④ 중국 측은 중앙 및 지방 정부 차원에서의 고구려사 관련 기술에 대한 한국 측의 관심에 이해를 표명하고 필요한 조치를 취해나감으로써 문제가 복잡해지는 것을 방지한다.
⑤ 학술교류의 조속한 개최를 위해 함께 노력한다.

마. 중국의 동북공정 지속 및 한국측 시정 요구

한중 양국의 합의와 한국측 요구에도 불구하고 동북공정의 결과물이 발간되어 동북공정의 논리가 확산되고 있음이 드러났다. 노무현 대통령은 2006년 9월 핀란드 헬싱키 ASEM 정상회의에 참석한 원자바오 총리에게 유감을 표시했고, 10월 방중시 후진타오 주석과 정상회담을 가졌을 때도 이 문제를 지적하며 시정을 요구했다.

중국 최고지도자들은 구두양해사항을 존중하고 이행하겠다고 대답했다. 또한, 노무현 대통령은 2007년 11월 하노이 APEC 정상회의 참석 계기 후진타오 주석과의 정상회담시 고구려사의 원만한 해결을 촉구하였고 후진타오 주석은 한중 우호관계라는 큰 틀에서 원만히 해결함으로써 양국관계를 보다 건강하고 안정되게 발전시켜 나가기를 희망한다고 표명했다.

동북공정 연구 성과들이 학술적 차원에만 머물지 않고 고구려·발해 유적지의 표지판이나 박물관 안내문, 대학 교재 및 교양서 등에까지 수록되고 있는 등 왜곡현상이 계속되자 한국측은 중국 현지 공관 등을 통해 시정을 요구하였다. 중국측은 인터넷 상의 각종 역사왜곡 사례를 수정하고 안내판을 철거하였으며 중앙정부 차원에서 지방정부나 학계의 연구를 추인하거나 반영하지 않았다. 이러한 조치들은 중국 나름대로 냉정하고 신중하게 대응했다는 평가를 받았다.

바. 고구려사 왜곡문제의 교훈 및 시사점

중국이 동북공정을 통해 고구려사를 왜곡하고 자신들의 역사에 편입시키는 것은 물론 고조선과 발해의 역사까지 중국사로 편입시키려 하는 것은 한반도의 정세변화에 대비한 역사적 명분 마련을 위한 중국의 국가전략이라는 것이 드러났다. 고구려사 왜곡문제는 한중수교 이후 순항하던 양국관계를 위협하는 최대의 난제가 되었으며 한국이 중국의 실체를 인식하는 계기가 되었다.

언론, 국회, 시민단체 등에서 강하게 문제를 제기함으로써 한국 정부가 고구려사 왜곡문제의 심각성을 제대로 이해하고 중국 측에 요구할 수 있는 동력을 확보하였다. 노무현 대통령은 각종 계기에 중국측에 고구려사 왜곡문제를 지속적으로 제기하였다. 고구려사 왜곡문제를 통해 국익에 입각한 최고위층의 인식과 태도가 매우 중요하다는 것을 보여주었다. 한국은 이 사건을 계기로 고구려연구재단을 출범시키고 동북아역사재단으로 확대하여 역사문제에 체계적으로 연구하고 대응할 수 있는 시스템을 구축하였다.

4. 박근혜 대통령 중국 전승절 참석

가. 중국 전승절 참석 배경

박근혜 대통령은 2015년 9월 3일 베이징 천안문 광장에서 개최된 '중국 인민의 항일전쟁 승리 및 세계 반파시스트 전쟁 승리

70주년' 기념식과 군사 퍼레이드(열병식)에 서방국가 원수로는 유일하게 참석했다. 푸틴 러시아 대통령을 비롯한 30개국 지도자, 북한 최룡해 당비서 등 정부대표 19명, 반기문 유엔 사무총장 등 국제기구 수장 10명 등 총 50여명의 외빈들이 참석했으나 미국과 일본은 물론, 유럽연합(EU) 등 서방 지도자들은 중국의 초청에 불응했다.

박근혜 대통령과 시진핑 주석은 개인적인 친분을 바탕으로 취임 후 2년 내에 상호 국빈 방문하였으며 특히 시진핑 주석은 중국 최고 지도자로서는 최초로 북한 대신 한국을 먼저 방문했다. 박근혜 대통령으로서는 중국이 필요로 하는 전승절 행사에 참석함으로써 중국과의 관계를 더욱 다지고 북한 핵문제 해결을 위한 협조를 확보하려는 의도가 작용했다. 북한에 가장 큰 영향력을 가지고 있는 중국을 설득하여 북한의 핵개발과 같은 호전적 행태를 저지하고, '한반도 신뢰프로세스'를 이룩한다는 구상을 가지고 있었기 때문이다.

나. 전승절 참석 논란

박근혜 대통령의 중국 전승절 행사 참석에 대해 한미 동맹관계와 한일관계를 고려할 때 반드시 참석해야 하느냐의 문제가 제기되었다. 6·25전쟁에서 총부리를 겨누었던 국가의 군대 열병식에 한국 대통령이 참석하는 것이 적절한지에 대해 논란이 많았다.

한국 대통령이 이 행사에 버젓이 참석하는 모습에 미국의 속 내는 편하지만은 않았을 것이라는 분석이 있었다. 미국 버락 오 바마 대통령은 태평양전쟁 종전 70주년 기념일을 맞아 발표한 특별 성명에서 "태평양전쟁 종전 이후 70년을 거쳐 온 미일 관계 는 화해의 힘을 보여주는 모델"이라며 일본의 역할을 적극 평가 함으로써 중국의 열병식을 간접 견제했다. 미 국무부는 "우리는 열병식에 참석한 각국의 결정을 존중한다"며 "이것은 한국의 주 권적 결정사항"이라고 기존 입장을 반복했다.

시진핑 주석은 전승절 연설에서 "70년 전의 승리로 중국은 세 계 강국의 위치를 되찾았다"고 강조했다. 중국은 대규모 병력과 첨단 무기를 동원한 열병식을 통해 군사굴기의 위용과 국제사 회에 중국의 위상을 과시했다. 자유 민주주의 국가 대통령이 사 회주의 국가인 중국의 우월성을 과시하고 찬양하는 행사에 참 석하여 서방에서는 한국의 정체성에 의구심을 품게 되는 순간 이었다.

다. 전승절 참석 당위성과 효과문제

박근혜 대통령은 중국측으로부터 최고의 예우를 받아 성과를 거둔 것은 사실이나 대통령이 꼭 참석할 필요가 있었느냐의 문제가 제기되었다. 서방 국가 정상들은 참석하지 않고 중국의 혈맹이라는 북한도 김정은 위원장 대신 최룡해 노동당 비서가 참석하였기 때문에 한국측으로서는 국무총리가 참석하였다 해도 상당한 성의를 보여주는 것으로 중국측이 만족할 수 있는 대안이었다.

특히, 한국은 당시 중국의 중요 현안인 아시아인프라투자은행(AIIB) 설립에 참여하기로 이미 통보하여 중국측에 소위 선물을 주었기 때문에 대통령이 전승절 기념식에 참여하지 않더라도 중국측이 섭섭해 할 상황이 아니었다. AIIB 참여에 더하여 대통령 전승절 참석은 지나친 것이었다. 이러한 문제는 역사적인 맥락, 국가관계, 국익 등 제반 요소를 종합적으로 검토한 후 판단해야 했다.

그리고 중국 전승절 참석으로 인해 실제로 얻은 것이 무엇이냐의 문제가 제기되었다. 한국 정부는 중국 지도부와 한반도 통일문제에 대한 전향적 의견을 교환했다고 밝혔지만, 이에 대해 중국이 공식적으로 확인해준 바가 없고 또한 양국 간 구체적인 후속조치도 없었다. 시진핑 주석이 별도 오찬을 하는 등 박근혜 대통령을 극진히 예우했다고 하는데, 실제 나타난 성과는 크지 않았다.

라. 중국 전승절 참석의 교훈 및 시사점

중국 전승절 행사에 참석하면서 중국측과 사드배치의 필요성에 대해 소통하는 것이 국익을 위해 반드시 필요하였으나 윤병세 전 외교부장관이 언론 인터뷰시 언급하였지만, 박근혜 대통령은 사드문제를 꺼내지 않았다. 물론 사드배치는 주권적 사항이기 때문에 중국측과 반드시 사전 협의를 해야 할 사항은 아니나 중국측이 고맙게 여기는 전승절 기념식 참석 계기에 북핵 위협에 직면하여 스스로를 방어하기 위한 조치가 필요하다고 하면서 북한이 또 다시 핵실험을 감행한다면 사드배치 같은 조치를 취할 수밖에 없다고 말해 두었어야 했다.

외교에서 "우리가 이렇게 성의를 보여주었으니까 상대가 알아주겠지" 하는 방식은 통하지 않는다. 분명하게 말하고 당당하고 치열하게 협상해야만 국익을 확보할 수 있다. 중국측이 고맙게 여기는 중국 전승절 참석이라는 호기를 활용하여 사드배치 문제에 대한 한국의 입장을 분명하게 밝혔어야 했다. 물론, 중국은 사드문제를 미중관계에서 보기 때문에 어떤 상황에서도 반대 입장을 보였을 것이다.

그렇더라도 중국 전승절 참석시 사드문제를 거론해 놓았더라면 명분을 확보함으로써 사드배치 문제에 대한 중국측 반대에 대처하기가 훨씬 더 원활했을 것이다. 당연히 실무부서인 외교부는 사드배치 문제를 거론하도록 청와대에 적극적으로 건의했어야 했다. 국가 지도자의 심기를 헤아리면서 문제 제기를 회피하는 태도로는 국익을 확보할 수 없다.

한국 정부의 중국에 대한 안이한 대응이 한중간 비대칭 성격의 외교관계를 초래하여 미중 패권경쟁 국면에서 제자리를 못 찾게 되었다는 지적은 뼈아프다. 중국은 미국의 동맹인 한국이 설마 전승절에 참석할까 했으나 실제 박근혜 대통령이 참석하자 한국을 쉽게 보게 된 계기가 되었다는 분석이다. 한국이 너무 안일하게 접근하였고 미중 양국의 중간에서 기회주의적인 모습을 보임으로써 미국과 중국 모두 한국을 의심하게 만들어 입장을 정립하기가 쉽지 않게 되었다.

5. 사드 배치 문제

가. 사드 배치 추진

2014년 7월 커티스 스캐퍼로티(Curtis M. Scaparrotti) 한미연합사령관이 북한의 핵과 미사일 위협이 증가됨에 따라 주한미군에 사드(THAAD, 고고도미사일방어체계)를 배치할 필요가 있다는 주장을 한 뒤 한반도의 사드배치 논의가 공론화되기 시작되었다.

2014년 9월 30일 로버트 워크 미 국방부 부장관은 미국외교협회 주최 간담회에서 "사드 포대를 한국에 배치하는 것을 조심스럽게 고려하고 있고 한국 정부와 협의 중이다"라고 말했으나, 11월 3일 국회 대정부질문에서 한민구 국방장관은 계획이 없다고 답변했다. 2015년 3월 11일 청와대 대변인은 브리핑에서 사드 문제와 관련해 우리 정부의 입장은 '3NO'라고 말하면서, "3NO는 No Request(요청), No Consultation(협의), No Decision(결정)"이라고 설명했다. "요청이 없었기 때문에 협의도 없었고 결정된 바도 없다는 것으로 이해해 달라"면서, 사드 논란에 대한 청와대의 첫 공개적 입장을 표명했다.

일련의 미국의 발언과 움직임에 대해 중국은 한국의 사드배치는 한미일을 중심으로 하는 냉전구도의 회귀이며 이는 궁극적으로 미국의 미사일방어체계(MD)에 편입을 하게 되는 것으로 중국의 핵 억지체계를 무력화해 미중 사이의 전략적 균형을 해친다고 하면서 사드배치 반대 입장을 표명했다. 2014년 11월 26일 추궈훙 주한중국대사는 국회 '남북관계 및 교류협력발전특위'의 비공개 회의에 참석해 사드에 대해 명확히 반대한다고 하면서 사드 배치는 한중관계에 나쁜 영향을 미칠 것이라는 입장을 표명했다. 2015년 2월 4일 서울에서 개최된 한중 국방장관 회담에서 창완취안 국방부장은 사드의 한반도 배치 문제에 대해 강력한 우려를 표명하였다.

나. 사드 배치 결정

2016년 1월 6일 북한의 제4차 핵실험 이후 박근혜 대통령은 중국 시진핑 국가주석에게 핫라인(Hotline)으로 전화를 걸어 북핵문제 해결을 위한 공조를 시도 하려 하였으나, 시진핑 주석은 전화를 바로 받지 않았고 심지어 저녁 늦은 시간에 가능하다고 하여 한중 공조에 이상이 생기면서 양국 관계가 어긋나기 시작했다.

박근혜 대통령은 2016년 1월 13일 신년 대국민 담화를 하는 자리에서 "어렵고 힘들 때 손을 잡아 주는 것이 최상의 파트너입니다"라고 말하며 중국이 안보리 상임이사국으로서 필요한 역할을 하고 북한에 대한 강력한 압박을 가해 줄 것을 주문하고 필요하다면 한국정부는 미국이 추진하고 있는 사드미사일의 한반도 도입을 '검토'할 것이라면서 중국을 압박했다.

시진핑 주석이 북한이 제4차 핵실험을 한 지 한 달이 지난 2016년 2월 5일 박근혜 대통령에게 전화를 걸었다. 청와대는 박 대통령이 시 주석과 전화통화에서 북한 제4차 핵실험과 장거리 미사일 발사 예고에 대한 대응 방안, 한반도 정세, 한중 관계발전 등에 대해 의견을 교환했다고 발표했다.

박근혜 대통령은 "핵실험을 강행한 북한에 대해 유엔 안보리가 강력하고 실효적인 제재 결의를 채택하도록 적극 협조해 달

라. 북한의 도발은 한반도, 동북아와 세계 평화에 위협을 가하는 행위로 이번만큼은 북한을 변화시킬 수 있는 강력하고 실효적인 결의를 유엔 안보리에서 채택하는 등 국제사회의 단호한 메시지가 신속하게 행동으로 이어져야 한다. 중국이 안보리 상임이사국이자 북한에 대해 다양한 수단을 가진 나라임을 들어 중국 측의 적극적인 협조를 요청한다"고 말했다.

시진핑 주석은 "한반도에는 핵이 있어서도, 전쟁이나 혼란이 일어나서도 안 된다. 중국은 관련 당사국이 한반도 평화와 안정이라는 큰 틀을 바탕으로 현재의 정세에 '냉정'하게 대처하기를 희망한다. 중국은 시종일관 대화와 협상이라는 정확한 방향을 관련 당사국이 견지하기를 희망한다. 중국은 그 어떤 상황에서도 한반도 비핵화 실현, 한반도의 평화와 안전수호, 대화 협상을 통한 문제 해결을 위해 노력한다"고 말했다. 박 대통령은 전화에서 북한의 제4차 핵실험 등 도발에 대한 유엔 제재에 중국이 적극 협조해 줄 것을 요청한 반면 시진핑 주석은 관련 당사국들이 냉정하게 대처할 것을 당부해 두 정상 간의 의견차이가 여전히 크다는 것을 드러냈다.

북한이 2016년 2월 7일 장거리 탄도미사일을 발사하자 한국 국방부는 당일 주한미군과 사드 배치 가능성에 대한 공식협의 개시를 발표했다. 그리고 다섯 달이 지난 7월 8일 류제승 국방부 국방정책실장과 토머스 밴달 주한미군사령부 참모장이 서울 용

산구 국방부 브리핑실에서 사드 1개 포대의 한반도 배치를 공식 발표했다. 이어서 2016년 7월 13일 한·미공동실무단이 사드배치 지역으로 '경북 성주'를 공식 발표하였다. 류제승 국방부 정책실장은 기자회견을 열고 성주 지역에 사드 배치를 건의했으며 한미 국방부 장관이 승인했다고 밝혔다.

박근혜 정부가 사드배치를 결정한 배경에는 북한 핵무기와 미사일 기술발전이 빨라진 상태에서 안보 불안감이 크게 고조되었고 이에 따른 자위적 조치 필요성이 중요하게 작용했다. 그리고 안보 취약성을 보강하고 주한미군의 안정적 주둔 여건을 보장할 필요가 있었다.

레이더 유효 탐지거리가 한반도에 국한되고 북한의 탄도미사일을 탐지하기 위해 북쪽으로만 향하여 운용되는 등 제3국을 겨냥한 것은 아니며, 안보주권에 해당하기 때문에 주변국과의 관계를 고려하지만 최종적으로는 국가이익에 따라 독자적으로 결정하는 것이라고 인식했다. 사드배치가 미국의 탄도미사일방어체계(BMD)에 그대로 편입된다는 것은 기우이며, 킬체인(Kill-Chain)과 한국형 미사일방어체계(KAMD) 운용에는 변함이 없다는 논리로 대응하였다.

다. 중국의 반발 및 보복 조치

시진핑 주석은 2016년 6월 29일 베이징에서 열린 황교안 국무총리와의 면담에서 "한국은 안보에 대한 중국의 정당한 우려를 중시해야 하며, 사드를 한국에 배치하려는 미국의 시도에 대해 신중하고 적절하게 대응해야 한다"고 언급하였다.

왕이 외교부장은 한미 양국이 사드의 한반도 배치를 공식 발표한 다음날인 2016년 7월 9일 한국과 미국이 큰 잘못을 저질러서는 안 되며 어떤 변명을 하더라도 신중히 행동하라며 경고하는 발언을 했다. 이러한 정부의 공식 입장 발표 이후 중국의 각종 매체와 학자들이 더 직설적이고 노골적인 반대 의견을 봇물 터지듯 쏟아내고 사드배치 반대 입장을 역설하면서 한국에게 사실상 사드배치 철회를 압박해왔다.

그 후 중국은 관광객 제한 등 일련의 보복조치를 취하고 인적 및 문화 교류 제한뿐만 아니라 기존의 정부간 협력채널의 가동 중단 및 연기조치를 취했다. 2016년 11월 18일 롯데그룹의 성주 골프장이 사드 부지로 선정된 것에 대한 보복으로 현지에 진출한 롯데 계열사의 전 사업장에 대해 세무조사와 소방·위생·안전 점검에 일제히 나섰다. 2016년 12월 16일 중국 해군 랴오닝호 항공모함과 수십척의 함대가 서해에서 실탄 사격훈련을 하면서 한국에 무력시위를 하고 한국 해군사관학교 순양함 기항을 거부했다. 2017년 3월 3일 중국 정부는 한국 관광을 전면 금지시켰고 이미 계약된 관광 상품은 3월 중순까지 모두 소진하도록 지시하고 3월부터 "한국 게임을 수입하지 않겠다"는 입장을 밝혔다.

라. 중국측 반발 이유

시진핑 주석까지 나서서 반대 의사를 표명했음에도 불구하고 한국이 사드 배치를 결정하여 중국 지도부의 체면을 크게 손상시켰고 사드문제가 소위 '시 주석의 관심사'가 되어 중국이 강경 입장을 취할 수밖에 없게 되었다는 분석이 제기됐다.

예컨대 박근혜 대통령과 시진핑 주석이 2016년 1월 6일 제4차 북한 핵실험 이후 한 달 만인 2월 5일에 어렵게 전화통화가 성사된 직후인 2월 7일 국방부는 사드배치 문제에 대해 한미간 공식 협의를 시작한다고 발표했다. 그리고 남중국해 문제 관련 중국의 패소가 예상되고 있었던 상설중재재판소(PCA)의 판결 발표(7월 12일)를 앞두고 7월 8일 전격적으로 사드배치 결정을 발표했다. 황교안 국무총리가 2016년 6월 하계 다보스 회의에 참석한 계기에 가진 면담에서 시진핑 주석이 사드배치 반대 의사를 표명한 지 얼마 지나지 않아 한국 정부가 사드배치 관련 입장을 발표함으로써 의도치 않게 중국측을 자극했다. 중국측은 황 총리와의 면담 결과 사드배치 결정이 연기될 수 있다고 기대했던 까닭에 더욱 사드배치가 돌연한 것으로 받아들이게 되었던 것으로 보인다.

근본적으로는 사드배치는 중국측의 전략적 이익을 크게 손상시켰기 때문이라는 것이다. 하나의 사드 포대로는 북한을 군사적으로 억제하거나 북한의 행태를 바꾸는 강압수단이 될 수 없으며, 이런 점에서 사드문제는 중국의 전략적 안보이익을 침해하는 사안으로 보았다. 사드배치로 동북아에서 미국의 미사일 방어체계(MD)가 한국으로 확장되고 한국의 본격적인 참여가 가시화될 것으로 우려하였다. 사드에 들어있는 AN/TPY-2 레이더(장거리 X-Band PESA 레이더)의 탐지거리가 중국 일부 지역을 감시할 수 있으며 사드가 미국이 추진하고 있는 MD 시스템의 핵심 무기이기 때문에 중국은 사드배치에 예민하게 반응했다.

사드의 탐지범위는 미국의 필요에 의해 얼마든지 변경가능하며 결국 중국의 안보 딜레마를 심화시킬 것이며, 미국의 아태 재균형의 일환으로 한미일 안보협력을 통해 중국을 견제하거나 봉쇄하기 위한 장기 전략이 투사된 결과로 보았다. 사드 시스템이 현재를 위한 방어체계라는 것은 위장이며 미래시점을 위한 전략적 무기로 향후 요격 시스템으로 발전할 수 있다고 인식하고 양보가 불가능하다는 입장을 고수했다.

마. 한중 양국의 인식괴리

박근혜 정부는 최고위층간의 교분을 바탕으로 중국에 대한 우호적 수사와 행위가 중국의 대북정책을 변화시킬 수 있다고 기대했다. 2013년 6월 방중시에 전략적 협력동반자 관계 내실화 합의와 특히, 2015년 9월 전승절 기념식 참여는 이러한 맥락에서 이루어졌다. 그러나 박근혜 정부는 중국에 북한과의 관계가 결코 한중 관계의 종속 변수가 될 수 없으며 전략적으로 매우 중요한 의미가 있다는 점을 간과했다. 그리고 안보 전략적인 시각에서 중국이 미중관계를 어떻게 보는지에 대한 인식이 안이했다.

중국은 한국과의 우호적 관계가 유지되고 경제협력이 진전되면 한국이 미국과의 군사협력의 수준을 제한할 수 있을 것으로 기대했다. 경제적으로 한국에 중국이 매우 중요한 상황이 되었으니 한국이 중국의 안전이익에 부정적인 영향을 주는 선택을 하지 않을 것이라고 인식한 것이다. 특히, 박근혜 대통령이 중국 전승절 기념식에 참석하자 한미관계를 안일하게 보았다. 한반도 상황이 불안해지면 한미동맹을 강화해 안보를 보장받으려는 심리가 강해지는 방향으로 한국이 갈 수밖에 없다는 점에 대한 이해가 부족했다.

당시 최상의 한중 관계를 이룰 수 있었던 이유는 우호적인 관계로부터 얻을 수 있는 국가 이익이 있었기 때문이었으나, 전략적 차원에서의 국가이익에 대한 판단은 서로 달라 결국 협력의 지속이 불가능했다. 시진핑 주석은 한중 밀월을 통하여 한국을 미국과의 동맹으로부터 이완시켜 중국에 밀착시키려 했고, 박근혜 대통령은 한중관계 밀착을 통해서 북중 관계를 이완하고 중국을 한국에 가깝게 하려 했으나 결국 이 같은 동상이몽(同床異夢)은 미중관계, 한미관계 및 북중관계라는 구조적 현실 때문에 실현될 수 없었다.

바. 사드 배치 추진과정의 문제점

한국 정부는 국내적으로도 사드는 북핵에 대한 억제능력 강화를 위한 것이며 주권 영역이므로 중국의 눈치를 볼 필요 없이 강행해야 한다는 의견과 사드문제는 중국으로 하여금 지역안보 불균형을 야기하는 심각한 문제로 받아들이도록 하여 한중관계와 미중관계의 긴장을 초래할 수 있으므로 배치하지 말아야 한다는 의견이 팽팽한 상황이었다.

물론 사드배치 결정 자체는 한국의 안보문제이고 주권영역에 해당한다. 그런데 한반도의 지정학적 특수성으로 인해 한국의 희망과는 달리 사드문제는 국제적 쟁점이 되었다. 즉, 사드배치 문제는 미중간의 관계에서 한국이 선택의 딜레마에 빠진 대표적 이슈로 변질되었다. 그리고 사드배치 결정이 한국의 주권적 선택이고 반드시 관철시켜야 했다면 이로 인해 야기되는 국내외적 파장에 대해 사전에 면밀하게 검토하고 이를 최소화하기 위한 외교적, 전략적 고민과 노력이 있었어야 했다.

사드배치라는 중차대한 결정은 외교부, 국방부 등 관계 부처와도 긴밀히 협조하고 숙의해서 결정해야 할 문제다. 당연히 사드배치 이후 중국이 어떻게 나올 것인가 예상하고 면밀한 대응책도 마련해 놓아야 했다. 그러나 관계 부처와 제대로 협의하지 않고 대응책도 마련하지 않은 채 청와대 국가안보실장 주도로 전격적으로 결정하고 밀어붙였다는 분석이 나왔다.

2016년 7월 8일 오전 사드배치 발표시점에 외교부장관이 백화점 양복매장에서 신체 치수를 측정하는 등 정상국가라면 있을 수 없는 일이 발생했다. 외교부장관이 사드배치 발표 사실 자체를 알고 있었는지 의문이 제기되는 것은 물론, 외교 수장으로서 대한민국의 국익과 한반도를 넘어 동북아 정세에 미칠 영향이 큰 사안을 앞두고 쇼핑을 했다는 점에서 매우 부적절한 처신이라는 비판이 일었다.

사. 대중국 대응과정에서의 문제점

한국은 중국 정부의 보복조치에 제대로 된 대응책 없이 속수무책으로 당하는 처지가 되었다. 왕이 외교부장이 2016년 2월 12일 독일 뮌헨 안보회의 계기 로이터통신과의 인터뷰에서 "항장이 칼춤을 추는 진짜 이유는 유방(劉邦)을 죽이려는 것(項莊舞劍意在沛公·항장무검 의재패공)"이라는 고사를 인용하여 사드 배치를 유방(중국)을 겨누는 항우(미국)의 칼춤에 비유하면서 한국을 범증의 수하인 항장인 것으로 연상시키는 외교적 결례가 되는 수위의 발언을 하였으나, 한국 정부는 대응조차 하지 않은 무력감을 노정했다.

한국 정부는 "검무(劍舞)는 누가 추고 있는가? 왕이 부장은 '핵검무'를 추는 북한을 겨냥해서 말해야 한다"고 즉각 반박문을 냈어야 했다. 국가간에는 대소를 불문하고 기세를 유지하는 것이 중요하며, 이것은 국가의 자존과 국민의 명예와 직결된다. 이러한 왕이 외교부장의 모욕적인 언사에 대해 최소한 외교부 대변인이 강력하게 대응했어야 했다.

아. 사드문제의 교훈 및 시사점

사드문제는 국가간의 관계가 상호 전략적 이익과 공통의 가치관에 기초하지 않을 경우 얼마나 쉽게 허물어질 수 있는가를 잘 보여준 사례이다. 결국 최상의 밀월관계를 구가했던 한중관계는 북한 핵실험과 그에 따른 한국의 사드 배치, 이에 대한 중국의 반발과 보복으로 최악의 관계로 떨어지게 되었다.

중국의 보복조치가 이루어지고 있는 상황에서 한국은 미국으로부터 지원을 제대로 받지 못했다. 한미간 사전 조율이 제대로 이루어지지 못한 외교 난맥상을 보였다는 평가가 나왔다. 이처럼 중대한 일을 주먹구구식으로 처리함으로써 국익을 손상시키고 국민들의 자존심을 떨어뜨린 행위는 비난받아야 마땅하고 앞으로의 경계로 삼아야 한다.

사드 문제는 한중 양국 국민간 상호인식이 악화되는 결정적 계기를 제공하였다. '낙관론'에 입각하여 중국에 대한 투자를 급속하게 늘리고 있던 한국 기업들은 대중국 투자가 지닌 지정학적 위험을 인식하기 시작하였으며 중국에 대한 경제적 의존도가 지나치게 높아지지 않도록 관리해야 한다는 논의가 본격적으로 시작되었다.

6. 사드 '3불' 문제

가. 한중간 사드문제 봉합

북한의 연이은 핵·미사일 도발 상황 속에서 초래된 사드 갈등은 미중관계 등 국제적 정치구조와 연동된 문제이므로 근본적인 해법을 찾기는 현실적으로 쉽지 않은 난제였으나, 문재인 정부는 출범하자마자 한중관계의 새로운 돌파구를 찾는데 역점을 두었다. 그러나 중국 측이 사드 문제라는 걸림돌부터 먼저 해결해야 한다고 주장하면서 이후 양국 간의 논의는 3개월여 공전하다가 해결 실마리가 보이기 시작한 것은 중국 공산당 제19차 대회 개최(2017년 10월 18~24일) 즈음한 시점이었다.

중국 측이 시진핑 주석의 집권 2기가 시작되는 19차 당대회를 계기로 대외 관계의 재정비에 나서면서, 청와대 안보실과 중국 외교부 간에 사드 문제를 풀기 위한 물밑 협상이 진전을 보였다. 한중 양국은 2017년 10월 31일 「한중관계 개선 관련 양국간 협의 결과」를 발표함으로써 사드배치 발표 이후 냉각기를 겪었던 한중관계를 개선의 방향으로 전환시켰다. 양국은 사드 문제를 '봉합'하고 교류협력을 정상적인 발전 궤도로 회복시키기로 합의한 것이다.

나. 중국의 태도 변화 원인

2017년 한해가 마무리되는 시기인 12월 중순에 문재인 대통령의 중국 국빈방문이 성사되었다. 이 방문은 바로 한중관계 회복이라는 새로운 분위기를 조성하는 중요한 계기가 되었다. 중국 측이 문재인 대통령 국빈 방중 성사에 호응해 나온 데는 여러 가지 요인이 작용했다.

첫째, 제19차 당 대회에서 권력을 공고히 한 시진핑 주석으로서는 일대일로 정책 등 대외전략 추진에 우호적이고 안정적인 주변 환경 조성이 중요했다. 사드는 사실상 이미 배치되었고 북한이 핵실험을 계속하는 상황에서 불가능한 사드 철회를 물고 늘어질수록 한중관계는 더욱 '진퇴양난'의 미궁으로 빠져들 수밖에 없고 주변국 외교의 대표적 성공사례로 평가해온 한중관계의 침체와 안보이슈와 연계한 경제보복 실시로 대외이미지에 타격을 주고 있다고 보았다. 2017년 3월 6일 미군의 공군 특별항공기 편대를 통해 사드 포대가 한국으로 들어왔고, 2017년 9월 3일 북한의 제6차 핵실험 이후 한국 내에 사드 배치가 사실상 완료되자 현실을 받아들이는 방향으로 선회했다.

둘째, 한국에 대한 보복조치가 기대만큼 효과가 크지 않았고 중국 국민, 기업 피해도 무시할 수 없이 발생했다. 한국 기업들이 중국에 투자하는 것을 꺼려하게 되고 동남아 등 다른 국가로 투자처를 이전하고 한국 단체관광 중단 조치로 한국에 가는 중국인이 대폭 감소하였지만 한국인의 중국 관광도 크게 감소했다.

셋째, 사드문제가 지속될 경우 한국을 완전히 미일로 떠미는 결과가 초래되어 한미일 3각 안보협력을 더욱 자극하는 데 대한 부담이 작용하고, 대북 제재로 북중 관계가 경색된 상황에서 한국과의 냉각기마저 길어질 경우 대한반도 영향력이 급감할 것으로 우려했다.

넷째, 한국에서 사드배치를 결정한 정권이 교체되어 시진핑 집권 2기 동안 문재인 정부와 협력이 필요하였으며 한중수교 25주년이라는 상징성 등도 감안되었다. 중국 측으로서는 당 대회가 끝나고 해를 넘기지 않은 시점이 한중관계 분위기를 전환하면서 동시에 중국 측 요구를 관철할 수 있는 적기로 판단했다.

다. '3불' 입장 표명 경위

2017년 10월 30일 국회 외교통일위원회 국정감사에서 박병석 더불어민주당 의원은 강경화 외교부장관에게 "한중이 신뢰에 기초한 건실한 전면적 협력 관계로 가기 위해서는 3가지 장애물에 대한 분명한 한국 정부의 입장이 필요하다"면서, "한국이 사드를 추가 도입할 것인가, 미국의 미사일 방어체계(MD)에 참여할 것인가, 한·미·일 3각 협력이 군사동맹으로 발전할 수 있는가 여부에 대해 답변해 달라"고 질의하였다.

이에 대해, 강 장관은 "우리 정부는 사드 추가 배치를 검토하지 않고 있고, 미국의 MD에 참여하지 않는다는 기존 입장에 변함이 없다"며 "한·미·일 3국 간의 안보 협력이 3국 간의 군사동맹으로 발전하지 않을 것임을 분명히 말씀드린다"고 답변했다. 강경화 장관과 박병석 의원의 이런 문답이 사전에 조율된 것 아니냐는 해석이 제기됐다.

10월 30일 오후에 열린 중국 외교부의 정례 브리핑에서 화춘잉(華春瑩) 대변인은 "우리는 한국 측의 이러한 세 가지 입장을 중시한다"고 논평했다. 또한, "우리는 미군의 한국 사드배치를 일관되게 반대하고 있다"면서도 "한국 측이 이(세 가지 입장)를 실제 행동으로 옮기길 바란다. 유관 문제를 적절히 처리해 한중 관계를 조속하게 안정되고 건강한 발전 궤도로 되돌리길 바란다"라고 언급했다. 다음날인 10월 31일 남관표 청와대 국가안보실

2차장과 쿵쉬안유 중국 외교부 부장조리는 아래 요지의 「한중 관계 개선 관련 양국간 협의 결과」를 발표했다.

한국 측은 중국 측의 사드 문제 관련 입장과 우려를 인식하고, 한국에 배치된 사드 체계는 그 본래 배치 목적에 따라 제3국을 겨냥하지 않는 것으로서 중국의 전략적 안보이익을 해치지 않는 다는 점을 분명히 했다.

중국 측은 국가안보를 지키기 위해 한국에 배치된 사드 체계를 반대한다고 재천명하였으며, 동시에 중국 측은 한국 측이 표명한 입장에 유의하였으며, 한국 측이 관련 문제를 적절하게 처리하기를 희망하였고, 양측은 양국 군사당국 간 채널을 통해 중국 측이 우려하는 사드 관련 문제에 대해 소통해 나가기로 합의했다.

중국 측은 MD 구축, 사드 추가 배치, 한미일 군사협력 등과 관련하여 중국 정부의 입장과 우려를 천명하였고, 한국 측은 그 간 한국 정부가 공개적으로 밝혀온 관련 입장을 다시 설명했다.

라. 한중 양국간 협의의 문제점

한중 양국은 2017년 10월 31일 「한중 관계 개선 관련 양국간 협의 결과」 내용을 전격 발표하면서 관계 복원의 의지를 보여주었고, 한반도 비핵화 실현을 재차 확인하였으며 전략적 소통과 협력을 강화해 나가기로 하였다. 어려운 시기에 사드 갈등을 일단 봉합하는 데 중국과 합의한 점은 긍정적으로 평가되지만 내용과 추진 과정에서 많은 문제점을 야기했다.

첫째, 문재인 대통령의 조속한 방중 성사를 위해 외교부가 아니라 청와대 국가안보실 중심으로 협의를 추진하여 3불 참사가 발생했다는 평가다. 사드보복에 대한 사과도 없는 중국에게 한국이 너무나 많이 양보한 것이 아닌가 하는 우려가 제기되었다. 특히, 바로 인접해 있는 국가에게 안보 주권을 스스로 제약하는, 매우 부정적인 선례를 초래하고 한국 국민의 자존심을 심각하게 손상시켰다.

청와대는 대통령의 참모조직으로서 대통령을 먼저 생각하는 경향이 있으므로 이러한 민감한 문제에 관한 협의는 정부의 계선조직이자 실무 부서인 외교부가 원칙과 관례를 철저히 따지면서 추진해야만 국익을 제대로 확보할 수 있다. 더구나 양측 협의 결과를 한국측은 청와대 국가안보실 2차장이 발표함으로써 외교부 부장조리가 발표한 중국측과 대비되었다.

둘째, 양측 협의 결과에 대한 해석에 있어서 불일치가 존재한다. 한중 간 '3불 합의' 여부에 대해 2017년 당시 청와대 국가안보실 2차장으로서 중국측과 협의했던 남관표 주일대사는 2020

년 10월 국정감사에서 "중국에 당시 언급한 세 가지는 약속도 합의도 아니다"라는 입장을 강조했다. 그리고 강경화 외교부장 관도 국정감사에서 이 입장을 인정하는 답변을 했다. 반면 중국 은 2017년 10월 '3불 합의'가 있었다고 주장하고 있다. 따라서 향 후 이 문제가 다시 제기될 경우 한중 간 진실공방이 벌어지고 갈 등의 쟁점이 될 가능성이 크다.

셋째, 중국측이 사드문제를 계속 거론하고 있다. 시진핑 주석 이 2019년 6월 오사카에서 열린 G20 계기 한중 정상회담에서 사 드 문제 관련, "해결 방안들이 검토되기를 바란다"고 말했다. 나 아가, 중국측이 사드문제를 전가의 보도마냥 계속 거론할 우려 가 있다. 2020년 11월 방한한 왕이 국무위원 겸 외교부장은 "사 드 문제를 우선 해결하는 것이 한중 협력의 기초"라면서 "한국 측이 해결책을 제시해야 한다"는 입장을 재확인했다. 미중 경쟁 심화 속에서 중국은 거의 봉합된 듯 보였던 사드 문제를 바이든 행정부 출범 직전 한국이 미국 측으로 선회하지 않도록 하는 견 제 도구로 사용했다는 평가가 나왔다.

7. 코로나19 대응 문제

가. WHO의 미온적 대응

코로나19가 엄중한 상황에서 세계보건기구(WHO)가 중국을 의식해 본연의 역할을 망각하고 있다는 비난이 빗발쳤다. WHO 는 코로나19가 발생한 지 한참 지난 2020년 1월 30일 '국제적 공중보건 비상사태'를 선포하였다. 게브레예수스 WHO 사무총장은 "이번 선언이 중국에 대한 불신임 투표가 아니다"라며 비상사태의 주된 이유는 중국 외 지역의 발병 때문이라고 언급했다.

게다가, 국제적인 여행과 교역을 불필요하게 방해하는 조치가 있을 이유가 없다며 중국 당국이 심각한 사회·경제적 영향에도 코로나19를 억제하기 위해 취한 조치들은 칭찬받을 것이라고 말했다. 언론은 이러한 WHO의 미온적 대응은 에티오피아 출신인 게브레예수스 WHO 사무총장이 중국의 전폭적인 지지에 힘입어 사무총장에 올랐고 중국이 600억 위안(약 10조 원)을 WHO에 투자하겠다고 밝힌 것과 관련이 있을 것이라고 지적했다.

각국은 WHO의 권고와 달리 코로나19 예방을 위한 조치들에 나섰다. 미국은 공중보건 비상사태로 선포하면서 최근 2주간 중국 방문 경험이 있는 외국인의 입국을 불허하기로 하고 중국으로의 여행 경보를 최고 단계인 '여행 금지'로 높이고 중국을 다녀온 자국인은 2주간 격리 조치했다. 호주, 싱가포르도 중국발 여행객들의 입국을 금지하기로 했고, 중국과 국경을 맞댄 북한과 몽골도 사실상 국경을 폐쇄했다. 이탈리아는 중국을 오가는 항공편을 모두 중단했고, 이스라엘은 중국에서 이륙한 항공기의 자국 공항 착륙을 금지했다.

나. 중국인 입국 금지 조치 변경

한국도 대한의사협회에서 여러 차례 '중국인 입국 금지 조치' 건의를 하고 청와대 국민게시판에는 중국인 입국 금지 청원이 2020년 2월 1일 현재 62만을 상회하는 등 강력한 조치를 요구하는 목소리가 커지고 있었다. 2020년 2월 2일 정세균 국무총리 주재 관계부처회의에서 "정부는 국민의 안전과 생명이 무엇보다 중요하다고 생각하며 다소 과하다 할 정도로 조치하겠다"라는 각오와 함께 감염자 유입을 차단하기 위한 조치를 내놓았다.

2월 4일부터 후베이성을 14일 이내 방문하거나 체류한 적이 있는 모든 외국인의 입국을 전면 금지하고 제주특별법에 따른 무사증 입국 제도를 일시적으로 중단하겠다고 밝혔다. 그리고 보도 참고자료에는 (중국인 대상) 기존 관광 목적의 단기비자는 발급을 중단할 계획이며 (한국인 대상) 중국 전역의 여행 경보를 현재 여행 자제 단계에서 철수 권고로 상향 발령하고 관광 목적의 중국 방문도 금지될 예정이라고 명기됐다. 사실상 한국인이 관광 목적으로 중국에 입국하는 것이 금지되고 중국인 역시 관광 목적으로 한국에 입국할 수 없게 됐다는 의미였다.

그런데, 브리핑 후 2시간이 지난 후 "관광 목적의 단기 비자는 발급을 중단할 계획이다"에서 "관광 목적의 단기 비자는 발급을 중단하는 방법도 검토할 예정이다"라는 문구로 수정하였다. 그로부터 2시간가량 지난 후 "중국 전역의 여행경보를 현재 여행 자제 단계에서 철수 권고로 상향 발령하고, 관광 목적의 중국 방문도 금지될 예정"이라는 문구를 "중국의 여행경보를 지역에 따라 현재 여행 자제 단계에서 철수 권고로 조정하는 방안과 관광 목적의 중국 방문도 금지하는 것을 검토할 예정"이라고 변경했다.

다시 말하면 '단기비자 발급 중단'과 '철수 권고' 및 '관광 금지'라는 대책을 하나의 대안으로 검토한다는 식으로 수정하였다. 국민 건강을 위해 총리 주재회의에서 결정되고 발표된 내용을 왜 몇 시간도 안돼서 급하게 바꾸었는지, 그 과정에 누가 개입했는지 의문이 제기되었다. 국민보건 문제 앞에 외교적 요소 등 다른 고려를 해서는 안 되는 것이고 특히 일단 결정되고 명시적으로 표명된 사안에 대해서는 의연하게 대처하는 것이 원칙이다.

다. 미온적인 대중국 조치 원인

다음날 2월 3일 문재인 대통령은 청와대에서 수석보좌관회의를 주재하며 "중국의 어려움이 바로 우리의 어려움으로 연결된다"며 중국에 대한 지원과 협력을 강조했다. 한국 정부는 시진핑 주석이 방한하면 북핵 문제도 해결할 수 있고 중국의 사드 제재와 한한령(限韓令)도 마침표를 찍을 수 있다는 막연한 기대감을 가지고 있었다. 2020년 2월 20일 한중 정상 간 통화 이후 청와대는 "두 정상은 변함없이 금년 상반기 방한을 추진하기로 하고 구체적인 시기는 외교 당국 간에 조율하기로 했다"고 전했으나 중국 외교부의 문건이나 언론보도에는 시진핑 주석의 방한에 대한 언급은 없었다.

정부는 이웃 국가와의 관계도 중요하지만 국가의 안위와 국민의 행복과 인권, 그리고 국익을 최우선으로 중시하는 것이 마땅하다. 무릇 지도자는 신념윤리보다는 강한 책임윤리에 따라 업무를 수행해야 한다. 언론과 정치권에서는 시진핑 주석의 방한을 고려하여 중국에 대한 적극적인 격리 조치를 하지 않았을 것이라는 비판이 쏟아졌다.

라. 중국의 한국인 입국 단속 조치

부임차 서울에 도착한 지 며칠 되지 않은 신임 주한 중국대사가 2020년 2월 4일 대사관에서 긴급기자회견을 열어 한국 정부가 취한 '후베이성 관련 조치'를 우회적으로 비판했다. 한국 정부가 세계보건기구(WHO)와 같은 과학적이고 권위 있는 기구에 '근거'하는 조치를 취하면 되는데, 너무 오버했다는 게 비판의 골자였다.

그런데, 한 달 여 후에 중국은 자국 상황이 나아지고 반면에 한국에서 코로나19가 창궐하자 단호한 조치를 내렸다. 2020년 3월 25일 한국 국민의 중국 입국을 엄격히 제한하는 조치를 한 것이다. 인천시에서 방역 마스크 2만 장을 받아간 웨이하이(威海)시의 공항 당국이 인천발 승객 167명을 격리 조치한 것을 시작으로 한국인들을 격리 조치했다. 한국 정부의 항의를 받고 중국 정부는 이런 일이 "중앙 정부 의지와는 관계없다"고 말했다. 사회주의 국가로서 중앙의 지시가 일사불란하게 지방에 하달되는 중국 체제의 특성을 감안한다면 이 말을 곧이곧대로 믿는 사람은 없을 것이다.

2020년 6월 9일 한중 외교장관 통화에서 중국측의 제의로 필수적인 경제활동과 기업인의 왕래를 보장하는 '패스트트랙'이 시행되었다. 당시 한국 정부와 언론은 중국의 호의를 대대적으로 선전한 바 있었다. 패스트트랙을 적용받게 되면 입국 직후 코로나19 진단검사를 받고 음성이 나온 사람에 한해 2일간 자가격리한 뒤, 거주지와 일터만 머물 수 있는 조건으로 외부활동을 할 수 있다. 그러나 불과 5개월 뒤인 11월 11일 중국은 해외에서 유입되는 신종 코로나바이러스 감염증(코로나19) 환자가 증가한다는 이유로 한중 기업인 입국절차간소화 제도(패스트트랙)을 중단시켰다.

그리고 얼마 뒤 중국은 한국 국민의 중국 입국조건을 강화하는 조치를 발표했다. 2020년 11월 26일 주한 중국대사관은 12월 1일부터 한국발 중국행 항공편 승객이 탑승 전 받아야 하는 검사를 두 종류로 늘리는 조치를 발표했다. 이전까진 한국 출발 전

코로나 PCR 검사만 2회 요구했다. 여기에 혈청 항체 검사까지 추가로 요구한 것이다. 대신 PCR 검사 횟수는 1회로 줄였다. 탑승 전 2일 안에 받은 PCR 검사와 혈청 항체 검사에서 모두 음성 결과가 나왔다는 것을 중국대사관에서 확인받아야 중국행 비행기에 탈 수 있다. 한국 정부가 중국발 입국자를 대상으로 시행하는 검역 조치에 비해 중국 측 조치가 과도하다는 불만이 나왔다.

화이자, 모더나 등 최고 수준의 백신을 접종한 한국인들은 중국 입국 후 단축된 격리 기간의 혜택을 받지 못하고 있는 반면에 효과가 크지 않은 것으로 알려진 중국 백신을 접종한 중국인 입국자는 단축된 격리 기간의 혜택을 보았다. 한국은 전 세계에서 시노팜과 시노백 등 중국 백신 2종을 맞은 여행자에 대한 입국 시 격리를 완전히 면제해 주는 첫 번째 국가였다.

#05

한중 양국관계에
영향을 주는 주요 요인

●
●
●

5_ 한중 양국관계에 영향을 주는 주요 요인

1. 북한 및 북핵 문제

가. 시기별 대북한 인식 변화

중국은 전통적으로 북한을 국공내전과 한국전쟁에서 피를 나눈 혈맹이고 사회주의 국가라는 이념적 동질성을 갖고 있는 국가이자 동북부 국경지역 안정과 해양세력 차단을 위한 완충지대로서 중요시해 왔다. 중국은 북한의 붕괴는 자국의 안보와 안정에 심각한 위협이 될 것으로 보고 있다. 대량 난민이 발생할 뿐만 아니라 서구민주주의의 한국과 국경을 접함으로써 중국의 체제 안정에 불안을 야기하고, 특히 주한 미군이 압록강과 두만강에 연접하여 배치된다면 안보에도 심각한 상황을 초래한다고 보기 때문이다. 베트남 통일 후 국경 분쟁과 전쟁 발발이 중국에게 큰 교훈으로 작용하고 있다. 1980년 1월 황화 외교부장은 내부 연설에서 동북부에 제2의 베트남 출현을 원하지 않는다고 언급한 바 있다.

마오쩌둥 시기의 중북관계는 혈맹적 동맹관계라고 할 수 있다. 중국 혁명전쟁과 공산당 정권 수립, 한국전쟁 과정에서 맺어진 북한과의 이념적, 역사적, 인적 유대감을 공유하고 있었다. 특히, 한국전쟁에 '항미원조(抗美援朝)'의 기치를 내걸고 참전하였고 1961년 7월 11일 자동개입조항이 있는《중조 우호협력 및 상호원조 조약》을 체결하였다. 그리고 고위층간 상호방문은 북중 양국간 특수 관계 과시와 중국의 북한문제 관리 메카니즘으로 기능하였으며 빈번하게 이루어졌다.

덩샤오핑 시기에는 미중관계 개선에 따라 한반도 문제가 미중관계에 결정적으로 저해되지 않는 구조, 즉 '한반도 문제의 한반도화'로 전이되는 양상을 보이기 시작하였다. 경제발전을 위한 전방위 대외개방 전략에 입각하여 한반도의 안정을 중시하고 북한 일변도에서 한국을 교류와 협력의 실체로 인정하는 방향으로 전환하였다. 물론 덩샤오핑 시기에도 안보와 전략적 측면을 고려한 북한에 대한 체제보장 지원과 동맹관계는 중시되었고 고위층간 교류 전통도 지속되었다.

장쩌민 시기에는 중북관계가 점차 국가이익에 근거한 관계로 변화되었다. 지도부의 세대교체로 인해 인적 유대가 크게 약화되고, 중국의 경제우선 발전전략과 냉전의 종식은 북한의 상대적 중요성을 감소시켜 점차 중북 관계가 혈맹에서 국가이익에 근거한 관계로 변화되는 동인이 되었다. 이 시기 중국의 대북한 정책은 설득과 지원을 병행하였다. 북한이 도발하면 식량 및 비료 등 원조를 제공하면서 설득을 도모하였고 대북제재나 국제사회의 압박에는 반대하는 태도를 보였다.

후진타오 시기 중국은 국제사회에서의 지위와 책임감의 상승으로 북한을 포용하는 부담감이 급증하자 일정한 제재와 압박에 동참 또는 묵인하는 입장을 취하면서 설득과 압박을 병행했다. 북한의 혼란이나 붕괴를 막고 북한에 대한 영향력을 유지하기 위하여 원조를 제공하는 한편 북한의 개혁개방을 권유하였다.

2005년 10월 후진타오 주석이 북한을 방문했다. 후진타오 주석은 김정일 위원장에게 중국식 사회주의 모델의 성과를 보여줌으로써 개혁개방의 필요성을 강조했다. 이와 함께 양측 고위층 왕래 지속, 교류영역 확대, 경제협력 강화, 적극적인 협조 등 양국 우호협력 증진을 위한 4개항을 제안했다. 이어서 2006년 1월 김정일 위원장이 중국을 방문하였다. 2009년 5월 북한의 제2차 핵실험 이후 5개월 만인 10월 중북 수교 60주년 계기에 원자바오 총리가 전격 방북하고, 2010~2011년 김정일 위원장이 네 차례 중국을 방문하는 등 고위급 교류가 활성화되었다.

중국은 2010년 3월 천안함 사건, 11월 연평도 포격 사건 등 북한의 일련의 도발에도 불구하고 '순망치한(脣亡齒寒)'으로 대표되는 북한의 지정학적 가치가 여전히 중요하다는 인식하에 북한을 두둔하는 양상을 보이고 고위급 교류도 유지하였다. 후진타오 시기에 중북관계는 전통적 우호협력 관계를 지향하는 양태를 보였다고 평가할 수 있다.

태자당 출신 시진핑은 2008년 6월 당시 국가 부주석으로서 평양 방문시 '한국전쟁이 정의로운 전쟁'이며 "중북간의 우의는 피로 맺은 우정이다"는 점을 강조했다. 북한이 사회주의 혁명과 전쟁을 함께한 맹방이요 혈맹이라는 전통적인 인식을 가지고 있을 뿐만 아니라 한반도 인식이 이념적으로 매우 경직되어 있다는 평가를 받았다. 그런데, 무자비하게 장성택을 숙청하는 부도덕한 통치 행태, 인민의 기본 의식주조차 해결 못하는 지도자의 무능함에 대한 심각한 회의와 일련의 핵실험과 장거리 마사일 발사 등으로 북한에 대해 부정적 인식을 가지면서 냉담한 대북정책을 실시하였다.

시진핑 시기 초기에는 상당 기간 최고 지도자간 상호 방문이 실현되지 않았을 뿐만 아니라 역사상 처음으로 북한 보다 먼저 중국 최고 지도자의 한국 단독 방문이 이루어졌다. 시진핑 주석은 이렇게 대북한 인식 변화 가능성을 보여 주었지만 남북 정상 회담과 북미 정상회담 과정에서 북한과의 밀착 행보로 전환하였 다. 김정은 위원장이 전격적으로 2018년 3월 시작으로 1년 반이 라는 짧은 기간에 5차례 중국을 방문하고 시진핑 주석은 2019년 6월 중국 최고지도자 신분으로는 14년 만에 북한을 방문하였다.

이러한 과정 속에서 중북 양국은 사회주의 국가의 동질성을 강화하고 중국이 북한의 든든한 조력자임을 확인했다. 최근에 드러나는 모습은 한중관계의 긴밀화보다는 상대적으로 중국과 북한의 접근이 더욱 가속화되고 긴밀화되는 경향을 보이고 있 다. 중북 양국간 전통우의를 회복하고 완전한 관계정상화에 들 어선 것으로 평가된다.

나. 북핵문제 관련 중국의 입장 변화

북한의 일련의 핵실험 감행은 북한 체제 안정과 북한의 비핵 화라는 정책목표를 동시에 달성해야 하는 중국에게 전략적 딜레 마 상황을 야기하고 있으며 북핵에 대응하는 정책에 있어서 시 기적으로 변화 양상을 보여 왔다.

1993~1994년 1차 북핵위기시 북미 양국이 제네바 합의문에 서명하기까지 IAEA와 유엔 안보리에서 여러 차례 논의를 하였 으나 중국은 '한반도 비핵화 지지와 대화에 의한 해결'이라는 원

칙적 입장을 표명하면서 북한을 고려하는 태도를 보였다. 다만, 직접 나서서 대화를 중재하거나 문제 해결에 대한 적극성을 보이지는 않았다. 1993년 3월 31일 IAEA 특별이사회가 "사무총장에게 북한의 협정불이행 상황을 유엔 안보리 및 총회에 보고할 것" 등의 내용이 포함된 결의가 채택될 때 중국은 반대하였다.

1993년 4월 8일 'NPT 당사국의 조약준수 중요성을 재확인'하는 등의 안보리 의장성명이 채택되는 과정에서 중국은 미국 등이 주장하는 직접적이고 강도 높은 촉구내용을 담는 데 반대하고 원칙 천명 수준을 주장하였다. 5월 11일 '북한의 NPT 탈퇴 선언 재고를 촉구'하는 유엔 안보리 결의안을 채택하였을 때 기권하였다. 1994년 미국이 1993년의 유엔 안보리 의장성명과 결의안을 바탕으로 더욱 강력한 결의안을 채택하려 하자 중국은 이에 반대하고 구속력과 제재가 없는 의장성명을 지지했다.

그런데, 1997년 동아시아 금융위기 상황에서 중국은 위안화 가치를 절하하지 않았고 동남아 국가에 40억 달러를 지원하여 금융위기를 극복하는 데 도움을 주었던 것을 계기로 자국의 정체성을 '책임감 있는 대국'으로 인식하기 시작했다. 이러한 인식에 따라 중국은 2002년 제2차 북핵 위기 발생시 북핵 문제 해결을 위해 적극적으로 개입하였다. 북한 핵문제가 초래할 수 있는 비용을 최소화 하면서 역내 안정, 북한에 대한 영향력 유지 및 미국과의 협조관계를 유지할 수 있는 방안을 모색하였다. 북한과 미국 사이에서 중재자 역할을 자처하며 6자회담을 성사시키고 관련국 간의 합의가 도출될 수 있도록 조정력을 발휘하는 등 북한 핵문제의 평화적 해결을 위해 보다 적극적인 역할을 전개하였다.

다만, 이때에도 북한의 안보 우려를 고려하여야 한다는 입장을 견지하면서 북핵문제에 대처하는 태도는 상황에 따라 차이를 보였다. 우라늄 농축 의혹이 불거지고 북한이 NPT 탈퇴를 선언한 직후인 2003년 2월 IAEA 이사국들은 만장일치로 이 문제를 안보리에 상정하기로 결의하였다. 중국도 IAEA의 북한문제에 대한 안보리 회부 표결에서 찬성표를 던졌다. 2006년 북한의 1차 핵실험 이후에 비핵화를 강조하면서 압박 중심의 정책을 시행하기도 하였다. 당시 중국은 '제멋대로'라는 격한 표현을 사용하면서 북한에 이른바, '전략적·국제적 차원'에서 압박정책을 구사하였다.

중국이 대북 압박정책을 구사하는 동안 미국과 북한은 비밀접촉을 통해 미국의 대북 금융제재인 BDA 문제를 해결하면서 관계 개선을 추진했다. 중국이 북한의 제1차 핵실험 이후 배운 교훈은 "미국보다 먼저 나서지 말라"는 것이었다. 2009년 북한의 2차 핵실험 이후에는 갈등적 미중관계와 북한 체제 불안정 초래 우려 및 북한의 1차 핵실험 이후 학습효과 등을 바탕으로 북한 체제의 안정을 고려하는 정책을 실시하였다. 이 무렵 중국은 내부적으로 북한문제와 북핵문제를 분리해 접근하기로 결정한 것으로 알려졌다.

그러다가 2013년 초 제3차 핵실험을 하는 등 북한의 도발이 지속되자 시진핑 정부는 핵문제 해결이 없는 한 한반도의 평화와 안정이 보장되기 어렵다는 입장으로 선회했다. 협력적 미중 관계와 갈등적 중북 관계 상황에서 다시 비핵화를 강조하면서 북한에 대해 압박 중심의 강경한 입장을 취했다. 핵실험 및 장거리 미사일 발사에 대한 유엔 안보리 대북제재가 논의되는 과정에서 북한을 감싸기 보다는 강력한 대북제재에 동의하고 전면적인 제재 이행을 표명하였다.

그러나 남북 정상회담 및 북미 정상회담 분위기 속에서 중국은 북한의 전략적 중요성을 다시 인식하게 되었다. 남북 정상회담과 북미 정상회담 과정에서 '차이나패싱' 우려와 북미간 밀착 가능성이 제기되면서 중국은 북중 관계 회복 필요성을 인식하고 북한과의 관계 정상화와 강화를 추진하였다. 중국은 북한이 수차례 극초음 미사일 및 ICBM급 미사일 등을 발사하였지만 러시아와 함께 안보리 대북제재안에 대해 거부권을 행사하였다.

다. 북핵 고도화 과정에서 북한의 술책과 한미 등 국제사회의 실책

그동안 한국 정부는 북한의 핵개발 저지를 위해 미국, 중국 등과 협력하여 노력해왔으나 막지 못했다. 특히, 한국이 오히려 경제지원을 제공하면서 남북통일의 꿈에 젖어 있는 사이에 북한은 한국이 제공해준 달러를 십분 활용하면서 핵개발에 전력투구해왔고, 마침내 그 꿈을 사실상 이루었다. 이제 북한 핵문제는 한국에 커다란 멍에가 되었다. 문제는 북한의 핵·미사일 고도화에 따라 남한에 대한 북한의 자세가 고압적으로 변해가고 북한이 군사적 우위뿐만 아니라 정치적 우위와 통일의 주도권까지 장악하려는 전략을 구사할 가능성이 크다는 점이다.

북한 핵문제가 이처럼 한국의 운명을 짓누를 줄은 상상하지 못했는데, 그것은 상황 악화 방지에만 급급했고 근본적이고 과단성 있는 조치를 회피했기 때문이다. 특히, 제1차 북핵위기시에 강력한 제재조치를 취했더라면 북한의 핵개발 의지를 무산시킬 수도 있었을 것이다. 북한의 핵개발 완성이 아직 요원하던 시절이었고 더구나 북한이 경제적으로 매우 어려운 시기였으며 미국이 압도적인 힘을 과시하고 있었기 때문이다.

북핵 위기가 고조되자 미국은 북한의 도발에 대응과 압박을 병행하기 위해 한반도와 주변 지역에 군사력을 증강했다. 김영삼 정부도 보조를 맞추어 대북한 교류 금지령, 무역 금지령에 이어 예비군 소집 점검까지 실시했다. 그런데, 미군의 군사력 증강 규모가 상상을 초월하고 주한 미대사관이 미국인 소개령까지 검토하는 상황에 이르자 한국에서는 전쟁 발발 가능성을 우려하는 목소리가 터져 나왔고, 급기야 전쟁 공포에 휩싸이기 시작했다. 전쟁이 터지면 개전 초기에 수백만의 인명 사상이 발생할 수 있다는 이야기가 나왔다.

결국 한국 정부는 주한미군의 패트리어트 미사일 추가배치를 고의로 지연시켰다. 미국은 진퇴양난의 난처한 상황에 처하게 되었다. 북한의 무력도발 가능성에 대응할 수 있는 군사적 대비태세가 갖추어지지 않고서는 유엔 안보리에서 대북한 제재조치 채택을 실행에 옮길 수 없다는 것이 미국이 처한 딜레마였다. 북한과 외교적 일전을 막 시작하려는 예민하고 중요한 그 순간에 불청객이 나타났다. 카터 전 대통령이 김일성의 초청을 받아 '개인자격으로' 평양을 방문하여 김일성을 만나 이른바 '평화를 위한 담판'을 가졌다.

김영삼 정부도 못마땅하게 생각했으나 카터가 귀로에 서울에 들러 김일성의 남북정상회담 제의를 전달하자 태도가 급변했다. 김일성의 남북정상회담 제의는 미국의 유엔 제재조치 추진과 군사적 대응 준비로 궁지에 몰렸던 김일성이 위기모면을 위해 던진 노회한 승부수였다. 위기 상황은 종식되었다. 그러나 김영삼 대통령이 기대했던 사상 최초의 남북정상회담은 김일성의 갑작스런 사망으로 무산되었다. 북미 고위급 회담은 재개되어 '북미 제네바 합의'가 나왔다. 북한은 승리하였다고 크게 자축하였다.

'제네바 합의'의 특성은 불신을 전제로 한 '정치적 합의'였기 때문에 법적 의무가 없는 합의된 이행구조(agreed framework)에 불과했고, 핵 동결을 통해 현상을 유지하여 상황의 악화를 방지하는 현상유지적인 합의였다. 그 후 북한은 벼랑 끝 전술(brinkmanship)을 구사하면서 도발과 대화를 반복하며 핵과 미사일을 고도화했다. 2002년 10월 고농축우라늄(HEU) 프로그램 문제가 대두되자 북한은 2003년 1월 NPT 탈퇴를 천명했다. HEU 문제는 '제2차 북핵 위기'의 시작이 되었으며 '북핵 위기' 재연으로 제네바 합의가 이행된 8년 동안 북핵의 근원적 해결이 전혀 이루어지지 않았다는 사실이 확인되었다.

이러한 상황에서 6자회담이 개최되었다. 이때 핵심과제는 핵 프로그램 해체문제, 합의이행문제, 경수로 문제, 대북한 안전보장 문제 등이며, 핵 프로그램과 관련해서 CVID(Complete, Verifiable, Irreversible Dismantlement, 완전하고 검증 가능하며 돌이킬 수 없는 폐기)라는 용어가 처음 등장했다. 우여곡절 끝에 6자 회담은 2005년 '9·19 공동성명'이라는 합의문을 도출했다. '9·19 공동성명'이후 BDA 문제와 2006년 7월 5일 북한의 노동미사일 발사와 유엔 안보리 결의안 1695호 채택, 2006년 10월 9일 제1차 핵실험과 유엔제재 결의안 1718호 채택 등 일련의 상황이 전개되었다.

이후 미북은 논의를 거듭한 후 2007년 '2·13 합의'에 도달했다. 9·19 공동성명 이행을 위한 초기조치인 '2·13 합의'는 핵 프로그램의 동결-불능화-신고-폐기의 과정 중 동결 부분에 관한 이행절차를 구체화한 것이다. 이어서 '10·3 합의'가 도출되었으나 검증문제 때문에 실질적인 진척이 되지 않았다. 이런 와중에 북한은 2009년 5월 25일 제2차 핵실험을 하면서 북한의 기만전술과 행태의 본질이 더욱 분명히 드러났다.

2011년 12월 김정은의 집권과 동시 북한이 핵개발에 전력투구하면서 북핵 문제는 새로운 위기에 직면했다. '3차 북핵 위기'라고 할 수 있다. 북한은 2012년 1월 13일 헌법 개정을 통해 전문에 '핵보유국'을 명시하고 12월 12일 장거리 로켓 '은하 3호'를 발사하였으며 2013년 2월 12일 3차 핵실험에 이어 3월 당중앙위원회 전원회의에서 '핵·경제발전 병진노선'을 채택하였다. 그리고 2016년 1월 6일 제4차 핵실험을 시작으로 9월 9일 5차 핵실험과 2017년 9월 3일 제6차 핵실험을 감행했다. 2017년 11월 29일 '화성-15형' 대륙간탄도미사일(ICBM)을 시험 발사하면서 '국가 핵무력 완성'을 선언하고, 미국 등 국제사회에 핵보유국 지위의 인정을 요구했다.

이 같은 북한의 핵 고도화는 역설적으로 한국과 미국의 대북전략이 총체적으로 실패했을 뿐만 아니라 애초 처방이 잘못 되었다는 것을 말해 주었다. 더 이상 북한의 도발을 좌시할 수 없다고 판단한 유엔 안보리는 강력한 제재결의안을 통과시켰다.

북한산 광물과 수산물의 수입을 전면 금지하고 북한 노동자의 신규고용을 금지하여 북한의 외화수입을 차단했다. 북한이 제6차 핵실험을 실시하자, 북한산 섬유제품 수입을 전면 금지하고 북한과의 합작투자를 금지하고 400만 배럴로 원유 공급을 동결하되 정유제품에 대해서는 200만 배럴로 제한하는 내용의 결의안을 채택하였다.

2017년 11월 북한이 ICBM을 시험 발사하자 유엔 안보리는 대북한 에너지 공급을 더욱 제한하는 결의안을 채택했다. 북한 원유 수입 한도를 400만 배럴, 정제유 수입 한도를 연간 50만 배럴로 제한하고 북한에 정제유를 공급한 나라들에 매월 대북 공급량을 보고하도록 했다. 이에 더하여 미국 정부는 북한과 무역 및 금융거래를 하는 외국의 개인, 기업, 금융기관에 대해 미국 은행시스템 접근금지 등 강력한 제재를 가하는 내용의 세컨더리 보이콧(Secondary Boycott) 명령을 내렸다.

강력한 제재조치가 시행되자 김정은은 할아버지 김일성이 제1차 북핵위기시 구사한 전략처럼 갑자기 전략을 바꾸어 국면전환을 노렸다. 남북 정상회담과 북미 정상회담 카드를 동시에 꺼내들어 위기를 넘기려 했다. 결국 김정은은 초강대국 미국 대통령과 당당히 회담에 임하는 모습을 연출하면서 세계적인 관심을 이끌어내고 상황 주도권까지 장악했다. 외교적 이니셔티브를 통해 무엇보다도 제재조치의 조기 해제를 노렸다.

그러나 싱가포르 북미정상회담 및 하노이 북미정상회담에도
불구하고 미국 행정부는 "최종적이고 완전하게 검증된 비핵화
를 달성할 때까지 제재가 유지될 것"이라는 원칙만은 확고하게
고수했다. 북핵이 고도화되었지만 뒤늦게나마 이러한 강력한 제
재조치가 시행되고 유지된 것은 북핵문제 해결을 위한 희망을
갖게 한다. 다만, 이 희망의 실현여부는 북한과 긴밀한 관계에
있는 중국이 얼마만큼 안보리 제재조치를 지속적이고 확실하게
이행하느냐에 달려 있으며 국제사회는 중국이 제대로 이행하도
록 계속 관심을 기울여 나가야 한다.

2. 중국의 부상과 시진핑 체제

가. 중국의 부상

중국은 1978년 말 공산당 11기 3중 전회에서 개혁개방 정책
실시 방침을 천명했지만, 1990년대 초반에 들어 물가상승 압력,
천안문 사건으로 촉발된 사회불안 증가, 사회 곳곳에 남아 있는
계획경제의 낡은 유산 등 많은 문제에 직면했다. 이를 극복하고
국가발전을 지속하기 위해서는 개혁개방의 정당성을 상징적으
로 보여줄 필요가 있었다. 덩샤오핑은 1992년 초 88세의 노구를
이끌고 '남순강화'를 하면서 개혁개방을 독려하였으며, 그 후 중
국은 개혁개방 정책을 더욱 더 적극화하면서 급속한 경제발전을
이루었다.

2001년 WTO 가입은 '수출을 통한 성장'의 전기를 마련하여 중국의 발전에 날개를 달아 주었다. 클린턴 대통령은 의회 지도자들을 설득하면서까지 중국이 WTO에 가입할 수 있도록 힘을 실어 주었다. 한편, 미국은 9·11 테러, 2008년 리먼브라더스 세계 금융위기로 인해 어려움에 봉착했던 반면에, 중국은 세계 금융위기를 계기로 약진했다.

중국 기업들은 재무구조가 악화되어 철수할 수밖에 없었던 선진국 기업들이 남겨둔 공장들을 흡수하였다. 나아가 중국 기업들은 볼보 등 유수의 외국기업들을 인수하여 기술적으로 도약할 수 있는 발판을 마련했다. 세계 경제위기의 여파로 다른 나라들의 힘이 약화되고 있는 사이에 중국은 빠른 속도로 앞으로 치고 나갔다. 2010년 중국의 GDP 규모가 일본을 넘어 세계 제2위에 등극하고 G2 일원으로 본격적으로 거론되기 시작했다.

"1949년에는 사회주의가 중국을 구했고 1979년에는 자본주의가 중국을 구했으며 1989년에는 중국이 사회주의를 구했고 2009년에는 중국이 자본주의를 구했다."라는 말이 중국의 지식인들에게 회자된 적이 있다. 공교롭게도 모든 연도가 '9'로 끝나는데 1949년은 중화인민공화국 수립해이고 1979년은 미중관계 정상화 해이다. 1989년은 천안문 사건이 일어났던 해이고 2009년은 세계 금융위기와 관계가 있다. 중국이 자본주의를 구했다라고 말하는 것은 '베이징 컨센서스'라고 불리는 중국의 발전모델이 지구적인 영향력을 떨치게 되었음을 선언하는 의미가 있다. 2009년 중국은 세계 자동차생산 1위국, 무역규모 1위국으로 부상하였다.

나. 중국의 발전전략

2008년 미국발 금융위기를 보면서 중국은 미국의 시장에 의존해서 발전하는 시대는 지났다고 판단하게 되었다. 나아가 자신의 담론과 의제를 가지고 세계를 이끌어 나아갈 준비를 해야 한다는 방침하에 다음과 같은 정책을 추진해 나가기 시작했다.

첫째, 내수시장 확대를 중심으로 발전전략을 전환하는 것이다. 저임금을 기반으로 외국 자본과 기술을 유치하여 수출을 통해 성장하는 기존의 방식은 한계가 있다고 인식하고 내수시장의 확대를 새로운 지속가능 성장의 장기적 동력으로 삼아야 한다는 것이다. 이 발전전략 전환의 핵심은 수요 측면에서는 내수 소비를 확대할 수 있는 메카니즘을 만드는 것이고 공급측면에서는 산업고도화를 통해 고부가가치 산업을 육성하는 것이다.

중국의 산업고도화를 통한 고부가가치 산업 육성정책은 중국 기업들이 절대적으로 이득을 보는 결과로 나타났다. 중국은 시장의 원리가 작동하는 것처럼 보이지만 그 시장은 평평한 시장이 아니라 기울어진 시장이다. 현지 기업들이 중국 정부의 비호와 '카피캣'(모방자) 전략 그리고 현지 밀착 서비스를 무기로 약진한 반면에 외국 IT.인터넷 기업들은 현지 기업들과의 경쟁에서 뒤쳐져 중국에 뿌리를 내리지 못했다.

그래서 중국은 글로벌 IT.인터넷 기업들의 무덤이라고 불린다. 중국은 '안전(security)'에 이어 '인터넷 주권'을 표방하면서 사실상 외국 인터넷 기술 기업들의 중국시장 진출을 제어하고 있다. 또 하나의 만리장성인 '만리방화벽(Great Firewall of China)'을 쌓고 있다. 이미 우리의 일상생활 속에 있는 구글, 페이스북, 트위터, 유튜브는 중국에서 접속이 안 된다.

중국의 IT.인터넷 공룡들의 발전은 비슷한 과정을 밟아왔다. 먼저 중국 정부의 진입 규제정책으로 인해 외국 기업들의 중국 진출이 사실상 막혀있는 틈을 타서 중국 기업들이 넓은 내수 시장을 개척하고 독식해 갔다. 이베이(eBay)가 중국에 진출할 때 알리바바의 마윈은 이베이가 바다의 상어라면 알리바바는 창장(長江)의 악어라고 말하며 바다에서 싸우면 모르겠지만 자국의 강에서 싸운다면 이베이를 이길 수 있다고 자신했다.

결국 이베이는 진출 3년 만에 중국 시장에서 철수했다. 중국의 IT.인터넷 공룡들은 내수 시장을 장악한 후에는 큰 덩치와 배가된 기술력을 바탕으로 해외로 시장을 확대해 나갔다. 대륙의 실수로서 카피캣 기업의 대명사로 일컬어진 샤오미가 '가성비'

를 무기로 휴대폰을 비롯하여 많은 부문에서 세계 시장을 휘젓고 있다.

그런데, 중국의 후진적인 상황이 오히려 IT.인터넷 서비스 발전에 유리하게 작용하고 있다. 유선전화 시대를 건너뛰고 휴대전화 시대로 나간 것처럼 신용카드 시대를 건너뛰고 스마트폰 간편 결제시대로 나아갔다. 이것은 'Leapfrog 전략'이라고 하는데 자기키의 몇 배로 점프하는 개구리처럼 크게 성장하는 현상을 의미한다. 낙후된 환경에 있다가 기술혁명으로 인해 첨단기술이 경제생활 전반에 급속히 보급되어 생기는 현상이다.

선진국의 경우 기존 기술에 익숙한데다가 효율화를 위한 각종 법·제도와 인프라가 구축된 상태에서 새로운 기술혁명에 맞는 환경을 다시 조성하려면 이해충돌 관계를 조정하고 법 개정이나 제정에 따른 시간이 소요되는 등의 걸림돌이 많다. 한국도 마찬가지이며 각종 규제 법안이 쏟아지고 있어 선진국보다 더 어려운 상황이라고 볼 수 있다. 반면, 중국은 이러한 제약에 걸릴 일이 없고 거기다가 사회주의 효율성이 뒷받침되어 빠르게 앞으로 치고 나갈 수 있었다.

창업 열기도 중국의 기업 성장에 중요한 요소로 작용하였다. 알리바바, 텐센트, 바이두 등 현재 중국에서 이름을 날리고 있는 IT.인터넷 기업들은 대부분 역사가 짧은 창업기업이다. 허페이

(合肥)에 있는 중국과학기술대학교 학생들이 창업한 회사인 아이플라이텍은 중국 음성 인식 시장의 70%를 장악하고 있다. 세계 상업용 드론시장의 약 70%를 장악하고 있는 DJI 창업자는 1980년생인 바링허우(八零后)이다. 이러한 기업들은 혁신을 통해 새로운 기술을 개발하여 사업 영역을 확장하고 있다.

두 번째 전략은 혁신발전 전략이다. 추격형 전략으로는 세계 시장을 선점할 수 없다는 인식하에 혁신적 전략을 마련해야 한다는 방침을 추진해 왔는데, 그 핵심이 바로 「중국제조 2025」이다. 차세대 IT, 로봇, 항공우주 장비, 신에너지 자동차, 바이오의약 등 제조업 핵심 산업 10대 분야와 스마트 제조업 육성, 첨단 장비의 혁신 등 5대 중점 프로젝트를 제시했다. 기술력을 확보하기 위해 천문학적인 자금을 투입하여 인수·합병(M&A)을 지원하고 있는데, 독일 로봇 기업 쿠카를 인수하여 로봇 분야에서 강자로 떠올랐다. 독일 반도체 회사인 '아익스트론(AIXTRON)'은 거의 인수단계까지 갔으나 미국의 견제를 받아 실패하기도 했다.

중국 정부가 취하고 있는 세 번째 조치는 일대일로(一帶一路) 정책이다. 일대일로는 실크로드의 옛 영광을 재현하고 중국몽을 실현하기 위한 대규모 대내외 구상으로 중앙아, 동남아, 서남아, 중동, 아프리카를 거쳐 유럽에 이르는 지역을 육로와 해로로 연결하여 관련 국가들과의 협력을 강화하는 전략이다. 거시적으로는 신중국 성립 100주년이 되는 2049년까지 내다보며 육상과 해상 실크로드를 따라 인프라 개발과 무역 증대를 통해 국익을 확보해 나가겠다는 전략이며, 일대일로 정책 추진의 동력으로 아시아인프라투자은행(AIIB)을 설립했다. '채무장부 외교'라는 비난을 받고 있지만 중국은 일대일로 정책을 통해 계속 영향력 확대를 도모해 나갈 것으로 전망된다.

넷째, 중국판 뉴딜 전략인 '양신일중(兩新一重)' 정책을 표방하였다. '양신일중'은 2020년 전인대 정부업무 보고시 제시된 것으로 2개의 신경제(신형 도시화 건설, 신형 인프라 건설)와 1개의 중대 프로젝트(중대형토목공사)로 구성되어 있다. 코로나19를 극복하고 포스트 코로나에 대비해 기초 인프라와 신형 인프라 투자를 적극적으로 추진하겠다는 것이다. '양신일중'에서 가장 핵심적인 것은 '신형 인프라 건설'이며, 5G, 데이터센터(IDC), 인공지능(AI), 궤도열차, 특고압설비, 전기차 충전설비, 산업인터넷 등 7대 신형 인프라 건설 중점 추진 분야가 제시됐다.

신형 인프라 투자는 비대면 경제에 적합한 조치로 경기 부양은 물론 전반적인 산업 능력 제고와 4차 산업혁명 선도까지 염두에 둔 방안이자 '질적 성장, 내수부양, 공급측 개혁'을 위한 종합적인 해결책으로 추진되고 있다. 한편으로 신형 인프라 투자는 미국으로부터 압박을 받고 있는 「중국제조 2025」의 우회로라고 볼 수 있으며 중장기적 측면에서는 미국으로부터의 산업기술 의존도를 낮추고 디지털 경제 시대의 주도권을 확보해 나가겠다는 복안이다. '양신일중'정책은 <제14차 5개년 경제·사회발전 계획(2021~2025 : 14.5 규획)>과 <2035년 중장기 비전과 목표>로 발전되고 있다.

다. 시진핑 체제 강화 및 장기화

시진핑 주석은 2012년 제18차 중국 공산당대회에서 총서기가 되면서 당 중앙군사위주석직도 함께 이어받았다. 장쩌민 주석은 후진타오 주석 초기에 약 2년 동안 중앙군사위주석을 유지하면서 배후에서 상당한 영향력을 행사하여 후진타오 주석은 제약을 많이 받았다. 그러나 시진핑 주석은 군사위주석직을 함께 이어받았는데, 이것은 신임 지도자가 명실상부하게 권력을 이양을 받는 조치이다. 이로써 시진핑 주석은 초기부터 자신의 의지대로 정책을 추진할 수 있었다.

시진핑 주석은 최고 지도자가 되자마자 반부패 조치를 실시하였다. '8개항' 부패척결 방침을 제시하고 '호랑이든 파리'든 다 잡겠다고 반부패 투쟁을 강력히 전개해 왔다. 그리고 철저한 '쌍개(雙開, 공직 박탈 및 당적 박탈)' 처분을 통해 반대 세력을 무력화시키고 있다. '쌍개' 특히, 당적 박탈까지 받으면 이후에 상황이 호전되어도 다시 살길이 없어 정치적인 사망선고나 다름없다고 한다. 문화대혁명 당시 4인방은 마오쩌둥에게 덩샤오핑에 대한 쌍개 조치를 줄기차게 건의하였지만 마오쩌둥은 이를 듣지 않았다. 나중에 덩샤오핑은 복권되고 중국 지도자가 되었는데, 만약 쌍개 조치가 되었다면 불가능한 일이었다고 한다.

또한, 시진핑 주석은 군중노선 교육을 대대적으로 실시하고 '체제개혁 심화 영도소조' 등 여러 개의 소조 조장을 겸임하면서 정치 주도권을 장악해 왔다. 2016년 11월에 개최된 18기 6중 전회에서 당의 '핵심 지위'를 부여받았다. 그리고 2017년 10월 개최된 제19차 당 대회에서 〈시진핑 신시대 중국 특색의 사회주의사상(시진핑 사상)〉을 "마르크스·레닌주의, 마오쩌뚱 사상, 덩샤오핑 이론, 3개 대표론, 과학적발전관"에 추가하여 당장(黨章, 당헌)에 삽입하고 이어서 개최된 전인대에서 헌법에도 명기하면서 마오쩌둥, 덩샤오핑과 같은 지도자 반열에 올랐다는 평가를 받고 있다. 자신의 임기내에 그것도 상당히 빠른 시기에 개인 이름을 적시하여 '시진핑 사상'을 당장과 헌법에 명기한 것은 이례적이다.

그리고 격대지정(隔代指定, 현 지도자가 한 세대를 건너뛰어 그 다음 세대의 지도자를 미리 낙점하는 방식)의 관례를 깨고 후계자를 임명하지 않음으로써 지속적인 연임 가능성을 열어 놓았고 최고 권력기관이라고 할 수 있는 공산당 중앙위원회 정치국에 측근들을 대거 기용하였다. 차이치(蔡奇)의 베이징, 리훙중(李鴻忠)의 톈진, 천민얼의 충칭에 이어 상하이에 리창(李强), 광둥에 리시(李希)를 당서기에 임명함으로써 31개 성·직할시 가운데 가장 중요한 지방

다섯 곳을 핵심 측근인 '시좌진(習家軍.시진핑 주석과 함께 일하면서 형성된 그룹)'으로 채웠다는 평가이다.

아무리 출중한 능력이 있어도 자파가 아니면 기회를 주지 않고 있는데, 보시라이 등 네 명의 충칭시 당서기를 보좌하고 '보시라이 사건'을 겪은 황치판 전 충칭시장 사례는 대표적이다. 보시라이는 국가원로였던 보이보(薄一波)의 아들로서 전형적인 태자당에 속하며 랴오닝성 다롄시 시장, 당서기를 역임하면서 능력을 인정받았고 상무부장을 거쳐 인구가 최대 직할시인 충칭시 당서기를 맡고 있었다.

그런데, 제18차 당대를 앞두고 천지를 진동시킨 '보시라이 사건'이 터졌다. 보시라이의 심복이었던 왕리쥔 충칭시 부시장 겸 공안국장이 직위 해제되자 주청두미국총영사관에 들어가 망명을 시도하였다. 왕리쥔은 다롄에서부터 보시라이의 신임을 받아왔는데 보시라이 부인의 영국인 사업가 독살 사건과 관련하여 보시라이에게 질책을 받자 신변의 위협을 느껴 미국총영사관으로 도피하였다. 황치판 충칭시장은 보시라이의 지시를 받고 충칭 무장경찰을 동원해 청두까지 추적하여 주청두 미국총영사관을 에워쌌으나 왕리쥔은 국가안전부에 넘겨져 베이징으로 압송됐다. 보시라이는 부패 등의 죄목으로 무기징역형을 선고받고 몰락했지만 황치판은 살아남았다.

시진핑 신임 총서기는 제18차 당대회 마지막 날 인민대회당에서 신임 당중앙위원 회견시에 황치판과 악수하면서 "정말 대단합니다"고 치하했다. 주룽지 전 총리도 인민대회당에 들어서다 멀리서 알아보고 큰 소리로 "훌륭한 황치판 동지"라고 부르더니 다가와 어깨를 다독이면서 "대단해! 시련을 이겨냈구만!"이라고 격려했다. 황치판은 뛰어난 정책 능력으로 중앙 요직 이적설이 나돌았으나, 결국 2017년 2월 '2선'으로 인식되는 전인대의 재정경제위원회 부주임으로 있다가 2018년 3월 은퇴했다.

2017년 12월 27일 중국 공산당 중앙위원회가 내린 〈인민무장경찰부대 영도지휘체제에 관한 결정〉에 따라 무장경찰은 2018년 1월 1일부터 당 중앙군사위원회의 단일 지휘를 받게 되었다. 1982년 6월 창설된 무장경찰 부대는 후방에서 국가안전을 보위하는 임무에 따라 국무원과 중앙군사위원회의 이중 관리를 받았고, 지방 무장경찰 부대는 각 성의 공안기관이 관리, 지휘를 맡았다. 지방정부는 시위 등 각종 집단행동에 대해 임의로 무장경찰을 동원해 진압하며 사회질서 유지에 활용하는 경우가 많았다.

이어서 2018년 3월 전국인민대표대회(전인대)의 헌법 개정을 통해 초강력 사정기관인 국가감찰위원회가 신설되었다. 공산당원만을 대상으로 하는 중앙기율검사위원회와는 달리, 국가감찰위원회는 비당원 출신 공직자 감시도 가능할 뿐 아니라 조사와 심문, 구금에 재산 동결과 몰수 권한까지 법적으로 부여받은 강력한 반부패 사정 기구이다. 국가기관 서열도 국무원과 중앙군사위원회 다음으로 법원과 검찰에 앞선다. 그리고 각 지방에는 국가감찰위원회의 지휘를 받는 감찰위원회가 설치되었다.

또한, 헌법 개정을 통해 사회주의 제도는 중화인민공화국의 근본제도라고 돼있던 헌법 조항에 "공산당의 영도는 중국특색 사회주의의 가장 본질적 특징"이라는 내용을 보탰다. 헌법에 특정 당의 지위가 반영되면서 시진핑 주석이 강조하는 공산당 영도가 더욱 강화되게 되었다. 그리고 헌법의 국가주석 연임 제한 규정을 삭제하여 10년을 넘어서 당 총서기와 국가주석, 중앙군사위 주석을 포함한 당·정·군 '삼위일체 영도'의 구도가 계속 가능해졌다. 이로써 덩샤오핑이 장기집권과 권력 독점의 폐해를 방지하기 위해 만들고 장쩌민 시기 및 후진타오 시기를 거치면서 지켜지고 보다 체계화된 권력 교체 시스템은 무력화되고 있다.

중국은 금세기 중반까지 사회주의 현대화강국 건설이라는 두 번째 100년 목표를 내세우고 있으며, 이를 달성하기 위한 2단계 준비 중 1단계 준비에 해당하는 2035년까지 사회주의 현대화의 기본적인 실현을 부쩍 강조하고 있다. 이는 푸틴 러시아 대통령이 장기집권하기 위해 헌법 개정을 통해 2036년까지 집권할 수 있는 장치를 마련한 것과 유사하다. 나아가, '공동부유론'을 제시하고 '제3차 역사결의'를 채택하였다. 제20차 당대회를 앞두고 3연임과 나아가 장기집권을 위한 포석으로 '인민'의 민심을 잡겠다는 정치적 계산이 작용하고 있다는 평가이다. 역사결의는 중요한 정치적 분기점에서 택하는 역사적인 문건으로 1차 역사결의는 1945년 마오쩌둥 시기에, 2차 역사결의는 1981년 덩샤오핑 시기에 채택되었다.

3. 미중 패권경쟁

가. 중국의 강대국 외교

중국은 국력이 상승함에 따라 점차 국제적 위상제고와 영향력 증대라는 새로운 외교 목표가 부각되고 보다 명료하고 구체적인 대안을 제시하는 수준으로 발전되고 있다. 집권하자마자 '중화민족의 위대한 부흥의 꿈'인 '중국몽'을 내세운 시진핑 주석은 미국과의 '신형대국관계' 정립을 핵심 전략으로 추진했다. 2013년 6월 오바마 대통령과의 미중 정상회담에서 "하나의 산에 두 마리 호랑이가 살 수 없다(一山不容兩虎)"는 속담을 부정하고, "태평양은 넓기 때문에 두 마리 호랑이가 살 수 있다."고 말했다고 한다. 동북아를 비롯한 서태평양 지역을 자기 영역으로 만들겠다는 것을 에둘러 말한 것이다.

시진핑 주석은 집권 2기에 들어서 신형국제관계와 인류운명

공동체를 본격적으로 제기하고 있다. 제19차 당 대회에서 '신형 국제관계'를 바탕으로 세계의 평화발전과 국제적 책임에 적극적으로 기여하는 '인류운명공동체' 건설을 천명하였다. 이는 중국 스스로 외교의 규범과 철학, 질서 형성을 시도하겠다는 것으로 큰 틀에서 세계질서를 만들어 가는 '룰 세터(rule-setter)'의 역할을 강화하겠다는 뜻으로 보인다. 단지 평화적 부상을 설득하는 차원을 넘어 공세적으로 전환하고 국제체제의 주도국으로서 선제적으로 새로운 비전, 규범, 가치를 제시한 것이다. 이는 단순한 세계질서의 참여자(player)에서 벗어나 세계질서의 수립자(maker)가 되겠다는 의미를 내포하고 있다.

중국은 '핵심이익' 주장을 본격화하고 있다. 강대국화 과정에서 지속적인 '핵심이익'에 대한 개념화와 공식화 등을 통해 레드라인을 설정하고 있다. 이는 다른 국가로 하여금 중국이 설정한 마지노선을 존중해 줄 것을 요구하는 것이고, 그렇지 않을 경우 필요한 조치를 취하겠다는 일종의 선포이다. 핵심이익 주장은 기존의 대만문제, 티벳문제에서 나아가 남중국해 문제까지 확장되고 있다. 남중국해 문제는 미국과 중국간의 세력권을 획정하기 위한 기싸움이다. 중국은 넓은 남중국해에 '9단선'이라는 줄을 그어놓고 요새화에 박차를 가하면서 '핵심이익' 수호를 외치고 있으며, '항해의 자유'를 주장하면서 남중국해에 들어오는 미군 함대를 밀어낼 기세이다.

이제 미중 양국관계는 '미국 주도와 중국의 전략적 수용과 대응'이라는 기존의 관성으로부터 중국이 국제적 영향력과 지위 향상을 본격화하는 차원으로 변화되고 있다. 2021년 3월 설전으로 시작해 공동발표문 없이 끝난 미중 알래스카 회담을 중국의 주요 언론들은 세계 최강대국 미국과 공개적인 맞대결을 펼친 회담으로 중국 외교사에 기록될 것이라면서 중국이 핵심이익에서 물러서지 않는 모습을 보여줘 깊은 인상을 심어줬다고 평가했다. 한마디로 시진핑 시기에 들어서 중국의 외교는 덩샤오핑이 표방하였던 '도광양회(韜光養晦, 조용히 때를 기다리며 힘을 키운다)'에 종언을 고하고 공세적인 '분발유위(奮發有爲, 떨쳐 일어나 해야 할 일을 한다)' 방침하에 강력한 힘을 바탕으로 좌고우면하지 않는 대국굴기 드라이브를 계속하고 있다.

나. 미국의 대중국 인식 및 정책 변화

닉슨 대통령 때부터 미국 정책결정자들의 생각 속에는 중국을 포용하여 다방면에서 교류와 협력을 지속하면 중국 정치경제의 체제와 관행과 이념들이 서구민주주의로 수렴해 갈 것이라는 기대가 자리 잡고 있었다. 즉, 미국은 중국이 경제발전을 하면 점점 민주주의 등 서방의 가치를 공유하게 될 것이라는 낙관론을 가지고 대중국 관여정책(engagement policy)을 실시하였고 심지어 부상도 '용인'하였다.

그런데, 시간이 지날수록 중국의 공산당 일당 독재가 여전하고 경제력뿐만 아니라 군사력도 급속도로 커지고 있어 경쟁 상대를 키웠다는 인식이 대두되어 왔다. 이에 따라 미국의 대중국 정책에 있어서 변화가 나타나고 오바마 정부는 '아시아 회귀(pivot to Asia), 재균형(rebalancing) 전략'을 추진하였다. 오바마 정부는 군사 및 외교와 함께 환태평양경제동반자협정(TPP)을 '아시아 재균형 정책'의 핵심 축으로 추진했다. TPP를 추진한 이유는 미국의 힘만으로는 경제적으로 부상하는 중국을 견제할 수 없다고 판단했기 때문이다. 그러나 오바마 정부는 중국을 동반자(partner)로 불렀으며 전반적으로 중국을 봉쇄하는 정도는 아니었다.

시진핑 주석이 '중국몽' 드라이브를 강력히 전개하자 미국은 중국의 야망을 분명하게 알게 되었다. 미국 조야에서는 중국이 미국의 선의를 악용하면서 국제정치경제의 룰을 훼손하고, 권위주의 모델을 세계적으로 확산하면서 스스로의 독자적 세력권을 형성하고 있다고 믿게 되었다. 이러한 추세로 가면 중국이 미국의 위상을 위협할 것이라는 위기의식을 갖게 되었다.

트럼프 행정부는 중국이 국제규범, 규칙, 제도를 준수한다고 하지만 궁극적으로 "중국이 자국 중심의 지역 및 세계질서와 제도·규범의 구축을 목표로 한다"는 인식하에 이전 행정부와는 다른 접근 전략을 구사하였다. 전임 오바마 행정부의 대중국 정책은 실패했고 중국에 이익을 안겨주었으며 중국의 부상을 방관하였다고 평가하면서 '미국 우선주의(America First)'에 입각해 적극 대처하는 전략을 전개하였다.

트럼프 대통령은 2017년 11월 아시아 순방을 전후해 '인도-태평양(Indo-Pacific)' 구상을 제시했다. 이어서 나온 미국의 국가안보전략서(NSS)는 중국을 '경쟁자(rival)'로 명시하고 "중국과 러시아가 미국의 가치와 이익에 정 반대되는 세계를 만들기 원한다"고 밝히며 미국 주도의 자유주의적 세계질서에 대한 수정주의자(revisionist)로 규정하였다. 미국의 대중국 전략이 '협력과 경쟁'에서 '견제와 대결'로 전환된 것이다. 나아가 펜스 부통령은 2018년 10월 4일 허드슨 연구소에서 행한 연설에서 기술 도둑질(theft)라는 표현을 사용하고 무역문제는 물론 미국 중간선거 개입 의혹, 남중국해 문제, 신장위구르자치구내 이슬람교도 탄압 등 광범위한 분야를 거론하면서 중국을 강력히 비판했다.

다. 미국의 대중국 견제

트럼프 행정부는 관세폭탄을 통해 중국에 강력한 조취를 취하기 시작했으며 중국의 기술굴기 상징인 화웨이를 정조준하고 각국에 화웨이 배제를 전방위적으로 요구했다. 화웨이는 세계 통신장비 시장의 최강자이며 세계 특허 출원 5년 연속 1위이고 R&D 투자액이 1위이다. 포춘이 선정하는 '100대 기업'에 들어 있고 5세대 이동통신 기술에서 가장 앞서 있는 기업으로 평가 받고 있다. 기술패권을 장악하기 위해 중국이 채택하고 있는 「중국제조 2025」와 「인터넷 +」 정책을 가장 앞장서서 실현시킬 수 있는 기업으로 인식되고 있다.

이어서 트럼프 행정부는 중국과의 디커플링(탈동조화)을 추진하였다. 중국의 WTO 가입 이후 "중국내 생산, 미국에 수출" 구조가 형성되면서 중국 중심의 공급체인이 확고하게 구축됐다. 미국은 이 구조를 깨지 않으면 천문학적인 대중국 적자상황을 탈피할 수 없을 뿐만 아니라 중국의 부강을 계속 돕게 될 것으로 판단해 디커플링 전략을 강력히 추진하고 있다. 우선 미국기업들의 탈 중국을 유도하고 있다. 아울러, 미국은 자국과 협력하는 국가들만의 산업 공급망인 '경제 번영 네트워크(EPN, Economic Prosperity Network)'의 구축을 추진하였다. EPN을 통해 중국과 분리된 공급망을 구축해 중국을 봉쇄하고 첨단 기술도 차단하겠다는 것이다.

중국은 지구전으로 대응하고 있다. 미국의 압박에 어떻게 대응할지 유화파와 강경파의 의견이 분분한 가운데 2020년 7월 30일 시진핑 주석은 대미항전 전략을 논의하는 정치국 회의를 주재한 자리에서 "국제환경이 날이 갈수록 복잡해지고 불안정성과 불확실성이 매우 증가하고 있으며, 우리 앞에 놓인 많은 문제는 중·장기적인 것이기 때문에 반드시 지구전으로 인식해야 한다"고 강조했다. 지구전을 택한 것은 미국이 아직은 경제력과 군사력 면에서 월등하고 첨단과학기술이 앞선다는 객관적 사실을 인정하면서도 중국이 가진 장점, 즉 14억 명의 인구에 기반한 내수 시장과 세계 2위로 성장한 경제규모를 바탕으로 실력을 기르면 시간이 지날수록 미국보다 유리한 위치를 점할 수 있다고 판단했기 때문이다.

중국은 2020년 10월 26~29일 개최된 공산당 19기 5중전회에서 사회주의 현대화의 기본적 실현을 목표로 14차 5개년 계획과 함께 그 핵심 내용으로 '쌍순환 정책'을 제시하였다. 미국과의 무역 갈등으로 대외 여건의 불확실성이 계속되면서 더 이상 수출에 의존한 경제성장을 지속하기 어렵다고 판단하고 내수에 기반을 둔 '경제 내부대순환'을 경제성장의 기반으로 삼는 한편, 이에 상응하는 '대외경제 순환 체제'를 구축하여 경제의 내·외 순환이 서로 호응·촉진하게 하는 발전전략이다.

2021년 3월 양회에서 <제14차 5개년 경제·사회발전 계획 (2021~2025 : 14.5 규획)>과 <2035년 중장기 비전과 목표>를 발표했다. 제조업의 경쟁력 강화를 위한 8대 산업과 '전략적 신흥산업'을 집중 육성하고, 2035년까지 7대 첨단 과학기술 영역 연구에서 '10년 동안 하나의 칼을 가는 정신(十年魔一劍)'으로 돌파구를 마련하겠다는 목표를 제시하였다.

바이든 행정부는 트럼프의 '미국 우선주의' 폐기를 선언했지만 대중국 강경 기조는 그대로 물려받았고 더욱 정교하게 추진하고 있다. 집권 초기부터 인권, 기술, 이념, 안보, 군사 분야까지 전방위적으로 대중 압박 전략을 전개하고 있다. 트럼프 행정부가 '나 홀로 미중 전략경쟁'에 집중했다면 바이든 행정부는 동맹 결집을 통해 중국에 대한 포위망을 치면서 압박하고 있다. 바이든 대통령은 취임 후 쿼드(Quad) 정상회의, 미일정상회담, 한미정상회담에 이어 유럽에서 G7 정상회의와 북대서양조약기구(NATO) 정상회의를 연이어 개최했다. 나아가 미국은 2021년 9월 15일 호주·영국·미국 3자 안보협의체(AUKUS)를 발족시키고 호주에 핵추진 잠수함 개발 기술을 지원하기로 하였다.

미국은 신장위구르 인권문제를 이유로 베이징 동계올림픽에 외교적 보이콧을 선언했다. 그리고 바이든 대통령은 2021년 12월 9~10일 중국, 러시아 등을 제외하고 세계 110여개국 정상을 초대해 화상으로 '민주주의 정상회의'를 열었다. 중국과의 경쟁을 '민주주의 대 독재'라는 이념·체제의 대결로 인식하는 바이든 대통령의 인식을 반영한 회의였다.

바이든 행정부는 중국의 경제적 영향력을 억제하기 위해 다자 경제협력체인 인도-태평양 경제프레임워크(IPEF, Indo-Pacific Economic Framework)를 적극적으로 추진해 왔다. 이것은 글로벌 무역, 공급망, 탈탄소·인프라, 탈세·부패 방지 등 분야를 축으로 인도·태평양 지역 국가의 협력을 추구한다. 그리고 경제·통상과 안보개념이 어우러진 전략협정이다. 따라서 논의 내용과 시각도 경제적 이익뿐만 아니라 국가안보적 관점이 추가된다. 예를 들어, 공급망 안정성을 논의하더라도 경제 효율에 기초한 공급망 구축방안 이외에 특정 국가에 대한 의존도를 낮추는 방안을 함께 논의한다. 당연히 첨단기술의 수출이나 기술 투자도 안보 관점에서 검토한다.

바이든 대통령은 2022년 5월 23일 일본 도쿄에서 '번영을 위한 IPEF' 출범 행사를 주재하고 인도·태평양 경제프레임워크(IPEF)의 공식 출범을 알렸으며 5월 24일에는 퀴드 정상회의를 개최했다. 인도·태평양 지역에서 동맹과 경제 포위망을 촘촘히 구축해 중국을 전방위적으로 압박하겠다는 뜻을 공식화한 것이다. IPEF에 인도·태평양 지역의 13개 국가가 참여하였으며 우선 미국과 한국을 비롯해 일본, 호주, 뉴질랜드, 인도가 이름을 올렸다. 동남아국가연합(ASEAN) 10개국 중 브루나이, 인도네시아, 말레이시아, 필리핀, 싱가포르, 태국, 베트남 등 7개국도 참여했다. 13개국은 공동 성명에서 "IPEF가 경제의 회복, 지속성, 포용, 경제성장, 공정, 경쟁을 증진시키려는 것"이라며 "역내 협력과 안정, 번영, 발전, 평화 기여를 목표로 한다"고 밝혔다.

중국은 즉각 반발했다. 왕이 외교부장은 한국이 IPEF에 참여하기로 하자 분열과 대항을 만드는 데 반대하며 아태지역에 진영대결을 끌어들이지 말라면서 미국의 목적은 중국을 포위하기 위한 것이라고 주장했다. 왕원빈 외교부 대변인은 "분열과 대립을 조장하는 음모를 반대한다"고 하면서, "경제 문제를 정치화·무기화·이데올로기화하지 말아야 한다. 경제 수단으로 지역 국가에 미중 사이 편들기를 강요하지 말아야 한다"라고 주장했다. 한편, 중국과 러시아의 폭격기·전투기 6대가 합세해 한국 방공식별구역(KADIZ)을 무단 침입했다. 미국 등 자유민주 진영이 IPEF를 출범시키면서 중국에 대한 견제에 나서자 중러가 함께 무력시위에 나선 셈이다.

라. 미중 패권경쟁 전망

미국은 시간이 중국의 편이라는 것을 두려워하고 있다. GDP 60% 룰이라는 것이 있다. 기존 패권국이 신흥 강대국을 견제하는 데 효과를 거두려면 GDP 규모가 60%에 못 미쳤을 때 제어해야 한다는 것이다. 중국이 1997년 아시아 금융위기, 2008년 금융위기를 통해 약진하는 사이에 미국은 9·11테러 이후 아프간 및 이라크 전쟁 수렁에 빠지면서 국력을 낭비하고 2008년 금융위기를 겪으면서 경제력에 큰 손상을 입었다. 현재 중국의 GDP는 미국의 80%에 육박하고 많은 보고서들은 조만간 미국의 GDP 규모를 능가할 것으로 예상하고 있다.

중국은 전기자동차, 로봇, IT 분야 등에서 약진하고 인공지능

(AI) 분야를 선도하려는 기세이다. 국가 차원에서 인공지능이나 양자 컴퓨터, 생명공학 같은 고급 기술에 돈을 쏟아 붓고 있다. AI 관련 특허 수에서 미국을 바짝 뒤쫓고 있다. 골드만삭스, 가트너, 맥킨지 등은 수년 내에 중국의 AI 기술이 미국을 추월할 것으로 전망했다. 미국의 마음은 급하다. 미국은 지식재산을 불법으로 취득하는 것을 방지하거나 남중국해에서 중국의 행동을 제어하는 일을 지금은 어느 정도 할 수 있지만 조만간 취할 수 없게 될지도 모른다.

미국은 동맹과 연대해 군사, 첨단기술, 글로벌 공급망, 인권, 이데올로기까지 포괄하여 전망위적으로 대중국 포위망을 치고 있다. 언제 끝날지 모르는 미중 패권 경쟁에 본격적으로 접어들었다 해도 과언이 아니다. 아마 제2차 세계대전 후의 국제정세의 대전환이라는 측면에서 지금은 네 번째 대전환의 시기라고 볼 수 있다. 첫 번째는 전후 냉전의 도래, 두 번째는 1972년 닉슨미 대통령의 중국방문 이후 미·소·중 삼각관계 구축, 세 번째는 1989년 베를린 장벽 붕괴와 냉전의 해체라고 할 수 있다.

과거 전통시대의 패권 경쟁은 기존의 패권국과 도전하는 부상 국가가 서로를 적으로 규정하고 패권 획득을 목적으로 전면적인 전쟁을 벌이는 양태를 보여 왔으나, 핵무기라는 공멸의 무력수단이 보편화되고 첨단 기술 발전이 급속히 진행되고 있는 오늘날에는 무력사용 전쟁을 뛰어넘는 새로운 형태의 대결로 진화하고 있다. 그것은 세계의 정치·경제적 지배권을 둘러싼 '규범과 질서의 전쟁', 기술 패권을 확보하려는 '과학기술 전쟁'이라 할 수 있다.

　네 번째 대전환의 시기에 미국의 중국에 대한 대처는 '신 봉쇄정책'으로 나타나고 신 냉전을 방불케 하고 있다. 무역 분쟁으로 시작된 미중간 전략경쟁이 화웨이에 대한 제재를 통해 기술 굴기 경쟁으로 확대되고 이제 미중 양국은 정치, 안보 및 경제뿐만 아니라 신장위구르자치구 인권문제, 남중국해 문제 등 수많은 문제에 있어서 충돌하고 있다. 전문가들은 미중 양국이 '투키디데스 함정'에 빠질 수 있다는 우려를 제기하고 있다. 케난의 봉쇄정책이 소련에서 중국으로 옮겨 실시되고 있는 것으로써 역사는 반복된다는 말이 실감난다.

#06

향후 대중국
정책 방향

●
●
●

6_ 향후 대중국 정책 방향

1. 갈등요인 대응 및 새로운 한중협력 모색

한중 양국은 갈등적 요소가 있음에도 불구하고 공동의 이익을 강조하면서 "같은 점은 추구하고 차이는 놔둔다"는 '구동존이(求同存異)'이름 아래 '우호관계'라는 틀을 강조해온 측면이 있다. 심지어 상대방에게 과도한 기대를 하기도 했다. 한국은 경제협력과 인적교류가 많아지면 중국이 북한을 부담으로 느끼고 한국 편으로 올 것이라고 기대한 반면에, 중국은 시간이 지나면 한국이 정치적, 안보적으로 중국이 만족할 만큼 접근할 것으로 기대했다.

그런데, 현실은 녹록지 않다. 안보와 지정학적인 이슈가 주요 쟁점으로 부각되면서 한중관계는 외부구조와 외생 변수에 취약한 관계로 변화되고 있다. 한중관계의 발전요인들은 약화되는 반면에 중국의 부상 및 중화민족주의, 미중 패권경쟁, 북핵문제와 같은 제약요인들이 한중관계의 불확실성을 더하고 있기 때문이다. 특히, 한중 양자관계뿐만 아니라 중국의 정치·경제적 요소와 미중간 갈등이 양국관계에 부정적 요인으로 작용하고 있다. 이에 따라, 한중관계의 유동성도 커지고 있다.

한계가 노출되고 있는 '안미경중(安美經中)' 방식에 대한 검토와 함께 국익에 미칠 영향과 국제정세 흐름에 주목하면서 중국의 부상 및 미중관계, 한중관계에 대한 냉철한 분석의 토대와 중국이 추구하는 실제 목표가 무엇인가를 분명하게 파악한 바탕위에 대중국 외교 전략을 수립하고 추진해 나가야 한다. 대중국 정책 전반을 성찰의 칼날 위에 올려놓고 다각적이고 입체적인 방식으로 체계화시킬 필요가 있다.

첫째, 이제는 껄끄러운 주제는 옆으로 제쳐두고 경제적 이익을 추구하는 단계를 지나 가치 체계와 안보이익의 상충이 본격적으로 표면화되는 시기로 접어들었음을 직시하면서 대중국 정책을 추진할 필요가 있다. 갈등이 있는 분야를 서로 모른 체하는 태도에서 벗어나 양국 사이에 존재하는 이념과 체제, 안보와 관련된 전략적 관점의 차이를 인정하고 양국 간 갈등을 조정·관리하여 새로운 한중관계를 형성해야 한다. 분명한 갈등이 존재함에도 중국 정부는 선문답만 반복하고 한국 정부는 중국과의 암묵적 합의 하에 의도적 회피를 반복하는 태도로는 안 된다. 양국의 현상과 현실을 직시한 바탕위에 양국 간 마찰과 갈등을 해소하고 상호이익을 극대화하는 실질적인 노력을 해야 한다.

둘째, 무엇보다도 한중관계를 '상호존중, 정경분리, 공동이익'의 원칙에 따라 재정립해야 한다. 동북아 평화와 번영의 수혜를 함께 나누는 상호보완적 이익공동체, 평등하고 호혜적인 양국관계 지속, 상대국의 경제적 발전과 안보에 대한 이해와 존중, 양국을 포함한 동아시아 협력의 청사진 등 한중관계의 과거와 현재를 지탱해온 공감대를 재확인하고 환경 변화에 부합하는 미래지향적 비전을 공유해야 한다. 상호존중의 새로운 한중 협력 시대를 구현하기 위해 한중 지도자 간의 셔틀외교, 전략대화의 내실화, 지방 정부 간 교류와 민간교류, 공공외교의 활성화 등을 통해 양국간 호혜적 협력을 확대하고 상생과 발전을 위한 시스템을 구축하고 강화해 나가야 한다.

셋째, 지금까지는 중국정치 메커니즘이 한중관계에 큰 변수가 되지 않을 것이라는 기대나 전망에 입각해 한중관계의 미래를 구상했다면, 앞으로는 이것이 중요한 변수로 작용할 것이라는 전제에서 한중관계의 미래를 준비해야 한다. 시진핑 주석이 '중국몽'을 기치로 내세운 후 중화민족주의가 강조되면서 중국의 '강대국 정체성'이 시간이 흐를수록 대외정책에 강하게 표출되고 있다. 또한, 시진핑 주석의 권력 강화와 장기화로 인해 중국사회가 경성화되고 있어 한중관계 회복과 전략적 협력에 부담으로 작용하고 한국의 대중국 정책 추진에 부정적으로 작용할 우려가 커지고 있다.

이와 관련하여 중국 공산당의 정책결정과정에서 나타나는 과잉행위와 경직성에 주목해야 한다. 중국은 2016년 7월 국제상설중재재판소(PCA) 판결에 제대로 대응하지 못하여 외교적 패배를 자초했고, 호주에 대해 보복조치를 하면서 오히려 석탄이 부족하게 되어 전력대란을 겪는 등 실패로 귀결되었다는 평가이다. 덩샤오핑 이후 중국 사회는 중앙과 지방에서 많은 경험을 쌓은 인사들이 경쟁을 통해서 지도자가 되고 사회주의적 효율성과 합리성이 작동해 온 것으로 평가되었다. 그동안 우리가 익숙했던 중국사회가 다른 사회로 급속히 전환되고 있음을 제대로 알고 방책을 마련해 나가야 한다. 아울러, 국제사회가 시진핑 체제하의 중국을 어떻게 인식하고 어떻게 대응하고 있는지에 대해서도 주의 깊게 살펴보아야 한다.

2. 경쟁적 경제관계에 대응 및 안전한 원부자재 공급망 확보

최근 중국과의 기술력 격차가 줄어들면서 한중간 분업에서 경쟁관계로 전환되는 산업분야가 증가되고 있다. 이제 중국 시장에서 뿐만 아니라 글로벌 시장에서 경쟁이 격화되고 있다. 디스플레이, 무선통신 등에서 수출경합도가 높아 경쟁이 치열하다. 디지털과 환경 등 신산업 분야에서도 한중 간 경쟁관계가 심화되고 있다. 그리고 미국의 대중국 첨단기술 견제는 오히려 중국에게 경각심을 불러 일으켜 산업의 기술력 향상과 중간재 자급률 제고를 가속화시키는 계기가 되고 있다. 향후 경쟁력 면에서 한국을 추월하는 산업이 점증할 것이다. 이에 대한 다각적인 대책을 마련하여 적극적으로 추진해야만 한국 경제가 경쟁력을 유지하고 발전할 수 있다.

첫째, 전통산업을 넘어서 한중간 경제·통상관계가 상호 보완성보다는 경쟁이 심화되는 관계로 전환되고 있는 상황에 맞는 대책을 마련해 나가야 한다. 특히, 중간재에 편중된 한중 무역구조의 지속 가능성에 대한 철저한 분석과 대응 전략이 요구된다. 한편, 중국이 막대한 자금력과 「중국제조 2025」 등 국가의 장기정책을 통해 대대적으로 자국기업의 경쟁력 강화를 도모하고 있다는 점을 직시하고 정책을 세울 필요가 있다. 중국의 독자기술 개발과 중간재 국산화 가속화에 대비하여 대중국 수출 주력

산업에 대한 국가차원의 전략 수립과 종합적 지원 체계 마련이 시급하다.

대중국 경쟁력 유지와 강화를 위해 산업의 근간이자 성장 동력인 기술 전문 인력을 양성하고, 기술력 있는 기업에 대한 중국의 인수 전략에 대처하기 위해 외국인투자 규제에 관한 보다 엄격한 규정을 마련해야 한다. 동시에 핵심기술 및 인력 유출을 방지하기 위해 전문 기술 및 인력에 대한 기술안보를 강화해야 한다. 지식재산권 보호제도 강화, 전략기술 수출시 승인 의무화, 장기 재직자와 퇴직인력에 대한 관리강화, 기술유출범죄 처벌 강화 등 다각도의 대응방안 모색이 필요하다.

둘째, G2로 성장한 중국은 한국기업들이 해외수출을 위해 활용하는 중간 생산기지가 아니라 부가가치 높은 최종시장이 되고 있다는 점을 인식하여 적극적으로 중국 시장을 개척해 나가야 한다. 한국으로서는 아직도 중국은 절대적으로 중요한 수출 시장이기 때문에 중국을 제외하고 경제관계를 논할 수 없다. 대외 경제관계를 다변화하여 중국에 대한 지나친 의존도를 점진적으로 낮추어 나가야 하지만 현실적으로 중국을 대체하는 시장을 찾기는 쉽지 않다. 따라서 거대한 중국시장을 계속 개척해 나가야 한다.

과거에는 중국에 투자하고 부품소재를 수출하면 성과가 났지만 앞으로는 중국의 변화와 새로운 트렌드를 관찰하고 기회를 찾아야 한다. 중장기적으로 반도체, 석유화학 등 특정 중간재 품목에 편중된 대중국 수출구조에서 탈피하여 소비재를 포함한 최종재의 수출비중 확대가 필요하다. 기술·브랜드 경쟁력을 갖춘 고급 소비재를 개발하여 중국 내수 틈새 고급시장을 공략해야 한다.

셋째, 원부자재 안정적인 공급망을 확보해 나가는데 중장기적인 대책을 마련해 나가야 한다. 2020년 2월 코로나19 여파로 중국에서 생산되는 '와이어링 하니스(Wiring Harness, 자동차용 배선 뭉치로써 자동차의 신경망에 해당)'라는 자동차 부품 공급이 끊기면서 바쁘게 돌아가야 할 한국의 자동차 생산라인이 멈춰선 적이 있다. 현대 자동차 울산 공장이 가동을 멈췄고 다른 공장도 완성차 생산을 중단할 수밖에 없게 됐다. 자동차 공장 가동 중단은 협력업체 생산라인도 멈추게 했다. 한국의 자동차 산업이 부품 하나로 셧다운(shutdown) 된 것이다.

또한, 한국은 2021년 11월 전후로 '요소수'라는 소재 하나로 허둥댄 적이 있다. 화물트럭 같은 디젤차에 필수적으로 들어가는 요소수의 중국발 품귀 현상이 빚어지면서 물류대란이 발생했기 때문이다. 중국이 한국의 경제안보를 송두리째 뒤흔들 수 있은 구조에 대한 근본적 해결책이 없이는 중국의 압박으로부터 자유로워질 수 없다. 중국은 자체 공급망을 강화하는 전략(홍색공급망)을 추구하고 있다는 점을 유념해야 한다.

코로나 장기화로 원자재 수급 불균형에 의한 가격 급등세와 글로벌 공급망 차질이 지속되는 가운데 미중 패권경쟁 상황에서 중국이 희토류 등 원부자재 공급을 통제하거나 무기화 우려가 커지고 있어 요소수 대란과 같은 사태가 언제든지 발생할 수 있다. 희토류, 철강재, 화학원료 조달에 있어 과도한 중국 의존은 한국의 경제안보를 위협하는 리스크로 작용할 것이다. 반도체, 석유화학, 자동차 등 주력 제조업 생산에 필수적인 원부자재의 중국 의존도가 높은 점을 감안, '차이나 리스크'로 인해 타격을 받을 우려에 적극적으로 대비해야 한다.

공급망 차질에 따른 후폭풍은 예상이 쉽지 않은 만큼 원자재 수급 상황, 특정국가 의존도, 산업 연관성 등 전반적 산업현황에 대한 광범위한 점검과 사전 대비가 필요하다. 호주, 베트남 등 지역으로 수입선을 다변화 하는 동시에 국가 안보와 직결되는 중요한 원자재의 경우 국내 생산이 가능하도록 관련 정책을 과감히 바꾸어야 한다. 아울러, 중국의 생산 원부자재 변화와 정책을 지속적으로 모니터링해야 한다. 특히, 공급망 불안정 및 불합리한 규제 이슈에 발 빠르게 대응할 수 있도록 경제안보 조직을 확충하고, 공급망 안정 확보의 첨병으로서 재외공관의 역할을 강화해야 한다.

넷째, 비경제적 요인이 한중 경제관계를 제약하는 상황 도래에도 대비해 나가야 한다. 아직도 한국은 중국과 깊은 경제적 의존관계를 형성하고 있다. 한중 무역액이 한미, 한일간의 무역액을 합한 것보다 큰 것이 현실이다. 수많은 한국기업들이 중국에 진출해 있다. 그런데 중국은 이와 같은 경제적 상호의존 관계를 사드배치에 대한 경제제재에서 보았던 것처럼 정치·외교적 목적을 위한 압박수단으로 활용하고 있다.

냉전시대에는 특정 국가를 대상으로 단독제재를 할 수 있는 유일한 국가는 경제대국인 미국뿐이었지만 사드보복을 통해 이제 중국이 자국의 목표를 위해 경제력을 가용할 수 있는 국가로 변모했다는 것을 대내외에 보여주었다. 이는 한국에게만 해당되는 것이 아니고 일본, 호주, 대만 등을 향해서도 마찬가지였다. 경제적으로 보복을 하는 방식은 앞으로도 계속될 것이다. 미래지향적인 한중관계의 복원을 위해서, 그리고 이러한 중국의 경제외교 전략에 끌려가지 않기 위해서라도 한국은 시장을 무기로 하는 중국의 압박으로부터 자유로워지는 길을 찾아야 한다.

이러한 측면에서 2022년 5월 바이든 미국 대통령 방한시 한미양국 정상이 인도-태평양 경제프레임워크(IPEF)를 통해 긴밀히 협력하기로 약속한 것은 큰 의미가 있다. 윤석열 대통령은 5월 23일 화상을 통해 IPEF 출범 행사에 참석하고 IPEF는 역내 국가의 공동 번영을 위한 것이라며 한국도 책임을 다하겠다고 말했다. IPEF 참여를 계기로 공급망을 안정화하고 미중 기술패권 경쟁 국면을 오히려 새로운 기술혁신의 기회로 삼아야 한다. 다만, IPEF에 대한 중국의 우려가 큰 만큼, IPEF가 개방성, 포용성 및 투명성의 원칙하에 추진되도록 역할을 해야 한다. 그리고 미중 전략경쟁에 따른 '디커플링' 현상이 앞으로 더욱 더 우리 경제에 심각하게 영향을 미칠 수 있는 점을 감안, CPTPP(포괄적·점진적 환태평양 경제동반자협정) 가입에도 속도를 내야 한다.

3. 인문유대·공공외교 강화와 반한, 반중 감정 확대방지

중국은 인접 국가이자 경제적으로 매우 중요한 나라라는 것은 다언을 요하지 않는다. 사드문제 발생 이후 양국 국민간 감정 충돌이 잦아지고, 중국사회가 디지털 사회주의와 중화민족주의로 가면서 경성화되고 양국간 가치와 이념의 차이가 커지면서 국민간 우호적이었던 분위기가 반대 방향으로 흘러가고 있다. 특히, 청년들 간에 민족주의 성향이 커지고 있어 양국관계 미래에 부정적 영향을 미칠 수 있다는 우려가 커지고 있다.

과도하게 반중, 반한 감정이 분출되어 한중관계를 해치는 상황으로 치닫는 것을 경계해야 한다. 과잉 애국주의와 민족주의라는 편협한 시각으로 상대국을 바라보는 것에서 벗어나도록 해야 하며 양국간 존재하는 정치제도와 이념 차이의 벽을 뛰어넘을 수 있는 다방면의 교류와 협력이 지속되어야 한다. 상대국을 깊이 이해할 수 있도록 양국 정부의 전면적이고 지속적인 노력은 물론, 전문가, 언론의 건설적인 역할이 요망된다.

이를 위해 첫째, 지금까지도 꾸준히 추진해 왔지만 인문유대 강화사업을 보다 적극적으로 추진하여 양국 국민간 상호이해와 유대감을 심화시켜야 한다. 미래세대가 인식 공유의 폭을 넓히면서 상호 공존의식을 확대하도록 해야 한다. 양국 관계의 장기적, 안정적 발전의 기반을 튼튼히 하기 위해 양국의 미래를 이끌어 나아갈 청소년들간의 교류 사업을 전면적으로 확대, 발전시켜 나가야 한다.

아울러, 공공외교를 보다 더 강화하여 중국인의 반한감정과 한국인의 반중감정을 둔화시켜야 한다. 여론 주도층이 미치는 영향이 큼을 감안하여 언론인, 파워 블로거, 유력 유투버 등에 대한 공공외교를 지속적으로 전개해야 한다. 이념이나 가치적 요인의 영향을 덜 받는 지방정부 및 도시간 교류 활성화와 지자체간 협업을 통해 공공외교를 추진할 수 있도록 지원해 나가야 한다. 나아가 양국 정부와 전문가가 공동으로 참여하는 공공외교 차원의 위기 및 갈등 관리 시스템을 구축할 필요가 있다.

둘째, 한중 양국 국민을 가깝게 해 온 문화교류의 모멘텀을 회복해야 한다. 특히, 한중 문화교류의 견인차 역할을 해 온 한류가 다시 한중 양국 관계 발전의 건전한 교량이 되고 지속적인 현상으로 발전하도록 해야 한다. 중국이 정치·외교적 목적을 위한 압박수단으로 활용하면서 한한령을 통해 확산을 막고 분위기에 찬물을 끼얹고 있어 한류가 위축되어 있으나 중국 국민들 사이에 한류에 대한 향수는 크다.

중국 사회가 중화민족주의 분위기가 압도하고 사회주의 정신문명을 강조하고 있고 '공동부유'까지 추진하고 있어 여건이 어렵지만 한류 모멘텀을 다시 살려 나가야 한다. 양국간 회담과 접촉 등 각종 계기를 활용하여 한류 규제가 풀릴 수 있도록 중국측과 적극적으로 협의해 나가야 한다. 양국간 문화적 유사성을 배경으로 중국인들도 광범위하게 수용했던 한류가 한중수교 이후 대중관계의 상징적 결과물이라는 점과 문화교류를 동아시아 공동의 평화와 발전의 시금석으로 만들어야 한다는 점을 들어 설득하는 노력을 전개할 필요가 있다.

셋째, 중국과의 관계에서 갈등이 초래될 수 있는 문제들에 대한 사전 점검이 필요하다. 2007년 창춘 동계아시안게임에서 한국 여자 쇼트트랙 선수들이 메달 수여식 도중 '백두산은 우리 땅'이라는 포스터를 펼치는 세레머니를 펼쳐 중국측의 강력한 항의를 불러일으켰고 결국 한국선수단 단장이 유감을 표명하는 서한을 전달해야 했다. 선수들의 감정과 국민들의 정서는 이해하지만 이러한 방식의 감정 표출은 국익에 도움이 안 되고 양국 국민들의 감정만 손상시킨다.

따라서 한중 양국은 스포츠 행사 등의 계기에 돌출행위가 발생하여 양국 관계를 해치는 일이 발생하지 않도록 사전에 면밀히 체크하고 필요할 경우 협의해 나가야 한다. 아울러, 문제가 발생할 때에는 언론이 대대적으로 보도하여 부추기는 측면도 있음을 고려하여 양국 정부는 팔짱만 끼고 있을 것이 아니라 이러한 상황에 긴밀히 협조하여 대처하는 등 양국 국민간 감정 대결로 비화되지 않도록 해야 한다.

넷째, 중국 측이 한국 주권이나 민주주의라는 한국의 국가 정체성을 손상시킬 때는 외교부 대변인 브리핑 등의 기회를 활용하여 분명하게 입장을 표명하여야 한다. 사드문제 발생시 왕이 외교부장의 '항장무검 의재패공(項莊舞劍 意在沛公)' 발언 등 중국 고위층 인사들이 외교관례를 무시하며 수시로 결례를 하는 경우가 빈번했는데도 불구하고 대부분 명확한 입장 표명이나 항의가 없었다.

주권평등과 상호호혜성의 원칙에 입각해 대응해야 한다. 주권과 국가정체성과 관련된 사항에 대해서는 정부가 국민들을 대신해서 말을 해 주어야만 국민의 자존심을 지켜줄 수 있으며 반중감정으로 옮아가지 않게 된다. 코로나19 초기 한국 정부의 중국인 입국자들에 대한 미온적 대응과 중국 정부의 한국인 입국자들에 대한 과잉조치 등 비대칭적 대응으로 인해 반중 정서가 커졌다. 이러한 방식은 한중 양국관계 발전을 위해서 결코 바람직하지 않으며, 이러한 사태가 재발될 경우 한국 정부는 당당히 문제를 제기하고 중국측의 조치가 없을 경우 상응하는 조치를 해야 한다.

4. 북한 및 북핵 문제 관련 협조 확보

한중수교 이후 역대 한국 정부는 중국 정부에 한반도 안정과 통일 및 북한 비핵화를 위한 협조를 요청해 왔다. 북핵문제는 정상간 상호 방문 및 국제회의 계기 양자회담 및 외교장관 회담 등에서 단골 이슈였고 양국은 북한 비핵화에 대한 공감대를 바탕으로 협력해 왔다고 평가되었다. 그러나 북핵은 고도화되었고 한국에 커다란 멍에로 작용하고 있다. 이에 따라 중국의 영향력에 의지하여 북한 핵문제를 해결하려는 방식에 의문이 제기되고 있는데 여기에 대해서는 냉철한 진단과 함께 효과적인 대책이 필요하다.

첫째, 한국이 북핵 문제에 대한 '중국역할론'에 치중한 나머지 북핵문제도 해결하지 못하고 스스로의 외교적 공간을 축소하는 결과를 낳았다는 비판이 제기되고 있다. 그 많은 제재조치에도 불구하고 북한의 핵무기와 미사일 개발 속도는 가속화되었다. 주로 유엔 제재조치에 의존해 온 대북한 압박정책들이 큰 효과를 보지 못했다는 것을 의미한다. 그것은 항상 중국의 동의를 받아 만장일치의 제재규정을 만들다 보니 일부 제재조치는 예외이지만 진정으로 강력한 제재조치는 포함시키기 어렵고 매번 형식적 제재조치로 뒷북을 칠 수밖에 없었기 때문이다. 북한에 너무 심한 압박이 가해져 북한의 체제나 안정이 흔들려 서는 안 된다는 중국의 강박관념이 작용한 결과이다.

이에 따라 중국이 과연 북핵 문제를 해결하려는 의지가 있는가의 문제가 심각하게 제기되고 있다. 중국은 북한 비핵화에는 원칙상 지지하지만, 비핵화 추진이 북한 체제유지보다 우선순위가 되지 못하고 있다는 비판이 나오고 있다. 심지어 중국이 북한의 비핵화를 달성하려는 의지에 진정성이 있는가, 그리고 중국의 대북제재 조치에 진정성이 있는가의 문제가 제기되고 있다. 나아가 북중 사이의 기나긴 국경을 통해 중국 당국의 묵인 하에 혹은 감시를 피해 얼마든지 불법적 거래가 이루어질 수 있다는 우려가 계속 제기되고 있다.

둘째, 중국은 국력에 있어서 미중 양강 구조가 형성되면서 북한 문제를 그 자체 문제로 인식하기보다는 미중 관계의 하위 개념으로 인식하기 시작했다. 특히, 미국의 대중 압박이 심해지자 대미 외교와 동북아 전략의 큰 틀 속에서 행해지고 있는 한반도

외교 차원에서 북한을 중요한 전략적 자산으로 간주하고 있다. 즉, 한국에 대한 압력 행사, 미일을 의식한 한반도 영향력 확대, 특히 미중 패권경쟁이라는 전략적 측면에서 북한 및 북핵 문제를 자국에 유리한 지렛대로 활용하려는 경향을 보이고 있다.

더구나, 최근 중국 정부는 사회주의의 동질성을 기반으로 혈맹관계를 강조하며 북한을 중국 편에 묶어두는 데 정책적 주안점을 두고 있다. 따라서 중국이 북한을 움직여 비핵화 프로세스를 진전시킬 동기는 최근 들어 현저히 낮아지고 있다. 여기에 최근 파고가 높아지고 있는 대만문제가 미중간 갈등의 핵심으로 부각되어 '중국 역할론'의 유용성을 약화시키고 있다.

셋째, 상황이 어렵더라도 북한의 비핵화를 위해 중국의 협조 확보 노력은 계속 이루어져야 한다. 중국은 북한의 비핵화 원칙을 여전히 유지하고 있으며 북한의 과격한 도발을 억제하는 외부 역량으로서 중국의 역할은 매우 중요하기 때문이다. 중국은 북한을 움직일 수 있는 수단과 역량이 있으며 북한에 대한 식량·석유 공급이 그런 지렛대가 된다. 중국은 북한의 대외거래의 90% 이상을 차지하는 나라로서 안보리의 대북 제재 성공 여부는 중국에 성패가 달려 있으며 북중 간 밀무역이 제대로 단속되지 않으면 안보리 제재는 의미가 없다.

미국 재무부가 북한 선박이 한반도 서해에서 다른 선박과 뭔

가를 서로 옮겨 싣는 위성사진을 공개하는 등 대북 제재에 구멍이 나 있다는 지적이 계속 나오고 있다. 미국 등과 협력하여 밀무역 등을 다각도로 체크하고 제재 의무를 이행하도록 지속적으로 촉구해 나가야 한다. 아무리 상황이 변화하고 어렵더라도 북한 핵문제 해결을 위한 중국측의 협조 확보 노력은 지속적으로 전개해야 한다. 중국의 '책임 대국론'을 들어 북한 문제에 대한 건설적 역할 발휘를 계속 요청해야 한다.

아울러, 중국도 북핵이 미칠 부정적 파급효과에 직접 노출되어 있는 주변국이라는 점을 각종 계기에 인식시킬 필요가 있다. 국경을 맞대고 있는 국가가 핵무기를 보유하고 있는 것 자체가 위협이며, '나쁜 이웃'인 북한이 감행하는 핵실험으로 인한 환경오염 초래는 이미 중국내에서도 크게 우려되고 있다. 또한, 북한의 핵 보유는 아태지역에서 핵 도미노 현상이 초래되어 일본의 핵무장을 부추기고 나아가 대만의 핵보유를 초래하는 위험을 초래할 수 있다는 점을 주지시켜 나가야 한다.

넷째, 북한 비핵화에 대한 우리의 의지를 국제사회에 더 강력하게 보여야 한다. 우리 스스로 강한 의지를 갖고 이 문제를 다루지 않으면서 중국 등 다른 나라들이 역할을 해주기만 바란다는 것은 우리의 진정성을 의심받는 일이다. '북한 비핵화는 우리 문제'라는 주인의식이 필요하다. 현 상황에서 명심할 것은 국제사회의 대북한 제재를 일부라도 해제해서는 안 된다는 것이다.

이것은 유엔 안보리 '제재 국면'을 '해제 국면'으로 바꿈으로써 핵으로 무장한 북한이 살 수 있는 길을 열어 주기 때문이다.

이것은 "우리 안에 있는 갇혀 있는 호랑이가 산 속으로 도망 가도록 문을 열어 주는 것"이나 마찬가지다. 유엔 안보리의 제재 해제를 도모하거나 종전선언을 추진하는 태도는 북한의 비핵화 를 위한 국제사회의 노력에 찬물을 끼얹는 행위일 뿐만 아니라 북한의 핵 고도화를 돕는 행위이다. 이러한 측면에서 문재인 정 부가 북한의 비핵화를 위해 온 힘을 쏟아야 할 상황에서 종전선 언 성사에 매달리고 총력전을 펼친 것은 매우 잘 못 되었다.

다섯째, 북한과의 협상을 위해서나 혹은 북한의 양보 대가로 한반도 안보의 중추를 구성하는 사안들을 섣불리 협상도구로 남 용해서는 안 된다. 북한이 대남전략 차원에서 줄기차게 추구해 온 평화협정 체결, 주한미군 철수, 한미동맹 해체를 충족시켜 줄 경우 한반도 평화와 한국 안보는 큰 위험에 직면할 수 있다. 북 한이 지속적으로 제기하고 중국이 찬동하는 북미 평화협정 체결 은 주한미군 철수와 국가보안법 철폐 논의로 옮겨가는 징검다리 포석이다.

북한이 이미 최소 25~30개의 핵무기를 보유하고 있는 것으로 추정되고 북한 핵시설의 정확한 위치와 핵무기 숫자가 확인되지 않은 상황이다. 북한의 은닉된 비밀 핵시설과 핵무기 저장소에 관한 미국의 정보력과 타격 능력에 한계가 있는 현실을 감안할 때, 아무리 북한이 약속한다고 해도 '위장된 비핵화'가 실현될 가능성이 매우 크다. 따라서 최악의 사태가 도래했을 때 즉각 가동되어야 할 중요한 안보 시스템들을 대북 협상의 흥정거리로 쓰는 일은 최대한 자제해야 한다.

북한은 여러 차례 비핵화 약속을 하였고, 지도자들이 직접 언급도 하였다. 김일성은 1994년 6월 16일 카터 전 대통령을 면담했을 때 "북한은 핵무기를 개발할 의지도 능력도 필요도 없다"고 말했다. 김정일 위원장은 2009년 10월 방북한 원자바오 총리에게 "한반도의 비핵화는 김일성 주석의 유훈이며, 북한은 한반도의 비핵화를 실현한다는 목표를 위해 노력한다는 것에는 변함이 없다"고 말했다. 2018년 6월 12일 김정은 위원장은 문재인 대통령과 공동으로 발표한 <남북판문점선언>에서 "남과 북은 완전한 비핵화를 통해 핵 없는 한반도를 실현한다는 공동의 목표를 확인하였다"고 선언했다.

그러나 북한은 거짓으로 약속하면서 계속해서 핵과 미사일을 고도화해왔다. 아마 비핵화를 약속한다는 말을 하고 있는 그 순간에도 핵을 개발하고 있었을 것이다. 다행스럽게도 지금은 역사상 가장 강력한 대북제재 조치가 가해지고 있는 상황이다. 이러한 호기를 놓쳐서는 안 된다. 국제사회가 단합하여 물샐틈없는 제재를 계속 가하여 북한 스스로가 핵을 포기하도록 하는 수밖에 다른 방법이 없다.

5. 미중 패권경쟁 시대 바람직한 정책 추진

미중 간의 협력과 공존, 중국의 부상 그리고 한중관계의 발전은 큰 틀에서 상호 연동되어 왔고 선순환 과정에 있었다. 그런데, 중국의 부상 가속도가 더해지면서 미중 갈등은 심화되었고 미중 패권경쟁이 동북아 국제 정치의 주요 안보이슈로 등장하였다. 중국의 대한반도 정책과 한중관계는 중국의 대미전략과 미중관계에 더 많은 영향을 받게 되었다.

한중관계 발전에 긍정적 요인으로 작용했던 우호적 환경은 비우호적으로 변화되고 있다. 한중관계는 짧은 역사에도 비약적인 관계발전을 했지만 외부 구조와 변수에 취약한 관계로 변화되고 있다. 우크라이나 사태에서 볼 수 있듯이 인접 강대국과 신뢰가 깨질 경우 커다란 정치·경제·외교적 부담이 될 수밖에 없다. 미국과의 동맹관계와 중국과의 전략적 협력 동반자 관계 사이에서 효과적인 대책을 찾아야 한다.

첫째, 미중 대립 구도가 심화되면서 양국이 우호세력을 확보하고 자국 중심의 영향권을 구축하기 위해 주변국들에 대한 요구와 압박을 강화하고 있는 상황을 잘 이겨내야 한다. 미국과 중국간 패권경쟁이 가열되면서 양국은 많은 이슈에 대해 주변 국가들에 양자택일을 강요하고 있다. 이들 강대국의 압박에 직면한 국가들은 제 각기 자신들의 입장에서 어떤 선택을 해야 할 지 심각한 고민을 하지 않을 수 없게 되었다.

특히, 미중 패권경쟁이 치열하게 전개되고 있는 현장인 동아시아에서 미국과 중국의 압박이 가중되면서 이 지역 국가들의 고민도 깊어지고 있다. 한국도 예외가 아니며, 오히려 다른 국가들 보다 더 어려운 처지에 놓여 있다. 양국 사이에서 샌드위치 신세가 되었다는 말이 나오고 있다. 한국은 분단국가의 처지에 있고 경제적으로나 안보적인 차원에서 미국과 중국이 모두 중요하기 때문에 선택은 더욱 힘든 것이다.

2021년 9월 방한한 왕이 외교부장은 문재인 대통령을 면담하는 자리에서 한중수교 30년을 맞이하여 삼십이립(三十而立) 즉, "나이 서른에 확고한 뜻을 세워 자립할 수 있어야 한다"는 공자의 말씀을 언급하며 미국 눈치를 보지 말고 자립적으로 한중관계를 꾸려 가자며 압박하기도 하였다. 지역강대국을 확고히 한 후 세계 최강대국으로 발돋움하려고 하는 중국은 미국의 대중 견제와 압박에 한국이 참여할 가능성을 우려하고 어떻게든 한국을 미국으로부터 분리시키거나 최대한 중화(中和)시키려 하고 있다. 이러한 상황에서는 사드배치 때처럼 어느 한 부서의 일부가 정책을 다루거나 결정할 것이 아니라 관련 부서가 숙의하여 다각적인 방안을 마련하여 대응해 나가야 한다.

둘째, 미중에 낀 샌드위치 신세가 되고 있다는 소극적 인식 대신 '한미 동맹'과 한중 '전략적 협력 동반자 관계'가 배타적인 관계가 아닌, 더구나 '제로섬 게임'이 아니라는 적극적 인식을 가지고 접근해야 한다. 대외전략을 미중 관계에 대한 지나치게 부정적인 평가와 전망에만 기초해 수립해서는 안 된다. '미중 사이에 낀 한국'이 아니라 세계 10대 경제국가에 부합하는 전략을 통해 위상을 높이려는 노력이 필요하며, 미중 경쟁의 이면에 있는 기회 요인을 살려야 한다.

미국의 대중압박이 커지고 이에 대응하는 중국의 대미전략의 비중이 증대되는 것에 비례하여 한국의 전략적 중요성 또한 증대되고 있다. 즉, 미중 패권경쟁 상황에서 오히려 한국이 중요한 국가로 인식되면서 지정학적 위상이 높아지고, 첨단기술 협력의 중요한 파트너로 여겨지면서 전략적 가치가 상승하고 있다. 미중 사이에서 어떤 편에 설 것이라는 접근보다는 자율적 공간을 확대하는 시도도 필요하다. 현 정세의 불확실성에 대한 위기의식은 갖되 미중의 압박에 한국이 희생당할 것이라는 지나친 불안감을 경계하면서 미중 양국과 실제적인 협력 방안을 모색해야 한다.

한중 양국관계를 미중관계의 종속변수로서 한정하는 것은 배

격해야 한다. 그리고 한중관계를 미중의 패권경쟁이나 북중동
맹 대 한미동맹의 냉전적 대결 구도에서 파생되는 관계로 설정
할 경우 외부환경의 악화에 따라 한중관계가 급격히 위태로워질
수 있다. 미국과 중국에 한국 나름으로 선제적으로 방안을 제기
하고 가능한 분야에서 협력하여 '한국의 공간'을 확보해야 하며
한국을 필요로 하는 구조로 만들어야 한다. 새롭게 대두되는 신
안보, 신경제 등 신흥 안보 이슈에 적극적인 자세를 가질 필요가
있다.

셋째, 한미 간의 군사적 협력의 타깃을 북한에 한정시키는 노
력을 지속함으로써 한국 영토 안에서 중국을 군사적으로 적대하
는 시도는 최대한 막아내는 것이 필요하다. 역사적으로 한반도
에서 대륙세력과 해양세력이 군사적으로 부딪쳤을 때마다 대격
변이 일어났고 이 때문에 한국이 엄청난 고통을 겪어 왔음을 미
국 정책 결정자들에게 이해시켜야 한다. 지정학적 여건이 매우
다른 호주나 일본과 동일한 차원에서 한국에 대한 동맹정책을
추진하는 것이 아니라 동맹 국가들 각자의 특수성을 감안한 동
맹전략을 추진하도록 요청할 필요가 있다. 한미 간에 협력하되
어느 영역에서 어떤 방식으로 협력하고, 또 다른 어떤 영역에서
는 협력하기 어려움을 양해하도록 해야 한다.

미국은 한국이 다른 동맹국들과는 달리 지정학·지경학적 위
치 때문에 중국의 영향을 가장 직접 받는 나라라는 현실을 인정

해야 한다. 따라서 중국을 겨냥한 한미동맹의 활동범위와 내용이 한중관계를 충돌로 몰아가거나 악화시키지 않도록 세심한 노력이 필요하다. 아울러 유럽, 아세안, 인도 등 여타 국가와도 협력을 넓혀 외교적·경제적 외연을 확장해 나가야 한다. 미중 패권 경쟁은 이미 상수가 되었고, 기술패권 경쟁이며 시스템 경쟁인 동시에 가치관의 경쟁이다. 장기적인 안목을 가지고 미중 패권 경쟁의 파고를 헤쳐 나가야 한다.

거란대군의 침략에 직면하여 땅을 떼어 주자는 논의가 대세였던 상황에서 적진에 들어가 담판에 임하여 청천강 이북을 장악하고 방어망을 굳건히 한 서희 외교, 탈냉전이라는 국제정세의 흐름을 제대로 파악하고 88올림픽의 성공적 개최 분위기를 활용하여 한소수교와 한중수교를 이끌어낸 북방외교에서 지혜를 얻을 수 있다. 또한, 영국, 프랑스 등 밀려드는 서구 제국주의 세력의 위협에 직면해 주변 지역이 식민지화되고 있는 상황에서도 독립을 지켜낸 태국의 외교나 프랑스, 미국 및 중국 등 강대국들과 전쟁을 통해 독립과 통일을 이루고 중국에 당당하게 임하는 베트남의 외교를 참고하여 강대국 사이에서 생존해 나가는 방법을 터득해야 한다.

에필로그

　중국은 전통적으로 원교근공(遠交近攻), 이이제이(以夷制夷) 등 전략전술을 구사하고 오랫동안 중심국가로서 주변국 관계를 관리해 온 나라로서 관련 시스템이 체계화되어 있기 때문에 정책 결정과정이 주도면밀하다. 특히, 항일투쟁과 국공내전을 거치면서 무력을 통해 '신 중국'을 수립하였고, '홍문의 연'과 '서안사변' 등 역사적 사례를 교훈으로 삼아 상대국에 집요한 정책을 추진하는 속성을 지니고 있다.

　※ 홍문의 연 : 유방이 홍문(鴻門)에 주둔하고 있었던 항우에게 사죄하러 왔을 때 항우의 책사인 범증(范增)은 유방을 제거할 수 있는 절호의 기회라고 하면서 유방을 죽이자고 하였으나, 항우는 유방이 자신의 적수가 못된다고 안이하게 판단하고 살려주어 후에 결국 유방에게 패망하게 된다.

　※ 서안사변 : 동북군 사령관 장쉐량(張學良)이 공산당 군대(홍군) 토벌 독려를 위해 서안에 와 있던 장제스(蔣介石)를 불시

에 구금하였다. 장쉐량은 홍군 토벌보다는 항일투쟁이 먼저라고 주장하여 제2차 국공합작이 성립되었다. 이로 인해 공산당은 기사회생하였으며 힘을 길러 일본패망 이후 전개되는 국공내전에서 승리하여 국민당 정부를 밀어내고 중국 대륙을 장악하게 된다.

또한, 중국은 사회주의 국가로서 세계적 보편주의와 상식보다는 당의 이념과 방침에 따라 국가 전략을 구사하는 나라이다. '중국몽'을 기치로 하는 시진핑 시대 중국은 동아시아는 물론 세계 지구촌 전체에 커다란 파도를 일으키면서 밀려오고 있다. 강력한 '시진핑 1인 천하' 시대에 돌입한 중국에 대한 효과적인 해법을 찾아야 한다. 인접국가로서 영토문제, 역사문제 등 많은 난제를 야기할 수 있는 중국을 회피해서는 안 되고 당당하게 대응해야 한다. 이 과정에서 초래되는 시각차의 부각에 대비해 나가고, 경쟁과 갈등 그리고 협력이 공존할 수밖에 없는 상황을 인정하고 냉철하게 관리해 갈 필요성이 있다.

이러한 측면에서 한미동맹은 한국에게 매우 중요하다. 역사적으로 강성한 중국이 한국의 자주권을 제약한 역사가 있고 인접한 국가이기 때문에 한국으로서는 불가피하게 중국의 부상 상황을 자주와 주권문제와 결부시켜 생각할 수밖에 없는 측면이 있다. 한미 동맹이 약화되어 한국의 대중국 레버리지가 적어질 경우에는 중국이 한국에 공세적으로 나올 가능성이 크다는 점을 유념해야 한다. 동맹이 부재한 우크라이나가 러시아로부터 침공을 당하자 오랫동안 중립국의 지위를 유지해온 스웨덴, 핀란드가 나토 가입을 추진하고 있는 사실은 시사하는 바가 크다. 다만, 사드 추가 배치, 대중국 군사 봉쇄망 가담, 인도·태평양 전략 차원의 연합 훈련 참가 등 미중 대결 구도 내에서 중국을 불필요하게 자극하는 행동에 유의해야 한다.

중국은 한국의 번영은 물론 한반도 평화와 동북아시아 번영을 위해 매우 중요한 나라임을 인식해야 한다. 중국이 한국의 전략적 의도에 불신을 가진다면 양국관계에 부정적 영향을 미칠 수밖에 없을 것이고 이는 한중 양국간 협력에 근본적 한계로 작용할 수 있다. 만일 중국이 한국을 배척할 경우 엄청난 경제·외교·안보적 손실을 감수해야 하며 북한의 비핵화와 한국의 남북한 통일 정책에도 큰 타격이 될 수밖에 없다. 중국이 한국에 대해 호혜와 평등의 원칙에서 벗어난 일방적 요구와 압박을 하지 않도록 양국의 공동인식을 넓혀나가야 하며, 한중간 협력의 공통분모를 확대하며 실질적 협력을 확대해 나가야 한다.

그리고 국내의 과도한 탈중국론을 관리하는 것도 필요하다. 중국과의 관계에서 갈등이 탈중국론 혹은 반중국론으로 확산되는 것을 경계해야 한다. 한중관계에 새로운 불안요인을 만들어내기 때문이다. 물론 민간영역에서의 정서 관리가 쉽지는 않으나 반중·혐중 정서를 조장하고 탈중국론으로 확산되는 것을 방지하는 방안을 모색해 나가야 한다. 역사·문화의 정치화 방지와 불필요한 오해와 불신, 갈등을 치유할 수 있는 소통관리를 위해 노력해야 한다. 한국 정부는 정치적 실적을 염두에 둔 자기 희망적인 대중 관계를 지양해야 하며, 중국 지도부도 지나치게 자의적인 역사 인식 및 애국주의 역사 교육과 일방적 중국 입장 강조는 바람직하지 않음을 알아야 한다.

어떤 상황에서도 한중 양국은 우호 관계의 끈을 놓지 않는다는 기본 원칙을 가지고 나가야 한다. 동북아 평화와 경제적 번영의 수혜를 함께 나누는 상호보완적 공동체로서 양국의 관계발전 방향을 모색해야 한다. 한중관계가 여러 어려움을 겪고 있는 상황에서는 양국관계의 새로운 비전을 제시하는 것이 중요하며, 비전을 제시하는 데는 정상외교가 가장 효과적이다. 특히, 현재 중국은 시진핑 주석의 인식에 따라 외교사안의 처리 방식도 크게 달라지고 있는 상황이다. 앞으로 시진핑 주석으로의 권력집중이 고도로 진행되고 또한 상당기간 집권할 가능성이 높다는 점을 고려하면 정상외교는 더 중요한 의미를 갖는다. 윤석열 정부에서도 정상외교를 활발히 전개하여 새로운 한중관계를 열어나가기를 기대한다.

참고문헌

1. 일반 자료

『21세기 중국문화 산업시장의 이해』, 유재기, 알에이치코리아, 2019.

『The Two Koreas』, Don Oberdorfer 지음, 이종길 옮김, 길산, 2002.

『각자도생의 세계와 지정학』, 피터자이한 지음, 홍지수 옮김, 김앤김 북스, 2021.

『그들은 왜 정답이 있어도 논쟁하는가』, 김태효, 성균관대학교 출판부, 2019.

『극중지계』, 정덕구, 김영사, 2021.

『글로벌 협상전략』, 안세영, 박영사, 2013.

『김대중 자서전』, 김대중, 삼인, 2010.

『김정은 리더십 연구』, 정성장·백학순·임을춘·전영선, 세종연구소, 2017.

『김정은 정치의 프레임』, 김창희, 법문사, 2016.

『대통령의 시간』, 이명박, 알에이치코리아, 2015.

『대한민국 나침반 역사 속의 위인들』, 이강국, 북스타, 2021.

『대한민국의 위험한 선택』, 이용준, 기파랑, 2019.

『미국 외교의 역사』, 권용립, 삼인, 2010.

『미국외교정책사 ; 루즈벨트에서 레이건까지』, 제임스 E 도거티·로버트 L 팔츠그라프 지음, 이수형 옮김, 한울엠플러스, 1997.

『미국의 봉쇄전략』, 존 루이스 개디스 지음, 홍지수·강규형 옮김, 비봉출판사, 2019.

『미중 전쟁의 승자, 누가 세계를 지배할 것인가?(미국편)』, 최병일, 책
들의정원, 2020.

『미중 전쟁의 승자, 누가 세계를 지배할 것인가?(중국편)』, 이성현, 책
들의정원, 2019.

『보이지 않는 붉은 손』, 클라이브 해밀턴, 머라이크 올버그 지음, 홍
지수 옮김, 실레북스, 2021.

『북·중 접경지역』, 이옥희, 푸른길, 2011.

『북한, 생존의 길을 찾아서』, 조병제, 늘품플러스, 2019.

『북한난민 문제의 해결과 접근』, 원재천, 한국해양전략연구소, 2003.

『북한은 현실이다』, 이수혁, 21세기북스, 2011.

『북핵협상 드라마』, 김재목, 경당, 1995.

『빙하는 움직인다』, 송민순, 창비, 2016.

『상하이 자유무역시험구』, 이강국, 북스타, 2015.

『수교 이후 한·중 문화 교류사』, 유재기, 대가, 2009.

『시진핑의 차이나 드림; 21세기 중국의 대국굴기 전략』, 문유근, 북스
타, 2014.

『외교십기(外交十記)』, 첸치천(錢其琛), 세계지식(世界知識), 2003.

『외교의 부활』, NEAR 재단, 중앙북스, 2021.

『이세기의 중국 관계 20년』, 이세기, 중앙북스, 2013.

『일대일로와 신북방 신남방 정책』, 이강국, 북스타, 2018.

『재외동포법』, 정인섭, 사람생각, 2002.

『전환기 동북아 질서와 한중관계의 재구성』, 이희옥·강수정 책임편
집, 성균중국연구소, 선인, 2020.

『전환기의 한국외교』, 이상옥, 삶과꿈, 2002.

『조선의 영토』, 노계현, 한국방송대학교출판부, 1997.

『중국 공산당은 어떻게 통치하는가』, 후안강 지음, 성균중국연구소 옮김, 2016.

『中國 공산당의 과거현재미래』, 유신일, 매일경제신문사, 2011

『중국 국가전략의 변화와 한·중 관계에 대한 함의』, 이남주·문익준·안치영·유동원·장윤미, 대외경제정책연구원, 2020.

『중국은 왜 한류를 수용하나』, 장수현, 학고방, 2004.

『중국을 고민하다』, 정재호·김애경·신경진·신상진·조영남·주장환·최명해, 삼성경제연구소, 2011.

『중화민국 리포트 1990-1993(대만단교회고)』, 조희용, 선인, 2022.

『패권 충돌의 시대 한국의 대전략』, 이교관, 김앤김북스, 2022.

『한국에 외교가 있는가』, 한승주, 올림, 2021.

『한중 관계와 이어도』, 세난 폭스, 강병철·이준성 옮김, 이어도연구회, 2020.

『한중 교류 협력 발전사: 수교 이후 정치 경제 관계』, 신상진·허시유 공저, 이매진, 2013.

『한중관계의 새로운 모색』, 이희옥·먼홍화 편저, 다산출판사, 2017.

『한중관계의 오해와 진실』, 김승일, 경지출판사, 2016.

『한중수교 밑뿌리 이야기』, 윤해중, 이지출판, 2012.

2. 기관 발행 자료

『2016 중국정세보고』, 국립외교원 외교안보연구소 중국연구센터, 역사공간, 2017.

『2020 중국정세보고』, 국립외교원 외교안보연구소 중국연구센터, 역사공간, 2017.

『2021 중국정세보고』, 국립외교원 외교안보연구소 중국연구센터, 선
  인, 2017.

『G2시대, 중국은 우리에게 무엇인가』, 원광대학교 한중관계연구원,
  서해문집, 2014.

『국제정치 환경과 한국의 외교전략』, 한국외교협회, 마스터상사,
  2021.

『남북한 UN 동시가입』, 국립외교원 외교안보연구소 외교사 연구센
  터, 선인, 2021.

『북중관계 다이제스트; 한중 소장 학자들에게 묻다』, 성균중국연구
  소, 다산출판사, 2015.

『성균차이나브리프』, 성균중국연구소

『외교백서』, 외교부

『우리가 알고싶은 통일 이야기』, 민주평화통일자문회의, 성우애드
  컴, 2016.

『중국개황』, 2013년, 2020년 외교부 발행

『중국의 고구려사 귀속문제 대처방안』, 한국 고대사 학회, 민경문화
  사 2003.

『한국외교 30년』, 외교통상부, 2009

『한국 외교와 외교관 : 공로명 전 외교부장관』, 국립외교원 외교안보
  연구소 외교사연구센터, 역사공간, 2019.

『한국-섬서성 교류사』, 주시안총영사관, 2018.

『한국 외교와 외교관 : 이시영 전 주UN대사』, 국립외교원 외교안보
  연구소 외교사연구센터, 역사공간, 2015.

『한중 수교 30년』, 21세기평화연구소, 화정평화재단, 2022.

『한중수교 25년사』, 성균관대학교 성균중국연구소, 성균관대학교 출판부, 2017.

『한중수교』, 국립외교원 외교안보연구소 외교사연구센터, 선인, 2020.

3. 관련 기관 홈페이지

외교부 https://www.mofa.go.kr

외교사료관 https://diplomaticarchives.mofa.go.kr

산업통상자원부 http://www.motie.go.kr

문화관광체육부 https://www.mcst.go.kr

교육부 https://www.moe.go.kr

국방부 https://www.mnd.go.kr

중국 외교부 https://www.fmprc.gov.cn

국립외교원 https://www.knda.go.kr

한국외교협회 https://www.kcfr.or.kr

동북아역사재단 https://www.nahf.or.kr

세종연구소 https://www.sejong.org

국가안보전략연구원 http://www.inss.re.kr

전국경제인연합회(전경련) http://www.fki.or.kr

산업연구원(KIET) https://www.kiet.re.kr

대외경제정책연구원(KIEP) https://www.kiep.go.kr

한국무역협회(KIAT) https://www.kita.net